Sorran Vale

Der Anwalt für den Schutz hyperdichter Lebensformen auf Ymaris

Rajesh Mori

ISBN: 9781998610389
Imprint: Telephasic Workshop
Copyright © 2024 Rajesh Mori.
All Rights Reserved.

Contents

Einleitung   **1**
Der Aufbruch in eine neue Welt   1

Die Kindheit von Sorran Vale   **25**
Aufwachsen auf Ymaris   25

Der Weg zum Aktivismus   **47**
Die entscheidenden Erfahrungen   47

Die rechtlichen Kämpfe für hyperdichte Lebensformen   **73**
Die juristischen Grundlagen   73

Sorran Vale und die Medien   **97**
Die Macht der Berichterstattung   97

Globale Perspektiven und intergalaktische Zusammenarbeit   **119**
Der Austausch zwischen verschiedenen Kulturen   119

Sorran Vale im Rampenlicht   **143**
Die Anerkennung seiner Arbeit   143

Die Vision für die Zukunft   **165**
Sorrans Pläne und Träume   165

Schlussfolgerung   **187**
Die Lehren aus Sorrans Leben   187

Anhang   **211**
Wichtige Dokumente und Gesetze   211

Bibliography 237

Index 239

Einleitung

Der Aufbruch in eine neue Welt

Vorstellung von Ymaris

Ymaris ist ein faszinierender Planet im intergalaktischen Raum, bekannt für seine einzigartige Geographie und die Vielfalt an hyperdichten Lebensformen, die dort existieren. Der Planet ist von einer schillernden Atmosphäre umgeben, die in verschiedenen Farbtönen schimmert, abhängig von der Tageszeit und den klimatischen Bedingungen. Diese bemerkenswerte Erscheinung ist das Ergebnis einer besonderen chemischen Zusammensetzung der Luft, die sich aus einer Vielzahl von Gasen zusammensetzt, darunter Methan, Ammoniak und Stickstoff.

Die Geographie von Ymaris ist ebenso bemerkenswert. Der Planet weist eine Kombination aus majestätischen Gebirgen, tiefen Ozeanen und üppigen Wäldern auf, die eine Vielzahl von Lebensräumen für die hyperdichten Lebensformen bieten. Diese Lebensformen sind nicht nur biologisch einzigartig, sondern auch kulturell reich. Sie haben über Jahrtausende hinweg komplexe soziale Strukturen und Gemeinschaften entwickelt, die stark von ihren natürlichen Umgebungen geprägt sind.

Hyperdichte Lebensformen

Die hyperdichten Lebensformen auf Ymaris sind eine Kategorie von Organismen, die sich durch ihre außergewöhnliche Dichte auszeichnen. Diese Dichte ist nicht nur ein biologisches Merkmal, sondern auch ein entscheidender Faktor für ihre Interaktionen mit der Umwelt und anderen Lebensformen. Wissenschaftler haben festgestellt, dass die hyperdichten Lebensformen in der Lage sind, in extremen Bedingungen zu überleben, die für andere Lebensformen unbewohnbar wären.

Ein Beispiel für eine hyperdichte Lebensform ist die *Xylaria gravis*, eine Art von pflanzenähnlichem Organismus, der in den dichten Wäldern von Ymaris vorkommt. Diese Organismen haben eine Dichte, die es ihnen ermöglicht, unter extremen Druckbedingungen zu gedeihen, was sie zu einem wichtigen Teil des ökologischen Gleichgewichts auf dem Planeten macht.

Kulturelle und gesellschaftliche Aspekte

Die Gesellschaften der hyperdichten Lebensformen sind geprägt von einer tiefen Verbundenheit mit ihrer Umwelt. Ihre kulturellen Praktiken und Traditionen sind stark mit den natürlichen Ressourcen des Planeten verbunden. Zum Beispiel gibt es jährliche Feste, die den Zyklus der Jahreszeiten und die Erntezeiten feiern. Diese Feste sind nicht nur gesellschaftliche Ereignisse, sondern auch Gelegenheiten, um das Wissen über nachhaltige Praktiken und den Schutz der Umwelt zu teilen.

Jedoch stehen die hyperdichten Lebensformen vor zahlreichen Herausforderungen. Der Einfluss der Technologie und die Interaktionen mit anderen intergalaktischen Zivilisationen haben zu Spannungen geführt. Der Zugang zu Ressourcen wird zunehmend umkämpft, und die hyperdichten Lebensformen sehen sich Diskriminierung und Ungerechtigkeit gegenüber, insbesondere in Bezug auf ihre Rechte und ihren Platz in der intergalaktischen Gemeinschaft.

Technologische Einflüsse

Die Rolle der Technologie in Ymaris ist ambivalent. Einerseits hat die Technologie den hyperdichten Lebensformen neue Möglichkeiten eröffnet, ihre Lebensweise zu verbessern und ihre Stimme in der intergalaktischen Arena zu erheben. Andererseits hat der technologische Fortschritt auch zu einer Entfremdung von traditionellen Werten und Praktiken geführt. Die Einführung neuer Technologien hat das Potenzial, die Umwelt zu schädigen und die sozialen Strukturen zu destabilisieren.

Ein Beispiel dafür ist die Einführung von Bergbautechnologien, die zur Extraktion von Ressourcen in den Bergen Ymaris verwendet werden. Diese Praktiken haben nicht nur die Landschaft verändert, sondern auch die Lebensräume der hyperdichten Lebensformen bedroht. Der Abbau von Ressourcen hat zu Konflikten zwischen den hyperdichten Lebensformen und intergalaktischen Unternehmen geführt, die oft wenig Rücksicht auf die lokalen Gemeinschaften nehmen.

Gesellschaftsstruktur und intergalaktische Beziehungen

Die Gesellschaftsstruktur auf Ymaris ist komplex und vielschichtig. Sie basiert auf einem System von Clans und Gemeinschaften, die durch gemeinsame Werte und Traditionen verbunden sind. Diese sozialen Strukturen sind entscheidend für die Identität der hyperdichten Lebensformen und spielen eine zentrale Rolle in ihrem Kampf um Bürgerrechte.

Die intergalaktischen Beziehungen sind für Ymaris von entscheidender Bedeutung. Die hyperdichten Lebensformen haben erkannt, dass sie sich zusammenschließen müssen, um ihre Rechte zu verteidigen und für eine gerechtere Gesellschaft zu kämpfen. Der Austausch mit anderen Zivilisationen hat sowohl positive als auch negative Auswirkungen auf Ymaris gehabt. Während einige intergalaktische Partnerschaften zu einem besseren Verständnis und zur Zusammenarbeit geführt haben, gibt es auch Fälle von Ausbeutung und Ungerechtigkeit, die die hyperdichten Lebensformen weiterhin herausfordern.

Insgesamt ist Ymaris ein Planet voller Kontraste und Herausforderungen. Die hyperdichten Lebensformen stehen an einem Wendepunkt in ihrer Geschichte, an dem sie sowohl ihre kulturellen Wurzeln bewahren als auch sich den Herausforderungen der modernen Welt stellen müssen. Ihre Reise wird von der Notwendigkeit geprägt sein, eine Balance zwischen Tradition und Fortschritt zu finden, während sie gleichzeitig für ihre Rechte und ihre Identität kämpfen.

Schlussfolgerung

Die Vorstellung von Ymaris ist nicht nur eine Einführung in einen faszinierenden Planeten, sondern auch ein Aufruf zur Reflexion über die Herausforderungen, denen sich die hyperdichten Lebensformen gegenübersehen. Ihre Geschichte ist ein Spiegelbild der Kämpfe, die viele Gemeinschaften auf der Erde und darüber hinaus erleben. Indem wir die Lehren aus Ymaris verstehen, können wir besser erkennen, wie wichtig es ist, für die Rechte aller Lebensformen einzutreten und eine gerechtere und inklusivere Zukunft zu schaffen.

Hyperdichte Lebensformen: Wer sind sie?

Hyperdichte Lebensformen sind eine faszinierende und komplexe Spezies, die auf dem Planeten Ymaris existiert. Diese Lebensformen zeichnen sich durch ihre außergewöhnliche Dichte und ihre einzigartigen biologischen Merkmale aus, die sie von anderen Lebensformen im Universum unterscheiden. In diesem Abschnitt werden wir die Eigenschaften, die biologischen Grundlagen und die

Biologische Merkmale

Hyperdichte Lebensformen besitzen eine Dichte, die weit über der von herkömmlichen Lebensformen liegt. Diese Dichte resultiert aus ihrer speziellen Zellstruktur, die es ihnen ermöglicht, in extremen Umgebungen zu überleben. Die Zellen dieser Lebensformen sind mit einem speziellen Polymer gefüllt, das als "Densitogen" bekannt ist. Dieses Polymer hat die Fähigkeit, sich unter Druck zusammenzuziehen und dabei Energie zu speichern, was es den hyperdichten Lebensformen ermöglicht, in Umgebungen mit hohem Druck und extremen Temperaturen zu gedeihen.

Die chemische Zusammensetzung des Densitogens kann durch die folgende Gleichung beschrieben werden:

$$D = \frac{m}{V} \qquad (1)$$

wobei D die Dichte, m die Masse und V das Volumen der Zellen ist. Diese einzigartige Struktur verleiht den hyperdichten Lebensformen nicht nur ihre Dichte, sondern auch ihre Fähigkeit, sich an verschiedene Umweltbedingungen anzupassen.

Lebensweise und Verhalten

Die Lebensweise der hyperdichten Lebensformen ist stark von ihrer Umgebung geprägt. Sie leben in unterirdischen Ökosystemen, die durch ein Netzwerk von Höhlen und Gängen gekennzeichnet sind. Diese Lebensräume bieten Schutz vor den extremen klimatischen Bedingungen an der Oberfläche von Ymaris und ermöglichen es den hyperdichten Lebensformen, in relativer Isolation zu gedeihen.

Ihr Sozialverhalten ist ebenfalls bemerkenswert. Hyperdichte Lebensformen organisieren sich in komplexen Gemeinschaften, die durch ein starkes Gefühl der Solidarität und Zusammenarbeit geprägt sind. Diese Gemeinschaften arbeiten zusammen, um Ressourcen zu teilen und ihre Lebensräume zu verteidigen. Die Kommunikation zwischen den Individuen erfolgt durch chemische Signale, die in der Luft oder im Wasser verteilt werden, und durch biolumineszente Muster, die in der Dunkelheit sichtbar sind.

Herausforderungen und Bedrohungen

Trotz ihrer Anpassungsfähigkeit stehen hyperdichte Lebensformen vor erheblichen Herausforderungen. Eine der größten Bedrohungen ist die Zerstörung ihres Lebensraums durch menschliche Aktivitäten und technologische Entwicklungen. Der Abbau von Ressourcen und die Ausweitung urbaner Gebiete haben zu einem signifikanten Verlust an Lebensraum für diese Spezies geführt.

Ein weiteres Problem ist die Diskriminierung, die sie aufgrund ihrer einzigartigen Eigenschaften erfahren. Viele Menschen auf Ymaris sind sich der Bedeutung und der Rechte hyperdichter Lebensformen nicht bewusst, was zu Vorurteilen und Missverständnissen führt. Diese Diskriminierung äußert sich in verschiedenen Formen, von der Verweigerung grundlegender Menschenrechte bis hin zu gewaltsamen Übergriffen.

Beispiele für hyperdichte Lebensformen

Ein bekanntes Beispiel für eine hyperdichte Lebensform ist die Spezies *Densitronyx*, die in den tiefen Höhlen von Ymaris lebt. Diese Kreaturen sind in der Lage, ihre Dichte zu verändern, um sich an verschiedene Umgebungen anzupassen. In Zeiten von Gefahr können sie ihre Dichte erhöhen, um sich vor Raubtieren zu schützen. Ihre Fähigkeit, in extremen Bedingungen zu überleben, macht sie zu einem wichtigen Bestandteil des Ökosystems von Ymaris.

Ein weiteres Beispiel ist die *Hyperionis*, eine pflanzenähnliche Lebensform, die in der Lage ist, Licht in Energie umzuwandeln, indem sie das Densitogen nutzt, um ihre Photosynthese zu optimieren. Diese Pflanzen sind nicht nur für das Überleben der hyperdichten Lebensformen entscheidend, sondern spielen auch eine wichtige Rolle im Ökosystem, indem sie Sauerstoff produzieren und als Nahrungsquelle dienen.

Zusammenfassung

Hyperdichte Lebensformen sind eine einzigartige und faszinierende Spezies, die durch ihre außergewöhnliche Dichte und ihre Fähigkeit, sich an extreme Bedingungen anzupassen, gekennzeichnet sind. Ihre soziale Organisation und Kommunikationsmethoden sind ebenso bemerkenswert wie die Herausforderungen, denen sie gegenüberstehen. Um ihre Rechte und ihren Lebensraum zu schützen, ist es von entscheidender Bedeutung, das Bewusstsein für die Bedeutung hyperdichter Lebensformen auf Ymaris zu schärfen und eine intergalaktische Zusammenarbeit zu fördern, die auf Respekt und Verständnis basiert.

Die ersten Begegnungen mit Sorran Vale

Die ersten Begegnungen von Sorran Vale mit hyperdichten Lebensformen auf Ymaris waren nicht nur prägend für seine persönliche Entwicklung, sondern auch entscheidend für die Entstehung seiner späteren Bürgerrechtsbewegung. Diese Begegnungen fanden in einer Zeit statt, in der die Gesellschaft auf Ymaris stark polarisiert war. Die hyperdichten Lebensformen, die in ihrer Existenz und Kultur einzigartig waren, wurden oft als Bedrohung wahrgenommen. Sorran, ein aufmerksamer und empathischer junger Mensch, hatte jedoch das Glück, in seiner Kindheit in eine Umgebung hineingeboren zu werden, die Vielfalt und Toleranz schätzte.

Erste Begegnungen und kulturelle Unterschiede

Die erste Begegnung fand in der Schule statt, als Sorran in der dritten Klasse war. Ein Austauschprogramm hatte einige hyperdichte Lebensformen eingeladen, um die Schüler über ihre Kultur und Lebensweise aufzuklären. Diese Lebensformen zeichneten sich durch ihre außergewöhnlichen physischen Eigenschaften aus, die es ihnen ermöglichten, in extremen Umgebungen zu leben. Sorran war fasziniert von ihrer Fähigkeit, sich an verschiedene atmosphärische Bedingungen anzupassen und ihre einzigartigen Kommunikationsmethoden, die oft durch subtile Veränderungen in der Körperfarbe und -form geprägt waren.

Ein Beispiel für diese Form der Kommunikation ist das Konzept der *Chromatische Resonanz*. Diese Theorie besagt, dass die hyperdichten Lebensformen durch die Veränderung ihrer Farben Emotionen und Gedanken ausdrücken können. So konnte Sorran beispielsweise erkennen, dass ein hyperdichter Lebensform, das seine Farbe von Blau zu Violett änderte, Angst oder Unsicherheit verspürte. Diese ersten Begegnungen gaben Sorran nicht nur Einblick in eine andere Kultur, sondern lehrten ihn auch, wie wichtig Empathie und Verständnis im Umgang mit anderen Lebensformen sind.

Herausforderungen und Widerstände

Trotz dieser positiven Erfahrungen sah sich Sorran auch mit Vorurteilen und Widerständen konfrontiert. Einige seiner Mitschüler, die von den hyperdichten Lebensformen eingeschüchtert waren, begannen, diese zu mobben und auszugrenzen. Sorran fühlte sich in einem moralischen Dilemma gefangen. Er wollte seinen neuen Freunden helfen, hatte aber Angst vor dem sozialen Ausschluss, den er selbst erleiden könnte. Diese innere Zerrissenheit führte zu einer tiefen Reflexion über Gerechtigkeit und Ungerechtigkeit.

Ein prägendes Erlebnis war ein Vorfall, bei dem ein hyperdichter Lebensform, das sich in der Schule sehr bemüht hatte, von einer Gruppe von Schülern verspottet wurde. Sorran entschied sich, für das Wesen einzutreten, und konfrontierte die Mobber. Diese Entscheidung hatte weitreichende Konsequenzen: Während er in diesem Moment großen Mut bewies, erntete er auch Anfeindungen von seinen Mitschülern. Dennoch war dies der Moment, in dem Sorran beschloss, dass er für die Rechte der hyperdichten Lebensformen eintreten wollte.

Einfluss der Begegnungen auf Sorrans Entwicklung

Die Auswirkungen dieser ersten Begegnungen waren tiefgreifend. Sorran entwickelte eine starke Verbindung zu den hyperdichten Lebensformen und erkannte, dass ihre Existenz und ihre Rechte ebenso wichtig waren wie die der Ymarianer. Diese Erkenntnis führte zu einem grundlegenden Wandel in seiner Perspektive. Er begann, sich mit der Theorie der *Interkulturellen Kommunikation* auseinanderzusetzen, die besagt, dass das Verständnis und die Wertschätzung anderer Kulturen zu einem harmonischeren Zusammenleben führen können.

Darüber hinaus beeinflussten die Begegnungen auch Sorrans Bildung. Er begann, Bücher über intergalaktische Rechte und die Bedeutung von Diversität zu lesen, was ihn weiter motivierte, aktiv zu werden. Diese ersten Schritte in die Welt des Aktivismus waren entscheidend für die Entwicklung seiner späteren Strategien zur Mobilisierung der Gemeinschaft und zur Bekämpfung von Diskriminierung.

Fazit

Zusammenfassend lässt sich sagen, dass Sorran Vales erste Begegnungen mit hyperdichten Lebensformen nicht nur seine Kindheit prägten, sondern auch den Grundstein für seine zukünftigen Aktivitäten als Bürgerrechtsaktivist legten. Diese Erfahrungen lehrten ihn, dass der Kampf für Gerechtigkeit und Gleichheit nicht nur notwendig, sondern auch eine moralische Verpflichtung ist. Die Herausforderungen, die er in dieser Zeit erlebte, formten nicht nur seine Identität, sondern auch seine Vision für eine gerechtere Gesellschaft auf Ymaris und darüber hinaus. Diese frühen Erlebnisse waren der erste Schritt auf einem langen und oft beschwerlichen Weg, der ihn zu einem der bekanntesten und respektiertesten Bürgerrechtsaktivisten seiner Zeit machen sollte.

Der Einfluss der Kultur auf die Bürgerrechtsbewegung

Die Bürgerrechtsbewegung auf Ymaris ist tief in der kulturellen Identität und den Traditionen der hyperdichten Lebensformen verwurzelt. Kultur spielt eine entscheidende Rolle, wenn es darum geht, Werte zu vermitteln, Gemeinschaften zu mobilisieren und ein Gefühl der Zugehörigkeit zu schaffen. In diesem Abschnitt werden wir untersuchen, wie kulturelle Elemente die Bürgerrechtsbewegung beeinflussen, welche Herausforderungen dabei auftreten und welche positiven Beispiele aus der Praxis existieren.

Kulturelle Identität und Aktivismus

Die hyperdichten Lebensformen auf Ymaris haben eine reiche kulturelle Geschichte, die sich in ihrer Kunst, Musik und Literatur widerspiegelt. Diese kulturellen Ausdrucksformen sind nicht nur wichtig für die Identität der Gemeinschaft, sondern dienen auch als Mittel zur Mobilisierung und Sensibilisierung. Die Verwendung von Musik und Kunst in Protestaktionen hat sich als besonders effektiv erwiesen. Beispielsweise nutzten Aktivisten Lieder und Theaterstücke, um auf die Ungerechtigkeiten aufmerksam zu machen, die die hyperdichten Lebensformen erlebten. Diese kulturellen Ausdrucksformen schaffen emotionale Verbindungen und fördern das Gemeinschaftsgefühl.

Theoretische Grundlagen

Die kulturelle Theorie, die von Edward Said in seinem Konzept des *Orientalismus* formuliert wurde, kann auf die Bürgerrechtsbewegung auf Ymaris angewendet werden. Said argumentierte, dass die Art und Weise, wie Kulturen wahrgenommen und dargestellt werden, tiefgreifende Auswirkungen auf die Machtverhältnisse hat. Auf Ymaris bedeutet dies, dass die hyperdichten Lebensformen oft durch die Linse einer dominanten Kultur betrachtet werden, die ihre Identität und ihre Bedürfnisse nicht vollständig versteht oder anerkennt. Diese kulturelle Marginalisierung hat direkte Auswirkungen auf die Bürgerrechtsbewegung, da sie die Stimmen der hyperdichten Lebensformen unterdrückt und ihre Anliegen in den Hintergrund drängt.

Herausforderungen durch kulturelle Differenzen

Die Herausforderungen, die sich aus kulturellen Differenzen ergeben, sind vielfältig. Eine der größten Hürden für die Bürgerrechtsbewegung ist das Missverständnis zwischen verschiedenen Kulturen. Oftmals haben die herrschenden Kulturen auf Ymaris Schwierigkeiten, die Perspektiven und Bedürfnisse der hyperdichten Lebensformen zu erkennen. Dies führt zu einer Fragmentierung der Bewegung und zu einem Mangel an Unterstützung von Seiten der breiteren Gesellschaft.

Ein Beispiel hierfür ist der Widerstand gegen die Anerkennung der kulturellen Praktiken hyperdichter Lebensformen, die als „exotisch" oder „anders" wahrgenommen werden. Diese Stereotypen können die Mobilisierung behindern und die Fähigkeit der Bürgerrechtsaktivisten einschränken, eine breite Unterstützung zu gewinnen. Um diesen Herausforderungen zu begegnen, ist es wichtig, Brücken zwischen den Kulturen zu bauen und den Dialog zu fördern.

Positive Beispiele kulturellen Engagements

Trotz der Herausforderungen gibt es zahlreiche positive Beispiele, wie Kultur als Katalysator für den Aktivismus dienen kann. Eine der erfolgreichsten Kampagnen war die „Kunst für Rechte"-Initiative, bei der Künstler aus verschiedenen kulturellen Hintergründen zusammenkamen, um ihre Werke auszustellen und Spenden für die Bürgerrechtsbewegung zu sammeln. Diese Initiative brachte nicht nur finanzielle Unterstützung, sondern schuf auch ein Bewusstsein für die Anliegen hyperdichter Lebensformen.

Ein weiteres Beispiel ist die „Kulturelle Vielfalt"-Konferenz, die regelmäßig auf Ymaris stattfindet und als Plattform für den Austausch zwischen verschiedenen Kulturen dient. Diese Konferenzen haben dazu beigetragen, das Verständnis und die Solidarität zwischen den Gemeinschaften zu fördern und haben die Bürgerrechtsbewegung gestärkt, indem sie eine gemeinsame Basis für den Dialog geschaffen haben.

Fazit

Zusammenfassend lässt sich sagen, dass die Kultur einen tiefgreifenden Einfluss auf die Bürgerrechtsbewegung auf Ymaris hat. Sie ist sowohl eine Quelle der Stärke als auch eine Herausforderung. Die Fähigkeit, kulturelle Identität zu nutzen, um Mobilisierung und Bewusstsein zu schaffen, ist entscheidend für den Erfolg der Bewegung. Gleichzeitig müssen die Akteure der Bürgerrechtsbewegung die Herausforderungen der kulturellen Differenz anerkennen und daran arbeiten, Brücken zwischen den Kulturen zu bauen. Nur so kann eine gerechtere und inklusivere Gesellschaft auf Ymaris erreicht werden.

Die Rolle der Technologie in Ymaris

In der faszinierenden Welt von Ymaris spielt Technologie eine zentrale Rolle in der Entwicklung und dem Schutz hyperdichter Lebensformen. Die fortschrittliche technologische Infrastruktur hat nicht nur die Lebensqualität der Bewohner verbessert, sondern auch als Katalysator für soziale Veränderungen und Bürgerrechtsbewegungen gedient. In diesem Abschnitt werden wir die verschiedenen Facetten der Technologie in Ymaris beleuchten, ihre Auswirkungen auf die Gesellschaft und die Herausforderungen, die sie mit sich bringt.

Technologische Innovationen und ihre Auswirkungen

Die technologische Landschaft von Ymaris ist geprägt von bahnbrechenden Innovationen, die das tägliche Leben der Bewohner revolutioniert haben. Von fortschrittlichen Kommunikationssystemen bis hin zu nachhaltigen Energiequellen hat die Technologie es den hyperdichten Lebensformen ermöglicht, ihre Identität und Kultur zu bewahren, während sie sich gleichzeitig in einer zunehmend globalisierten Welt behaupten.

Ein Beispiel für technologische Innovation ist das **Hypernetz**, ein hochentwickeltes Kommunikationsnetzwerk, das es den Bewohnern von Ymaris ermöglicht, in Echtzeit mit anderen Planeten zu kommunizieren. Dieses Netzwerk hat nicht nur den Austausch von Informationen gefördert, sondern auch die Mobilisierung von Aktivisten erleichtert, die für die Rechte hyperdichter Lebensformen kämpfen.

Technologie als Werkzeug für Aktivismus

Die Rolle der Technologie im Aktivismus kann nicht unterschätzt werden. Sorran Vale und seine Mitstreiter nutzen soziale Medien und digitale Plattformen, um Bewusstsein für die Herausforderungen hyperdichter Lebensformen zu schaffen. Die Plattform **VoxPopuli**, eine intergalaktische Social-Media-App, hat sich als besonders effektiv erwiesen, um Stimmen zu vereinen und Protestaktionen zu organisieren.

Ein Beispiel dafür ist die *Kampagne für Gerechtigkeit*, die über VoxPopuli ins Leben gerufen wurde. Diese Kampagne mobilisierte Tausende von Unterstützern, die sich für die rechtlichen Rechte hyperdichter Lebensformen einsetzten. Die Verwendung von Hashtags wie #HyperRights und #EqualLife ermöglichte es den Nutzern, sich zu vernetzen und ihre Botschaften zu verbreiten.

Herausforderungen durch Technologie

Trotz der vielen Vorteile, die Technologie bietet, gibt es auch erhebliche Herausforderungen. Eine der größten Herausforderungen ist die **digitale Kluft**, die zwischen den verschiedenen sozialen Schichten und Lebensformen auf Ymaris besteht. Während einige hyperdichte Lebensformen Zugang zu den neuesten Technologien haben, sind andere aufgrund von wirtschaftlichen und sozialen Barrieren ausgeschlossen. Dies führt zu einer Ungleichheit, die die Bürgerrechtsbewegung vor große Herausforderungen stellt.

Ein weiteres Problem ist die **Überwachungstechnologie**, die von der Regierung eingesetzt wird, um die Aktivitäten von Aktivisten zu überwachen. Diese Technologien, wie z.B. Drohnenüberwachung und Datenanalyse-Tools, können dazu führen, dass Aktivisten in ihrer Arbeit eingeschränkt werden und sich in ihrer Freiheit bedroht fühlen. Die Balance zwischen Sicherheit und Freiheit ist ein zentrales Thema, das in der Debatte um die Rolle der Technologie in Ymaris berücksichtigt werden muss.

Technologische Lösungen für soziale Probleme

Um die Herausforderungen zu bewältigen, die durch technologische Ungleichheit und Überwachung entstehen, entwickeln Aktivisten innovative Lösungen. Eine solche Lösung ist die **Blockchain-Technologie**, die als Werkzeug zur Sicherstellung von Transparenz und Sicherheit in der Datenverwaltung eingesetzt wird. Durch die Implementierung von Blockchain können hyperdichte Lebensformen ihre Identität und Rechte schützen, ohne dass ihre Daten von Dritten missbraucht werden können.

Ein weiteres Beispiel ist die Entwicklung von **Bildungsplattformen**, die speziell für benachteiligte Gruppen konzipiert sind. Diese Plattformen bieten Zugang zu kostenlosen Bildungsressourcen und Schulungen, die es den Nutzern ermöglichen, technologische Fähigkeiten zu erlernen und sich aktiv in die Gesellschaft einzubringen.

Fazit

Die Rolle der Technologie in Ymaris ist komplex und vielschichtig. Sie bietet sowohl Chancen als auch Herausforderungen für die Bürgerrechtsbewegung und die hyperdichten Lebensformen. Während technologische Innovationen das Potenzial haben, die Lebensqualität zu verbessern und den Aktivismus zu unterstützen, ist es entscheidend, die Herausforderungen, die sie mit sich bringen, zu erkennen und anzugehen. Der Einsatz von Technologie muss immer im

Einklang mit den Prinzipien der Gerechtigkeit, Gleichheit und Freiheit stehen, um eine gerechte Gesellschaft für alle Bewohner von Ymaris zu gewährleisten.

In den folgenden Kapiteln werden wir die spezifischen Technologien und ihre Anwendungen im Kontext der Bürgerrechtsbewegung weiter untersuchen, um ein umfassenderes Bild von Sorran Vales Mission und den Herausforderungen, denen er gegenübersteht, zu erhalten.

Ein Blick auf die Gesellschaftsstruktur

Die Gesellschaftsstruktur auf Ymaris ist ein faszinierendes Geflecht aus verschiedenen sozialen, kulturellen und wirtschaftlichen Elementen, die das Leben der hyperdichten Lebensformen prägen. Um die Herausforderungen, mit denen Sorran Vale konfrontiert ist, besser zu verstehen, ist es wichtig, die grundlegenden Aspekte dieser Struktur zu analysieren.

Hierarchische Strukturen und Machtverhältnisse

Auf Ymaris existiert eine ausgeprägte Hierarchie, die stark von der sozialen Schicht und der ethnischen Zugehörigkeit abhängt. Die hyperdichten Lebensformen, die in der Regel in den unteren Schichten der Gesellschaft anzutreffen sind, erleben häufig Diskriminierung und Ungerechtigkeit. Diese Hierarchie kann mathematisch als ein System von Klassen dargestellt werden, wobei jede Klasse durch ihre Ressourcen und ihren Einfluss definiert ist.

Die Verteilung der Ressourcen lässt sich durch die folgende Gleichung beschreiben:

$$R_i = \frac{E_i}{T} \qquad (2)$$

wobei R_i die Ressourcen der Klasse i, E_i die Energie, die dieser Klasse zur Verfügung steht, und T die Gesamtenergie der Gesellschaft ist. Diese Gleichung verdeutlicht, dass die Ressourcenverteilung ungleich ist und oft zu Konflikten führt.

Kulturelle Diversität und Identität

Ymaris ist geprägt von einer Vielzahl kultureller Identitäten, die durch die Interaktion verschiedener Lebensformen entstanden sind. Diese Diversität ist sowohl eine Stärke als auch eine Herausforderung. Während sie die Kreativität und den Austausch von Ideen fördert, führt sie auch zu Spannungen und Konflikten, insbesondere wenn es um die Anerkennung und den Schutz der Rechte hyperdichter Lebensformen geht.

Die kulturelle Identität kann als ein dynamisches System betrachtet werden, das durch folgende Gleichung beschrieben werden kann:

$$I = C + E + S \qquad (3)$$

Hierbei steht I für die Identität, C für kulturelle Elemente, E für individuelle Erfahrungen und S für soziale Interaktionen. Diese Formel zeigt, dass die Identität ständig im Fluss ist und sich durch die Interaktion mit anderen Lebensformen verändert.

Wirtschaftliche Ungleichheit

Die wirtschaftliche Ungleichheit ist ein zentrales Problem auf Ymaris. Während einige Lebensformen in Wohlstand leben, kämpfen andere ums Überleben. Dies wird oft durch das Fehlen von Bildung und Zugang zu Ressourcen verstärkt. Der wirtschaftliche Status kann durch die folgende Gleichung dargestellt werden:

$$W = \frac{P}{E} \qquad (4)$$

wobei W den wirtschaftlichen Status, P die verfügbaren Ressourcen und E die Ausbildung der Individuen darstellt. Diese Gleichung verdeutlicht, dass ohne Bildung der Zugang zu wirtschaftlichen Möglichkeiten stark eingeschränkt ist.

Soziale Bewegungen und Aktivismus

Die Ungleichheiten und Diskriminierungen, die hyperdichte Lebensformen erfahren, haben zu einer Vielzahl von sozialen Bewegungen geführt. Diese Bewegungen sind oft durch eine starke Gemeinschaftsbindung und den Wunsch nach Gerechtigkeit gekennzeichnet. Der Einfluss solcher Bewegungen kann durch die folgende Gleichung beschrieben werden:

$$A = \frac{C \cdot M}{R} \qquad (5)$$

Hierbei steht A für den Aktivismus, C für die Gemeinschaftsbindung, M für die Mobilisierung und R für die Ressourcen, die zur Verfügung stehen. Diese Gleichung zeigt, dass ein starker Aktivismus auf eine gut organisierte Gemeinschaft und ausreichende Ressourcen angewiesen ist.

Schlussfolgerung

Die Gesellschaftsstruktur auf Ymaris ist ein komplexes System, das von Hierarchien, kultureller Diversität und wirtschaftlicher Ungleichheit geprägt ist. Diese Faktoren beeinflussen nicht nur das tägliche Leben der hyperdichten Lebensformen, sondern auch die Bürgerrechtsbewegung, die Sorran Vale und andere Aktivisten vorantreiben. Ein tiefes Verständnis dieser Struktur ist entscheidend, um die Herausforderungen und Chancen, die sich aus der Interaktion zwischen den verschiedenen Lebensformen ergeben, zu erkennen und anzugehen.

In den folgenden Kapiteln werden wir tiefer in die spezifischen Herausforderungen eintauchen, die Sorran Vale auf seinem Weg zum Aktivismus begegnen, und wie die Gesellschaftsstruktur auf Ymaris seine Mission beeinflusst.

Die Bedeutung von intergalaktischen Beziehungen

Die intergalaktischen Beziehungen sind ein zentraler Aspekt der gesellschaftlichen und politischen Struktur auf Ymaris und spielen eine entscheidende Rolle für die Entwicklung und den Schutz hyperdichter Lebensformen. Diese Beziehungen sind nicht nur für die Stabilität der intergalaktischen Gemeinschaft von Bedeutung, sondern auch für die Förderung von Bürgerrechten und sozialer Gerechtigkeit.

Theoretische Grundlagen

Intergalaktische Beziehungen können durch verschiedene theoretische Rahmenwerke analysiert werden, darunter die Theorien der Internationalen Beziehungen, die sich mit Macht, Interessen und Normen zwischen verschiedenen Akteuren befassen. Ein zentraler Begriff in diesem Zusammenhang ist die *Interdependenz*, die die wechselseitigen Abhängigkeiten zwischen verschiedenen galaktischen Zivilisationen beschreibt. Diese Abhängigkeiten können sowohl wirtschaftlicher als auch sozialer Natur sein.

Ein Beispiel für interdependente Beziehungen ist der Handel zwischen Ymaris und benachbarten Planeten, der nicht nur den Austausch von Waren, sondern auch von Ideen und kulturellen Werten umfasst. Solche Beziehungen fördern das Verständnis und die Zusammenarbeit zwischen den Zivilisationen und tragen zur Schaffung eines intergalaktischen Rechtsrahmens bei, der die Rechte hyperdichter Lebensformen schützt.

Probleme intergalaktischer Beziehungen

Trotz der Vorteile intergalaktischer Beziehungen gibt es auch erhebliche Herausforderungen. Eine der größten Schwierigkeiten ist die *Diskriminierung* und das *Missverständnis* gegenüber hyperdichten Lebensformen. Diese Diskriminierung kann sich in Form von Vorurteilen, ungleicher Behandlung und mangelnder politischer Vertretung äußern. Sorran Vale hat in seiner Arbeit häufig auf diese Probleme hingewiesen und betont, dass die Schaffung eines inklusiven intergalaktischen Dialogs von entscheidender Bedeutung ist.

Ein weiteres Problem ist die *Ungleichheit* zwischen den verschiedenen Zivilisationen. Einige Planeten sind technologisch weit fortgeschritten, während andere mit grundlegenden Herausforderungen wie Armut und Mangel an Bildung kämpfen. Diese Ungleichheiten können zu Spannungen führen und die Zusammenarbeit behindern. Sorran hat sich für eine gerechtere Verteilung von Ressourcen und Wissen eingesetzt, um diese Kluft zu überbrücken.

Beispiele für intergalaktische Zusammenarbeit

Ein herausragendes Beispiel für erfolgreiche intergalaktische Beziehungen ist die *Intergalaktische Konferenz für Bürgerrechte*, die regelmäßig auf Ymaris stattfindet. Diese Konferenz bringt Vertreter verschiedener Zivilisationen zusammen, um über die Rechte hyperdichter Lebensformen zu diskutieren und gemeinsame Strategien zur Förderung von Gleichheit und Gerechtigkeit zu entwickeln. Solche Treffen sind entscheidend, um ein gemeinsames Verständnis und eine gemeinsame Vision für die Zukunft zu schaffen.

Ein weiteres Beispiel ist die *Kooperation* zwischen Ymaris und dem Planeten Zenthara, wo gemeinsame Bildungsprogramme ins Leben gerufen wurden, um das Bewusstsein für die Rechte hyperdichter Lebensformen zu schärfen. Diese Programme haben nicht nur die Bildungschancen für die betroffenen Lebensformen verbessert, sondern auch das Verständnis und die Akzeptanz in der breiteren Gesellschaft gefördert.

Die Rolle der Technologie

Technologie spielt eine Schlüsselrolle in der Förderung intergalaktischer Beziehungen. Fortschritte in der Kommunikationstechnologie haben es ermöglicht, dass Informationen schnell und effizient zwischen verschiedenen Zivilisationen ausgetauscht werden können. Sorran Vale hat innovative Technologien eingesetzt, um die Stimmen hyperdichter Lebensformen zu verstärken und ihre Anliegen in intergalaktischen Foren zu vertreten.

Ein Beispiel hierfür ist die Entwicklung einer *virtuellen Plattform*, die es Aktivisten ermöglicht, sich zu vernetzen und ihre Erfahrungen auszutauschen. Diese Plattform hat nicht nur die Sichtbarkeit der Bürgerrechtsbewegung erhöht, sondern auch eine globale Gemeinschaft von Unterstützern geschaffen, die sich für die Rechte hyperdichter Lebensformen einsetzen.

Fazit

Zusammenfassend lässt sich sagen, dass intergalaktische Beziehungen eine fundamentale Rolle für den Schutz und die Förderung der Rechte hyperdichter Lebensformen auf Ymaris spielen. Trotz der Herausforderungen, die mit diesen Beziehungen verbunden sind, bieten sie auch zahlreiche Möglichkeiten für Zusammenarbeit und Fortschritt. Sorran Vale hat durch seine Arbeit gezeigt, dass der Aufbau von Brücken zwischen verschiedenen Zivilisationen nicht nur möglich, sondern auch notwendig ist, um eine gerechtere und inklusivere intergalaktische Gemeinschaft zu schaffen. Die Zukunft der Bürgerrechtsbewegung auf Ymaris hängt maßgeblich von der Fähigkeit ab, diese Beziehungen zu stärken und die Herausforderungen gemeinsam zu bewältigen.

Herausforderungen für Sorran Vale und seine Mission

Sorran Vale, als Anwalt für den Schutz hyperdichter Lebensformen auf Ymaris, sieht sich einer Vielzahl von Herausforderungen gegenüber, die sowohl seine persönliche Mission als auch die breitere Bürgerrechtsbewegung betreffen. Diese Herausforderungen sind nicht nur rechtlicher, sondern auch sozialer, kultureller und technologischer Natur.

Rechtliche Hürden

Ein zentrales Problem für Sorran ist die unzureichende rechtliche Grundlage für den Schutz hyperdichter Lebensformen. Die bestehenden Gesetze auf Ymaris sind oft nicht auf die speziellen Bedürfnisse und Rechte dieser Lebensformen zugeschnitten. Viele Gesetze sind veraltet und spiegeln nicht die aktuellen gesellschaftlichen Werte wider. Dies führt zu einer ständigen Notwendigkeit, Gesetze zu reformieren und neue Regelungen zu schaffen, die den besonderen Umständen der hyperdichten Lebensformen Rechnung tragen.

Ein Beispiel dafür ist das *Gesetz über die Rechte interstellarer Lebensformen* (GIRL), das in seiner ursprünglichen Form die spezifischen Bedürfnisse hyperdichter Lebensformen nicht berücksichtigte. Sorran muss oft vor Gericht kämpfen, um diese Gesetze zu interpretieren und anzuwenden, was zusätzlichen Druck auf seine Ressourcen und seine Zeit ausübt.

Soziale Widerstände

Neben den rechtlichen Hürden sieht sich Sorran auch dem sozialen Widerstand gegenüber. Viele Bürger von Ymaris sind skeptisch gegenüber der Idee, hyperdichte Lebensformen als gleichwertige Mitglieder der Gesellschaft zu akzeptieren. Diese Vorurteile sind tief verwurzelt und werden oft durch Fehlinformationen und kulturelle Stereotypen verstärkt.

Um diese Herausforderungen zu bewältigen, muss Sorran nicht nur juristisch, sondern auch kommunikativ und bildend tätig sein. Er organisiert Aufklärungskampagnen, um das Bewusstsein für die Rechte und Bedürfnisse hyperdichter Lebensformen zu schärfen. Die Verwendung von sozialen Medien und Kunst spielt dabei eine entscheidende Rolle.

Technologische Barrieren

Ein weiteres Problem, mit dem Sorran konfrontiert ist, ist die Technologie. Während Ymaris technologisch fortgeschritten ist, gibt es immer noch große Unterschiede in der Zugänglichkeit und im Verständnis von Technologien, die für die hyperdichten Lebensformen von Bedeutung sind. Viele dieser Lebensformen sind nicht in der Lage, die Technologien zu nutzen, die ihre Rechte verteidigen könnten, was sie in eine noch verletzlicherere Position bringt.

Die Entwicklung von Technologien, die speziell für hyperdichte Lebensformen entworfen wurden, ist ein wichtiger Schritt, den Sorran vorantreiben möchte. Dies erfordert jedoch erhebliche Investitionen und die Zusammenarbeit mit Wissenschaftlern und Ingenieuren, die möglicherweise nicht die gleiche Dringlichkeit für diese Probleme empfinden.

Emotionale Belastungen

Die emotionale Belastung, die mit Sorrans Mission verbunden ist, darf ebenfalls nicht unterschätzt werden. Der ständige Kampf gegen Ungerechtigkeit und Diskriminierung kann zu einem Gefühl der Isolation und des Burnouts führen. Sorran muss Wege finden, um sich selbst und sein Team emotional zu unterstützen. Dies beinhaltet regelmäßige Reflexionen über ihre Erfolge und Misserfolge sowie die Schaffung eines unterstützenden Netzwerks von Gleichgesinnten.

Kulturelle Spannungen

Sorran muss auch die kulturellen Spannungen berücksichtigen, die zwischen den verschiedenen Lebensformen auf Ymaris bestehen. Die hyperdichten Lebensformen haben ihre eigenen kulturellen Praktiken und Überzeugungen, die oft im Widerspruch zu den vorherrschenden Normen der Gesellschaft stehen. Sorran muss als Brückenbauer fungieren und Verständnis und Respekt zwischen den verschiedenen Gruppen fördern.

Ein Beispiel für diese kulturellen Spannungen ist die unterschiedliche Auffassung von Gemeinschaft und Individualität. Während hyperdichte Lebensformen oft kollektivistisch orientiert sind, tendiert die Gesellschaft von Ymaris dazu, individualistische Werte zu betonen. Sorran muss Wege finden, um diese Unterschiede zu überbrücken und eine inklusive Gesellschaft zu fördern.

Strategien zur Bewältigung der Herausforderungen

Um diesen Herausforderungen zu begegnen, entwickelt Sorran eine Vielzahl von Strategien. Dazu gehören:

- **Rechtsreform:** Sorran arbeitet mit Gesetzgebern zusammen, um neue Gesetze zu entwerfen, die die Rechte hyperdichter Lebensformen schützen.

- **Aufklärungskampagnen:** Durch Bildung und Aufklärung versucht Sorran, Vorurteile abzubauen und das Bewusstsein für die Bedürfnisse dieser Lebensformen zu schärfen.

- **Technologische Innovation:** Sorran fördert die Entwicklung von Technologien, die den hyperdichten Lebensformen den Zugang zu Ressourcen und Informationen erleichtern.

- **Emotionale Unterstützung:** Sorran organisiert regelmäßige Treffen für Aktivisten, um emotionale Unterstützung zu bieten und den Austausch von Erfahrungen zu fördern.

- **Kultureller Dialog:** Sorran initiiert Dialoge zwischen verschiedenen Lebensformen, um kulturelle Spannungen abzubauen und ein besseres Verständnis zu fördern.

Diese Herausforderungen sind nicht nur Hindernisse, sondern auch Chancen für Wachstum und Veränderung. Sorran Vale bleibt optimistisch und entschlossen, seine Mission fortzusetzen, um eine gerechtere und integrativere Gesellschaft auf Ymaris zu schaffen.

Die emotionale Verbindung zu den hyperdichten Lebensformen

Die Beziehung zwischen Sorran Vale und den hyperdichten Lebensformen auf Ymaris ist nicht nur ein Beispiel für interspezifische Interaktion, sondern auch ein tiefgreifendes emotionales Band, das die Grundlage für seine Bürgerrechtsarbeit bildet. Diese Verbindung lässt sich durch verschiedene psychologische und soziologische Theorien erklären, die die Wichtigkeit von Empathie und emotionaler Intelligenz in zwischenmenschlichen Beziehungen betonen.

Theoretische Grundlagen

Die emotionale Verbindung zu anderen Lebensformen kann durch die *Theorie der sozialen Identität* (Tajfel & Turner, 1979) verstanden werden. Diese Theorie postuliert, dass Individuen ihre Identität teilweise durch die Zugehörigkeit zu sozialen Gruppen definieren. Sorran identifiziert sich nicht nur als Bürger von Ymaris, sondern auch als Verbündeter der hyperdichten Lebensformen, was seine Motivation verstärkt, für ihre Rechte zu kämpfen.

Zusätzlich ist die *Empathietheorie* von Hoffman (1981) entscheidend, um zu verstehen, wie Sorran die Emotionen und Bedürfnisse der hyperdichten Lebensformen wahrnimmt. Empathie ermöglicht es ihm, sich in die Lage dieser Wesen zu versetzen und ihre Herausforderungen nachzuvollziehen, was zu einer tiefen emotionalen Bindung führt.

Emotionale Herausforderungen

Trotz dieser tiefen Verbindung sieht sich Sorran mit mehreren Herausforderungen konfrontiert. Eine der größten Hürden ist das *Missverständnis* der hyperdichten Lebensformen durch die Gesellschaft. Oft werden diese Wesen als minderwertig oder nicht intelligent angesehen, was zu Diskriminierung und Vorurteilen führt. Sorran kämpft gegen diese Stereotypen, indem er die positiven Eigenschaften und die Komplexität dieser Lebensformen hervorhebt.

Ein Beispiel für diese Missverständnisse ist die erste Begegnung, die Sorran als Kind mit einem hyperdichten Wesen hatte. Er beobachtete, wie andere Kinder Angst hatten und sich von dem Wesen abwandten, während er von dessen Farbenpracht und der Fähigkeit, mit der Umwelt zu kommunizieren, fasziniert war. Diese Erfahrung prägte seine Sichtweise und verstärkte seine emotionale Bindung an die hyperdichten Lebensformen.

Emotionale Intelligenz in der Aktivismusarbeit

Sorrans Fähigkeit, Emotionen zu erkennen und angemessen darauf zu reagieren, ist ein zentraler Bestandteil seiner Arbeit als Aktivist. Die *emotionale Intelligenz* (Goleman, 1995) spielt eine entscheidende Rolle, wenn es darum geht, andere zu mobilisieren und für die Sache zu gewinnen. Seine Fähigkeit, die Ängste und Hoffnungen der hyperdichten Lebensformen zu verstehen, ermöglicht es ihm, effektive Kommunikationsstrategien zu entwickeln und die Gemeinschaft zu mobilisieren.

Ein Beispiel hierfür ist die Organisation einer Protestaktion, bei der Sorran die Geschichten von betroffenen hyperdichten Lebensformen erzählte. Durch das Teilen dieser persönlichen Erlebnisse konnte er eine emotionale Resonanz in der Öffentlichkeit erzeugen, die zu einer erhöhten Unterstützung für die Bürgerrechtsbewegung führte.

Fallstudie: Die „Stimmen der Stummen" Kampagne

Ein herausragendes Beispiel für Sorrans Engagement ist die Kampagne „Stimmen der Stummen", die darauf abzielte, die Stimmen der hyperdichten Lebensformen zu erheben. Diese Kampagne basierte auf der Überzeugung, dass jede Lebensform, unabhängig von ihrer Dichte, das Recht hat, gehört zu werden. Sorran nutzte seine emotionale Verbindung zu diesen Wesen, um ihre Geschichten zu erzählen und ihre Erfahrungen zu dokumentieren.

Die Kampagne umfasste mehrere Veranstaltungen, bei denen hyperdichte Lebensformen ihre Perspektiven teilen konnten. Diese Veranstaltungen waren nicht nur eine Plattform für die hyperdichten Lebensformen, sondern auch ein Raum für die Gemeinschaft, um Empathie zu entwickeln und Vorurteile abzubauen. Sorran stellte fest, dass durch das Teilen von Emotionen und Erfahrungen eine tiefere Verbindung zwischen den verschiedenen Lebensformen und den Menschen auf Ymaris hergestellt werden konnte.

Fazit

Die emotionale Verbindung zwischen Sorran Vale und den hyperdichten Lebensformen ist ein zentrales Element seiner Identität und seiner Arbeit als Bürgerrechtsaktivist. Durch das Verständnis und die Anerkennung dieser Verbindung kann Sorran nicht nur als Anwalt für die Rechte dieser Lebensformen auftreten, sondern auch als Brücke zwischen verschiedenen Kulturen und Spezies fungieren. Diese emotionale Tiefe ist entscheidend für den Erfolg seiner Mission und für die Schaffung einer gerechteren Gesellschaft auf Ymaris.

Die Herausforderungen, die Sorran auf seinem Weg begegnen, sind nicht nur rechtlicher oder politischer Natur, sondern auch emotionaler. Die Fähigkeit, diese Emotionen zu erkennen und zu nutzen, wird weiterhin ein Schlüssel zu seinem Engagement und seinem Einfluss in der Bürgerrechtsbewegung sein. Sorrans Botschaft ist klar: Die Verbindung zwischen allen Lebensformen ist nicht nur eine Frage des Respekts, sondern auch eine Frage der Menschlichkeit und des Mitgefühls.

Ein Ausblick auf die kommenden Kapitel

In diesem Kapitel werfen wir einen Blick auf die zentralen Themen und Herausforderungen, die in den folgenden Abschnitten behandelt werden. Sorran Vales Reise als Bürgerrechtsaktivist auf Ymaris ist nicht nur eine persönliche Erzählung, sondern auch ein Spiegelbild der komplexen Dynamiken, die das Leben und die Rechte hyperdichter Lebensformen prägen. Die folgenden Kapitel werden die verschiedenen Facetten seines Engagements beleuchten und die Herausforderungen, denen er gegenübersteht, detailliert darstellen.

Die Kindheit von Sorran Vale

Das nächste Kapitel wird sich mit Sorrans Kindheit und den prägenden Erfahrungen auseinandersetzen, die seinen späteren Aktivismus beeinflussten. Wir werden untersuchen, wie familiäre Hintergründe und frühe Begegnungen mit hyperdichten Lebensformen seine Sichtweise auf Gerechtigkeit und Ungerechtigkeit formten. Hierbei ist die Rolle von Freunden und Mentoren entscheidend, die ihm halfen, seine Identität zu entdecken und seine Ambitionen zu entwickeln. Die Herausforderungen, die er in seiner Jugend erlebte, werden als Ausgangspunkt für sein Engagement im Aktivismus betrachtet.

Der Weg zum Aktivismus

Im dritten Kapitel werden wir die entscheidenden Erfahrungen analysieren, die Sorran auf den Weg des Aktivismus führten. Wir werden die erste Protestaktion, an der er teilnahm, sowie die Begegnungen mit anderen Aktivisten beleuchten. Die Gründung einer Bürgerrechtsorganisation wird als ein Schlüsselmoment hervorgehoben, der Sorrans Engagement auf eine breitere Basis stellte. Die Rolle der Medien im Aktivismus wird ebenfalls thematisiert, insbesondere wie Sorran die Gemeinschaft mobilisierte und Strategien entwickelte, um die Stimmen der Stimmlosen zu vertreten.

Die rechtlichen Kämpfe für hyperdichte Lebensformen

Ein zentrales Thema in Sorrans Geschichte sind die rechtlichen Kämpfe, die er für die Rechte hyperdichter Lebensformen führt. Das vierte Kapitel wird die juristischen Grundlagen auf Ymaris untersuchen und die Rolle intergalaktischer Gesetze beleuchten, die Sorrans Arbeit beeinflussen. Wir werden seine ersten Fälle vor Gericht analysieren und die Bedeutung von Zeugen und Beweisen in diesen Kämpfen herausstellen. Die Herausforderungen, die er dabei bewältigen muss, werden im Kontext der Diskriminierung und der Notwendigkeit von Gesetzesänderungen dargestellt.

Sorran Vale und die Medien

Im fünften Kapitel wird die Macht der Medien in Sorrans Leben und Aktivismus betrachtet. Wir werden seine ersten Interviews und den Einfluss sozialer Medien auf die Bürgerrechtsbewegung untersuchen. Die Rolle von Journalisten und Bloggern wird hervorgehoben, ebenso wie die Herausforderungen, die mit der Medienberichterstattung verbunden sind. Sorrans Einfluss auf die öffentliche Meinung und die Wirkung von Medienkampagnen werden als entscheidende Elemente seiner Arbeit dargestellt.

Globale Perspektiven und intergalaktische Zusammenarbeit

Das sechste Kapitel widmet sich den globalen Perspektiven und der intergalaktischen Zusammenarbeit, die für Sorrans Vision einer gerechten Galaxie von zentraler Bedeutung sind. Wir werden Sorrans Reisen zu anderen Planeten und den Austausch zwischen verschiedenen Kulturen analysieren. Die Rolle intergalaktischer Konferenzen und die Herausforderungen, die mit diplomatischen Beziehungen verbunden sind, werden ebenfalls thematisiert. Hierbei wird auch Sorrans Vision für eine vereinte Galaxie und die Bedeutung von Ressourcen- und Wissensaustausch behandelt.

Sorran Vale im Rampenlicht

Das siebte Kapitel wird Sorrans Anerkennung und den Einfluss seiner Arbeit auf junge Aktivisten beleuchten. Wir werden die Herausforderungen des Ruhms und die Kritiken, die er erfährt, analysieren. Sorrans Rolle als Mentor und Lehrer wird hervorgehoben, ebenso wie die Bedeutung von Authentizität in seinem Aktivismus. Die Reflexionen über seinen Weg und die Herausforderungen, die er bewältigen musste, werden einen tiefen Einblick in die Komplexität seines Lebens und seiner Arbeit bieten.

Die Vision für die Zukunft

Im achten Kapitel werden Sorrans Pläne und Träume für die Zukunft erörtert. Wir werden die Entwicklung neuer Strategien und den Einfluss von Technologie auf den Aktivismus untersuchen. Sorrans Vorstellungen von einer gerechten Gesellschaft und die Herausforderungen, die noch vor uns liegen, werden thematisiert. Die Rolle von Hoffnung und Inspiration sowie der Aufruf zum Handeln werden als zentrale Elemente seiner Vision präsentiert.

Schlussfolgerung

Abschließend wird das neunte Kapitel die Lehren aus Sorrans Leben zusammenfassen. Der Einfluss, den er auf die Gesellschaft und die Bedeutung von Bürgerrechten im intergalaktischen Kontext hat, wird hervorgehoben. Sorrans Vermächtnis für zukünftige Generationen und die Rolle des Einzelnen im Aktivismus werden als zentrale Botschaften präsentiert. Ein abschließendes Wort der Inspiration wird die Leser dazu aufrufen, sich für eine gerechtere Galaxie einzusetzen.

Insgesamt wird die Struktur der folgenden Kapitel die Komplexität von Sorran Vales Leben und seine unermüdliche Arbeit als Bürgerrechtsaktivist auf Ymaris widerspiegeln. Jedes Kapitel wird nicht nur die Herausforderungen und Erfolge seiner Mission beleuchten, sondern auch die tiefen emotionalen Verbindungen, die er zu den hyperdichten Lebensformen und seiner Gemeinschaft hat. Die Reise von Sorran Vale ist eine, die sowohl inspirierend als auch lehrreich ist und die Leser dazu ermutigen wird, aktiv zu werden und sich für Gerechtigkeit und Gleichheit einzusetzen.

Die Kindheit von Sorran Vale

Aufwachsen auf Ymaris

Familiäre Hintergründe und Einflüsse

Sorran Vale wuchs in einer Welt auf, die von den Werten seiner Familie geprägt war. Seine Eltern, beide hochgebildete Mitglieder der ymarianischen Gesellschaft, hatten eine tiefe Überzeugung in die Bedeutung von Gerechtigkeit und Gleichheit, die sie von Generation zu Generation weitergaben. Diese Werte waren nicht nur abstrakte Konzepte für Sorran, sondern lebten in den täglichen Interaktionen und der Erziehung, die er erfuhr.

Die Familie Vale war bekannt für ihr Engagement in der Gemeinschaft. So war Sorrans Vater, ein angesehener Wissenschaftler, der sich mit der Erforschung hyperdichter Lebensformen beschäftigte, oft in den Labors und bei öffentlichen Vorträgen anzutreffen. Seine Mutter hingegen war eine leidenschaftliche Lehrerin, die sich für die Bildung benachteiligter Gruppen einsetzte. Diese beiden Einflüsse schufen eine Umgebung, in der Lernen und soziale Verantwortung Hand in Hand gingen.

Ein zentrales Konzept in der Erziehung von Sorran war das Prinzip der Empathie. Seine Eltern lehrten ihn, die Perspektiven anderer zu verstehen, insbesondere die der hyperdichten Lebensformen, die in der ymarianischen Gesellschaft oft marginalisiert wurden. Diese frühe Prägung half ihm, eine emotionale Verbindung zu den Herausforderungen und Kämpfen dieser Lebensformen zu entwickeln.

Ein Beispiel für die tiefen familiären Einflüsse auf Sorran war ein Vorfall in seiner Kindheit, als er Zeuge eines unfairen Verhaltens gegenüber einem hyperdichten Lebensform wurde. Seine Mutter hatte ihn mitgenommen, um an einer örtlichen Veranstaltung teilzunehmen, bei der die Rechte dieser Lebensformen thematisiert wurden. Als ein Vertreter der hyperdichten

Lebensformen diskriminiert wurde, fühlte sich Sorran persönlich betroffen. Diese Erfahrung wurde zu einem Schlüsselmoment in seiner Entwicklung und formte seine Überzeugungen über Gerechtigkeit und Gleichheit.

Zusätzlich beeinflussten kulturelle Traditionen und Rituale die Werte, die Sorran von seinen Eltern übernahm. In der ymarianischen Gesellschaft gibt es zahlreiche Feste, die das Zusammengehörigkeitsgefühl und die Solidarität innerhalb der Gemeinschaft stärken. Diese Feste waren nicht nur Gelegenheiten zum Feiern, sondern auch Plattformen für Diskussionen über soziale Themen. Sorran nahm oft an diesen Feierlichkeiten teil und hörte Geschichten von älteren Generationen, die von Kämpfen und Triumphen im Namen der Gerechtigkeit berichteten. Diese Erzählungen wurden zu einem Teil seiner eigenen Identität und motivierten ihn, für das einzutreten, was er für richtig hielt.

Ein weiterer wichtiger Einfluss war das soziale Netzwerk seiner Familie. Sorrans Eltern pflegten Freundschaften mit anderen Aktivisten und Intellektuellen, die sich für die Rechte hyperdichter Lebensformen einsetzten. Diese Verbindungen ermöglichten es Sorran, von einer Vielzahl von Perspektiven zu lernen und die Komplexität der gesellschaftlichen Herausforderungen zu verstehen. Er war oft umgeben von Diskussionen, die sich um Themen wie Diskriminierung, Rechte und die Verantwortung des Einzelnen drehten. Diese Gespräche trugen wesentlich zu seiner politischen Bildung bei und schärften sein Bewusstsein für die Ungerechtigkeiten, die in seiner Welt existierten.

Die Herausforderungen, die Sorran in seiner Jugend erlebte, wurden ebenfalls von seinem familiären Hintergrund beeinflusst. Während seine Eltern ihn ermutigten, sich für seine Überzeugungen einzusetzen, erlebte er auch den Druck, den Erwartungen seiner Familie gerecht zu werden. Diese Spannung zwischen persönlichen Ambitionen und den Werten seiner Familie führte zu inneren Konflikten, die ihn jedoch letztendlich stärkten und ihn dazu brachten, seine eigene Stimme im Aktivismus zu finden.

Zusammenfassend lässt sich sagen, dass die familiären Hintergründe und Einflüsse eine entscheidende Rolle in Sorran Vales Entwicklung als Bürgerrechtsaktivist spielten. Die Werte, die er von seinen Eltern erlernte, die kulturellen Traditionen, die er erlebte, und die sozialen Netzwerke, in denen er aufwuchs, bildeten das Fundament für seine spätere Arbeit im Kampf für die Rechte hyperdichter Lebensformen. Diese Einflüsse prägten nicht nur seine Überzeugungen, sondern auch seine Fähigkeit, andere zu mobilisieren und für eine gerechtere Gesellschaft zu kämpfen.

Die ersten Kontakte mit hyperdichten Lebensformen

Die ersten Kontakte mit hyperdichten Lebensformen auf Ymaris waren sowohl faszinierend als auch herausfordernd. Diese einzigartigen Wesen, die in der Lage sind, in extremen Umgebungen zu überleben, stellen eine bemerkenswerte Form des Lebens dar. Ihre Existenz wirft nicht nur Fragen zur Biologie und Ökologie auf, sondern auch zu den ethischen und rechtlichen Aspekten des Zusammenlebens mit intelligenten Spezies.

Die Entdeckung hyperdichter Lebensformen

Hyperdichte Lebensformen sind durch ihre außergewöhnliche Dichte und Struktur gekennzeichnet, die es ihnen ermöglicht, unter Bedingungen zu existieren, die für die meisten anderen Lebensformen tödlich wären. Diese Kreaturen besitzen eine einzigartige Zellstruktur, die ihnen eine hohe Widerstandsfähigkeit gegen extreme Temperaturen, Druckverhältnisse und Strahlung verleiht. Die ersten Begegnungen mit diesen Wesen fanden in den dichten Nebelwäldern von Ymaris statt, wo Sorran Vale und seine Freunde auf eine Gruppe von hyperdichten Lebensformen stießen, die in symbiotischer Beziehung mit ihrem Lebensraum standen.

Die ersten Begegnungen

Die erste Begegnung von Sorran mit hyperdichten Lebensformen war ein Schlüsselmoment in seinem Leben. Es war ein sonniger Tag, und die Gruppe von Freunden hatte sich entschlossen, das unbekannte Terrain zu erkunden. Plötzlich entdeckten sie eine Gruppe von schimmernden, amorphen Wesen, die in einer schillernden Farbenpracht leuchteten. Diese Wesen kommunizierten nicht verbal, sondern über ein komplexes System von Licht- und Farbwechseln, das Sorran und seine Freunde in Staunen versetzte.

Ein Beispiel für diese Kommunikation ist die sogenannte *Chromatische Resonanz*, bei der das Wesen seine Farbe ändert, um seine Emotionen oder Bedürfnisse auszudrücken. Diese Art der Kommunikation stellte eine Herausforderung dar, da Sorran und seine Freunde die Bedeutung dieser Farbwechsel entschlüsseln mussten. Es erforderte Geduld und Empathie, um eine Verbindung zu diesen Lebensformen aufzubauen.

Die Herausforderungen der Interaktion

Die Interaktion mit hyperdichten Lebensformen war jedoch nicht ohne Herausforderungen. Eine der größten Hürden war das Missverständnis der

Bedürfnisse und Wünsche dieser Kreaturen. Da sie in einer völlig anderen biologischen und kulturellen Realität existieren, war es für Sorran und seine Freunde schwierig, ihre Perspektive zu verstehen. Dies führte zu mehreren Missverständnissen, die in Konflikten endeten.

Ein Beispiel hierfür war ein Vorfall, bei dem Sorran und seine Freunde versuchten, eine hyperdichte Lebensform zu berühren, um eine tiefere Verbindung herzustellen. Die Kreatur reagierte jedoch mit einer plötzlichen Farbänderung, die Angst und Aggression signalisierte. Sorran erkannte schnell, dass ihre Annäherung als Bedrohung wahrgenommen wurde, was ihn dazu brachte, über die ethischen Implikationen seines Handelns nachzudenken.

Theoretische Überlegungen

Die Theorie der *Interkulturellen Kommunikation* spielte eine entscheidende Rolle bei Sorrans ersten Kontakten mit hyperdichten Lebensformen. Diese Theorie besagt, dass die Kommunikation zwischen verschiedenen Kulturen oft missverstanden werden kann, wenn die zugrunde liegenden Werte und Normen nicht erkannt werden. In diesem Fall war es von entscheidender Bedeutung, die kulturellen Unterschiede zwischen den hyperdichten Lebensformen und den humanoiden Bewohnern von Ymaris zu verstehen.

Darüber hinaus stellte Sorran fest, dass die *Bioethik* eine wichtige Rolle in der Beziehung zu diesen Lebensformen spielte. Die Fragen, die sich aus der Interaktion ergaben, waren nicht nur biologischer, sondern auch moralischer Natur. Wie sollten sie mit diesen intelligenten Wesen umgehen? Welche Verantwortung hatten sie, um sicherzustellen, dass ihre Handlungen nicht schädlich waren?

Schlussfolgerung

Die ersten Kontakte mit hyperdichten Lebensformen waren für Sorran Vale und seine Freunde eine prägende Erfahrung. Sie lehrten sie nicht nur die Bedeutung von Empathie und Verständnis, sondern auch die Notwendigkeit, die Rechte und die Würde aller Lebensformen zu respektieren. Diese frühen Begegnungen legten den Grundstein für Sorrans späteren Aktivismus und seine Bestrebungen, eine gerechte Gesellschaft für alle Lebensformen auf Ymaris zu schaffen. Die Herausforderungen, die sie dabei erlebten, halfen ihm, eine tiefere Verbindung zu den hyperdichten Lebensformen aufzubauen und die Grundlagen für eine intergalaktische Bürgerrechtsbewegung zu legen, die auf Respekt und Verständnis basierte.

Bildung und Erziehung in Ymaris

Die Bildung und Erziehung auf Ymaris sind von zentraler Bedeutung für die Entwicklung der hyperdichten Lebensformen und deren Integration in die Gesellschaft. Die Bildungssysteme auf Ymaris sind nicht nur darauf ausgerichtet, Wissen zu vermitteln, sondern auch soziale Werte, kulturelle Identität und intergalaktische Zusammenarbeit zu fördern.

Bildungssystem und Struktur

Das Bildungssystem auf Ymaris ist stark hierarchisch organisiert und besteht aus mehreren Stufen, die jeweils spezifische Lernziele verfolgen. Die frühkindliche Bildung beginnt in den sogenannten *Kreativitätszentren*, wo Kinder im Alter von 0 bis 6 Jahren spielerisch lernen. Diese Zentren legen großen Wert auf die Entwicklung von Kreativität und sozialen Fähigkeiten, was für die hyperdichten Lebensformen von entscheidender Bedeutung ist, da diese oft in gemeinschaftlichen Strukturen leben.

Die Grundbildung erfolgt in *Wissenstransfer-Schulen*, wo die Schüler grundlegende Kenntnisse in Naturwissenschaften, Mathematik und intergalaktischer Geschichte erwerben. Ein besonderes Augenmerk liegt auf dem interkulturellen Austausch, der durch Programme mit anderen Planeten gefördert wird. Diese Schulen nutzen innovative Lehrmethoden, die auf den Prinzipien des *konstruktivistischen Lernens* basieren, wo die Schüler aktiv in den Lernprozess einbezogen werden.

Herausforderungen im Bildungssystem

Trotz der Fortschritte im Bildungssystem gibt es mehrere Herausforderungen, die die Qualität der Bildung auf Ymaris beeinträchtigen. Eine der größten Herausforderungen ist die *Ungleichheit* im Zugang zu Bildung. Während einige Regionen gut ausgestattete Schulen und Ressourcen haben, kämpfen andere mit einem Mangel an Lehrern und Materialien. Diese Ungleichheiten führen zu einem unterschiedlichen Bildungsniveau, was sich negativ auf die gesellschaftliche Integration der hyperdichten Lebensformen auswirkt.

Ein weiteres Problem ist die *Kulturelle Assimilation*. In den letzten Jahren gab es Bestrebungen, die Bildung stärker an den intergalaktischen Normen auszurichten, was zu einem Verlust der lokalen kulturellen Identität führen kann. Viele hyperdichte Lebensformen fühlen sich unter Druck gesetzt, ihre traditionellen Werte und Sprachen aufzugeben, um in der Gesellschaft akzeptiert zu werden. Dies hat zu Widerstand und Protesten geführt, die von Sorran Vale und anderen Aktivisten unterstützt werden.

Innovative Bildungsansätze

Um diesen Herausforderungen zu begegnen, haben einige Schulen innovative Ansätze entwickelt. Eine solche Initiative ist das *Intergalaktische Austauschprogramm*, bei dem Schüler die Möglichkeit haben, für ein Jahr auf einem anderen Planeten zu leben und zu lernen. Diese Programme fördern nicht nur das Verständnis für andere Kulturen, sondern stärken auch die sozialen Fähigkeiten der Schüler.

Ein Beispiel für einen erfolgreichen Bildungsansatz ist die *Kunst- und Musikpädagogik*, die eng mit der kulturellen Identität der hyperdichten Lebensformen verknüpft ist. Durch kreative Ausdrucksformen lernen die Schüler, ihre Emotionen auszudrücken und sich mit ihrer Kultur auseinanderzusetzen. Diese Programme haben sich als besonders wirksam erwiesen, um das Selbstbewusstsein und die Identität der Schüler zu stärken.

Die Rolle der Technologie

Die Technologie spielt eine entscheidende Rolle in der Bildung auf Ymaris. Mit der Einführung von *virtuellen Lernumgebungen* und *interaktiven Lernplattformen* haben die Schüler Zugang zu einer Vielzahl von Ressourcen und Lernmaterialien, die ihre Bildungserfahrung bereichern. Diese Technologien ermöglichen es den Lehrern, den Unterricht individuell anzupassen und auf die Bedürfnisse der Schüler einzugehen.

Ein Beispiel für den Einsatz von Technologie ist das *Holo-Teaching*, bei dem Lehrer holografische Projektionen verwenden, um komplexe Konzepte zu veranschaulichen. Diese Methode hat sich als besonders effektiv erwiesen, um das Interesse der Schüler zu wecken und das Lernen zu fördern.

Fazit

Zusammenfassend lässt sich sagen, dass die Bildung und Erziehung in Ymaris ein komplexes Zusammenspiel von Tradition, Innovation und interkulturellem Austausch darstellen. Trotz der bestehenden Herausforderungen gibt es zahlreiche Initiativen, die darauf abzielen, die Bildung für alle hyperdichten Lebensformen zugänglicher und gerechter zu gestalten. Sorran Vale und seine Mitstreiter setzen sich dafür ein, dass die Bildung auf Ymaris nicht nur Wissen vermittelt, sondern auch die Werte von Gerechtigkeit, Gleichheit und Respekt fördert. Die Zukunft der Bildung auf Ymaris wird entscheidend dafür sein, wie die Gesellschaft sich weiterentwickelt und wie die hyperdichten Lebensformen in die intergalaktische Gemeinschaft integriert werden.

Sorrans erste Erfahrungen mit Ungerechtigkeit

Sorran Vale wuchs in einer Welt auf, die von einer faszinierenden Vielfalt hyperdichter Lebensformen geprägt war. Doch schon in seiner Kindheit erlebte er die Schattenseiten dieser bunten Gesellschaft. Diese ersten Erfahrungen mit Ungerechtigkeit prägten nicht nur Sorrans Sicht auf die Welt, sondern auch seinen späteren Aktivismus.

Die Entdeckung der Ungleichheit

Die ersten Anzeichen von Ungerechtigkeit traten in Sorrans Leben auf, als er in der Schule mit anderen Kindern interagierte. Während einige seiner Freunde aus privilegierten Familien stammten, waren andere hyperdichte Lebensformen, die in ärmeren Verhältnissen lebten. Sorran bemerkte, dass diese Unterschiede nicht nur materieller Natur waren, sondern auch in der Art und Weise, wie die Kinder behandelt wurden. Eine seiner ersten Erfahrungen war die Beobachtung, wie seine Mitschülerin Lira, eine hyperdichte Lebensform, aufgrund ihrer Herkunft von Lehrern und Mitschülern diskriminiert wurde.

$$\text{Diskriminierung} = \frac{\text{Vorurteile} \times \text{Macht}}{\text{Gleichheit}} \tag{6}$$

In dieser Gleichung beschreibt die Diskriminierung das Ergebnis von Vorurteilen, die mit der Macht einer Gruppe kombiniert werden, um die Gleichheit zu untergraben. Sorran erkannte, dass Ungerechtigkeit oft auf tief verwurzelten Vorurteilen basierte, die sich über Generationen hinweg manifestierten.

Die Rolle der Gemeinschaft

Die Reaktionen seiner Gemeinschaft auf die Ungerechtigkeit waren gemischt. Während einige Menschen, darunter seine Eltern, versuchten, Lira zu unterstützen und für ihre Rechte einzutreten, gab es auch viele, die die bestehende Ungleichheit akzeptierten oder sogar rechtfertigten. Sorran erlebte, wie die Gemeinschaft in zwei Lager gespalten war: die einen, die für Gleichheit kämpften, und die anderen, die sich mit dem Status quo zufriedengaben.

Ein prägendes Ereignis war ein Vorfall während eines Schulprojekts, bei dem Sorran und seine Freunde gebeten wurden, über die verschiedenen Kulturen auf Ymaris zu berichten. Lira wollte ebenfalls teilnehmen, wurde aber von einem Lehrer abgelehnt, der behauptete, dass ihre Kultur nicht relevant sei. Diese Erfahrung hinterließ bei Sorran einen tiefen Eindruck und stellte seine Überzeugungen auf die Probe.

Der erste Protest

Sorrans erste aktive Reaktion auf diese Ungerechtigkeit kam, als er sich entschloss, Lira und die anderen betroffenen hyperdichten Lebensformen zu unterstützen. Gemeinsam organisierten sie einen kleinen Protest vor der Schule. Sorran malte Plakate mit Slogans wie „Jede Stimme zählt" und „Gleichheit für alle", die sie stolz trugen. Die Reaktion der Schule war gemischt; einige Lehrer unterstützten sie, während andere versuchten, den Protest zu unterdrücken.

Die Lektionen aus der Ungerechtigkeit

Die Erfahrungen mit Ungerechtigkeit, die Sorran in seiner Kindheit machte, lehrten ihn mehrere wichtige Lektionen:

- **Empathie:** Sorran lernte, die Perspektiven anderer zu verstehen und Mitgefühl für diejenigen zu empfinden, die diskriminiert wurden.
- **Mut:** Der Mut, sich gegen Ungerechtigkeit zu erheben, wurde zu einem zentralen Wert in Sorrans Leben. Er erkannte, dass auch kleine Aktionen große Veränderungen bewirken können.
- **Solidarität:** Sorran verstand, dass der Kampf gegen Ungerechtigkeit nicht allein geführt werden kann. Die Unterstützung durch Gleichgesinnte ist unerlässlich.

Diese Lektionen wurden zu den Grundpfeilern seines späteren Aktivismus und prägten seine Vision einer gerechteren Gesellschaft auf Ymaris.

Zusammenfassung

Sorrans erste Erfahrungen mit Ungerechtigkeit waren prägend und formten seine Identität als zukünftiger Bürgerrechtsaktivist. Durch die Begegnung mit Diskriminierung, die Unterstützung seiner Gemeinschaft und seinen ersten Protest lernte er, dass der Kampf für Gleichheit und Gerechtigkeit ein zentraler

Bestandteil seines Lebens werden würde. Diese frühen Erlebnisse legten den Grundstein für seine spätere Mission, die hyperdichten Lebensformen auf Ymaris zu schützen und für ihre Rechte einzutreten.

Die Rolle von Freunden und Mentoren

Die Kindheit von Sorran Vale auf Ymaris war geprägt von einer Vielzahl an Einflüssen, die seine Entwicklung und seine späteren Entscheidungen als Bürgerrechtsaktivist maßgeblich beeinflussten. Eine der zentralen Komponenten in Sorrans Leben war die Rolle von Freunden und Mentoren, die ihm nicht nur emotionale Unterstützung boten, sondern auch als Katalysatoren für sein Engagement und seine Werte fungierten.

Freundschaften als Fundament

Freundschaften spielen in der Jugend eine entscheidende Rolle. Sie bieten nicht nur einen sozialen Rückhalt, sondern auch eine Plattform für den Austausch von Ideen und Überzeugungen. Sorran hatte das Glück, in seiner Kindheit eine Gruppe von Freunden zu haben, die ähnliche Werte und Interessen teilten. Diese Freundschaften wurden zu einem sicheren Raum, in dem Sorran seine Gedanken über Gerechtigkeit, Gleichheit und die Rechte hyperdichter Lebensformen äußern konnte.

Ein Beispiel für eine solche Freundschaft ist die Beziehung zu seiner besten Freundin Lira. Lira war eine leidenschaftliche Künstlerin, die Sorran oft ermutigte, seine Gefühle durch kreative Ausdrucksformen zu kommunizieren. Ihre gemeinsamen Projekte, wie das Erstellen von Plakaten für lokale Veranstaltungen, halfen Sorran, seine Stimme zu finden und die ersten Schritte in Richtung Aktivismus zu wagen.

Mentoren als Wegweiser

Neben Freunden waren auch Mentoren von entscheidender Bedeutung für Sorrans Entwicklung. Ein besonders einflussreicher Mentor war Professor Kaldor, ein angesehener Wissenschaftler und Bürgerrechtler, der sich für die Rechte hyperdichter Lebensformen einsetzte. Kaldor nahm Sorran unter seine Fittiche und führte ihn in die komplexe Welt der intergalaktischen Gesetze und der Bürgerrechtsbewegungen ein.

Durch regelmäßige Gespräche und Diskussionen half Kaldor Sorran, die theoretischen Grundlagen seines Engagements zu verstehen. Er vermittelte ihm nicht nur Wissen über relevante Gesetze, sondern auch die Bedeutung von

Empathie und Verständnis in der Arbeit mit marginalisierten Gemeinschaften. Kaldors Einfluss war so stark, dass Sorran oft seine Ratschläge in schwierigen Situationen heranzog, um fundierte Entscheidungen zu treffen.

Herausforderungen und Konflikte

Trotz der positiven Einflüsse von Freunden und Mentoren gab es auch Herausforderungen. Sorran erlebte Phasen, in denen er sich von seinen Freunden entfremdet fühlte, insbesondere als er begann, sich intensiver mit dem Aktivismus auseinanderzusetzen. Einige seiner Freunde konnten seine Leidenschaft für die Rechte hyperdichter Lebensformen nicht nachvollziehen und sahen sein Engagement als übertrieben an. Dies führte zu Spannungen und Konflikten, die Sorran vor die Wahl stellten, ob er seinen eigenen Weg gehen oder sich anpassen sollte.

Diese Konflikte waren jedoch auch lehrreich. Sie lehrten Sorran, dass nicht jeder seine Überzeugungen teilen würde und dass es wichtig ist, für die eigenen Werte einzustehen, selbst wenn dies bedeutet, dass man von anderen isoliert wird. Diese Lektion wurde zu einem Leitprinzip in seinem späteren Leben als Aktivist.

Der Einfluss auf die persönliche Identität

Die Unterstützung von Freunden und Mentoren half Sorran nicht nur, sich als Aktivist zu etablieren, sondern auch, seine eigene Identität zu formen. Die Vielfalt der Perspektiven, die er durch seine Beziehungen erlebte, ermutigte ihn, offen für unterschiedliche Meinungen zu sein und die Komplexität der sozialen Gerechtigkeit zu erkennen.

In einem entscheidenden Moment seiner Jugend, als er sich entschied, an seiner ersten Protestaktion teilzunehmen, war es die Ermutigung seiner Freunde und die Weisheit seines Mentors, die ihm den Mut gaben, diesen Schritt zu wagen. Diese Erfahrungen prägten nicht nur seine Ansichten über Aktivismus, sondern auch seine Fähigkeit, in schwierigen Zeiten standhaft zu bleiben.

Fazit

Zusammenfassend lässt sich sagen, dass die Rolle von Freunden und Mentoren in Sorran Vales Kindheit von unschätzbarem Wert war. Sie boten nicht nur emotionale Unterstützung, sondern auch praktische Anleitung und Inspiration. Diese Beziehungen halfen ihm, seine Identität zu formen und die Weichen für seinen zukünftigen Aktivismus zu stellen. Ohne die Unterstützung und den Einfluss dieser wichtigen Personen wäre Sorrans Weg als Bürgerrechtsaktivist möglicherweise ganz anders verlaufen. Ihre Lektionen und Einflüsse blieben während seiner gesamten Karriere präsent und trugen zu seinem Erfolg und seinem Engagement für die Rechte hyperdichter Lebensformen bei.

Kulturelle Traditionen und ihre Auswirkungen

Die kulturellen Traditionen auf Ymaris spielen eine entscheidende Rolle in der Entwicklung der hyperdichten Lebensformen und ihrer Interaktionen mit der Gesellschaft. Diese Traditionen sind nicht nur Ausdruck der Identität, sondern auch ein wichtiger Faktor für die soziale Struktur und die politischen Bewegungen, die sich um die Bürgerrechte der hyperdichten Lebensformen gruppieren. In diesem Abschnitt werden wir die verschiedenen Aspekte der kulturellen Traditionen und deren Auswirkungen auf die Gesellschaft und den Aktivismus von Sorran Vale untersuchen.

Einfluss der kulturellen Identität

Die kulturelle Identität der hyperdichten Lebensformen ist tief verwurzelt in ihren Traditionen, Bräuchen und Geschichten. Diese Elemente formen das Selbstverständnis und die Wahrnehmung ihrer Gemeinschaft sowohl innerhalb als auch außerhalb ihrer eigenen Gruppe. Ein Beispiel hierfür ist das jährliche Fest der *Luminara*, das die Verbindung zwischen den hyperdichten Lebensformen und der Natur feiert. Während dieses Festes finden Zeremonien statt, die die Bedeutung des Respekts vor der Umwelt und den intergalaktischen Beziehungen betonen. Solche Traditionen stärken das Gemeinschaftsgefühl und fördern die Solidarität unter den hyperdichten Lebensformen.

Traditionen als Widerstandswerkzeug

Kulturelle Traditionen können auch als Werkzeug des Widerstands gegen Diskriminierung und Ungerechtigkeit dienen. Die hyperdichten Lebensformen nutzen ihre Traditionen, um ihre Stimmen zu erheben und auf ihre Rechte aufmerksam zu machen. Ein Beispiel ist die Verwendung von traditioneller Musik und Tanz während Protestaktionen. Diese Ausdrucksformen sind nicht nur eine Möglichkeit, sich zu versammeln, sondern auch ein Weg, um die kulturelle Identität zu bewahren und gleichzeitig auf die Herausforderungen aufmerksam zu machen, denen sie gegenüberstehen.

Die Rolle der Erzählungen

Erzählungen und Mythen sind zentrale Elemente der kulturellen Traditionen auf Ymaris. Sie vermitteln Werte, Normen und das kollektive Gedächtnis der Gemeinschaft. Sorran Vale hat oft auf die Bedeutung dieser Erzählungen hingewiesen, insbesondere wie sie die Wahrnehmung der hyperdichten Lebensformen in der breiteren Gesellschaft beeinflussen. Die Geschichten von Helden und Heldinnen aus der Vergangenheit, die für Gerechtigkeit und Gleichheit gekämpft haben, dienen als Inspiration für den heutigen Aktivismus. Diese Narrative helfen, eine gemeinsame Vision für die Zukunft zu entwickeln und die Gemeinschaft zu mobilisieren.

Herausforderungen durch kulturelle Assimilation

Trotz der Stärke ihrer kulturellen Traditionen stehen die hyperdichten Lebensformen vor der Herausforderung der kulturellen Assimilation. Der Einfluss der dominierenden Kulturen auf Ymaris kann dazu führen, dass traditionelle Praktiken und Werte in den Hintergrund gedrängt werden. Sorran Vale und seine Mitstreiter haben oft darauf hingewiesen, dass der Verlust kultureller Identität eine Form der Diskriminierung darstellt. Um dem entgegenzuwirken, setzen sie sich für die Erhaltung und Förderung der kulturellen Traditionen ein, indem sie Bildungsprogramme initiieren, die das Wissen über die eigene Kultur und Geschichte vermitteln.

Die Rolle der Kunst

Die Kunst spielt eine bedeutende Rolle in der Bewahrung und Weitergabe kultureller Traditionen. Künstlerische Ausdrucksformen wie Malerei, Skulptur und Performance-Kunst werden genutzt, um die Geschichten und Erfahrungen der hyperdichten Lebensformen zu erzählen. Diese Kunstwerke sind nicht nur ästhetisch ansprechend, sondern auch politische Statements, die die Herausforderungen und Kämpfe der Gemeinschaft darstellen. Sorran Vale hat zahlreiche Kunstprojekte unterstützt, die darauf abzielen, das Bewusstsein für die Rechte der hyperdichten Lebensformen zu schärfen und deren kulturelle Vielfalt zu feiern.

Kulturelle Traditionen in der Bildung

Die Integration kultureller Traditionen in das Bildungssystem ist ein weiterer wichtiger Aspekt der Auswirkungen dieser Traditionen. Sorran Vale hat sich dafür eingesetzt, dass die Bildung auf Ymaris die Vielfalt der Kulturen widerspiegelt und die Geschichte der hyperdichten Lebensformen angemessen darstellt. Durch die Förderung von Programmen, die kulturelle Sensibilität und interkulturelles Verständnis betonen, hofft er, zukünftige Generationen zu inspirieren und ein inklusives Umfeld zu schaffen, in dem alle Kulturen respektiert und geschätzt werden.

Fazit

Zusammenfassend lässt sich sagen, dass die kulturellen Traditionen der hyperdichten Lebensformen auf Ymaris eine fundamentale Rolle in der sozialen und politischen Landschaft spielen. Sie sind nicht nur Ausdruck der Identität, sondern auch ein Werkzeug für Widerstand und Veränderung. Sorran Vale und seine Mitstreiter erkennen die Bedeutung dieser Traditionen an und setzen sich aktiv für deren Erhalt und Förderung ein. Die Herausforderungen, die durch kulturelle Assimilation und Diskriminierung entstehen, erfordern ein starkes Engagement für die kulturelle Vielfalt und die Rechte aller Lebensformen auf Ymaris. Indem sie ihre Traditionen bewahren und in den Aktivismus integrieren, schaffen die hyperdichten Lebensformen eine starke Grundlage für eine gerechtere und inklusivere Gesellschaft.

Die Entdeckung der eigenen Identität

Die Entdeckung der eigenen Identität ist ein zentrales Thema in der Entwicklung von Sorran Vale und spiegelt die komplexen Wechselwirkungen zwischen persönlichen Erfahrungen und gesellschaftlichen Einflüssen wider. Auf Ymaris, einer Welt geprägt von hyperdichten Lebensformen und intergalaktischen Beziehungen, ist die Identität nicht nur das Resultat individueller Erfahrungen, sondern auch das Produkt kultureller, sozialer und politischer Kontexte.

Theoretische Grundlagen

Um die Entdeckung der eigenen Identität zu verstehen, ist es wichtig, auf verschiedene theoretische Ansätze zurückzugreifen. Der Psychologe Erik Erikson beschreibt in seiner Theorie der psychosozialen Entwicklung die Identitätsfindung als einen lebenslangen Prozess, der durch verschiedene Stadien gekennzeichnet ist. Insbesondere in der Jugend, einem kritischen Zeitraum für die Identitätsentwicklung, stehen Individuen vor der Herausforderung, ihre Rolle in der Gesellschaft zu definieren und sich von den Erwartungen ihrer Umgebung abzugrenzen. Dies gilt auch für Sorran, dessen Kindheit und Jugend von den Fragen der Zugehörigkeit und Identität geprägt sind.

Einfluss der Kultur

Die kulturellen Traditionen von Ymaris spielen eine entscheidende Rolle in Sorrans Identitätsfindungsprozess. Die hyperdichten Lebensformen, die in ihrer Vielfalt und Komplexität einzigartig sind, bieten Sorran ein reichhaltiges Feld an Identitätsmodellen. Diese Modelle sind nicht statisch, sondern unterliegen einem ständigen Wandel, der durch intergalaktische Einflüsse und den Austausch mit anderen Kulturen geprägt wird. Sorran wird sich bewusst, dass seine Identität nicht nur durch seine Herkunft, sondern auch durch seine Erfahrungen im intergalaktischen Kontext geformt wird.

Erste Kontakte mit hyperdichten Lebensformen

Die ersten Kontakte mit hyperdichten Lebensformen sind für Sorran prägend. Diese Begegnungen ermöglichen es ihm, verschiedene Perspektiven und Lebensweisen kennenzulernen. In diesen Interaktionen erkennt er, dass Identität nicht nur durch individuelle Merkmale, sondern auch durch die Beziehungen zu anderen geprägt wird. Diese Erkenntnis führt zu einer tiefen Reflexion über seine eigene Identität und die Werte, die ihm wichtig sind.

Herausforderungen bei der Identitätsfindung

Die Herausforderungen, die Sorran auf seinem Weg zur Identitätsfindung begegnen, sind vielfältig. Diskriminierung und Vorurteile gegenüber hyperdichten Lebensformen stellen nicht nur eine gesellschaftliche Barriere dar, sondern auch eine persönliche Herausforderung für Sorran. Diese Erfahrungen führen zu einem inneren Konflikt, in dem er sich zwischen der Akzeptanz seiner eigenen Identität und dem Druck, sich den gesellschaftlichen Normen anzupassen, hin- und hergerissen fühlt.

Ein Beispiel für diese Herausforderung ist ein Vorfall in Sorrans Jugend, als er aufgrund seiner Freundschaft mit einer hyperdichten Lebensform in der Schule gemobbt wird. Diese Erfahrung zwingt ihn, sich mit der Frage auseinanderzusetzen, was es bedeutet, Teil einer Gemeinschaft zu sein, die von Vorurteilen und Diskriminierung geprägt ist. Sorran beginnt, sich aktiv mit diesen Themen auseinanderzusetzen und sucht nach Wegen, um sowohl seine eigene Identität zu stärken als auch die seiner Freunde zu schützen.

Die Rolle von Freunden und Mentoren

Freunde und Mentoren spielen eine entscheidende Rolle in Sorrans Identitätsfindung. Durch Gespräche und gemeinsame Erlebnisse erhält er Unterstützung und Perspektiven, die ihm helfen, seine eigene Identität zu definieren. Diese Beziehungen bieten ihm einen sicheren Raum, in dem er seine Gedanken und Gefühle erkunden kann. Besonders ein Mentor, der selbst ein Bürgerrechtsaktivist ist, inspiriert Sorran, sich für die Rechte der hyperdichten Lebensformen einzusetzen und seine Stimme zu erheben.

Kulturelle und soziale Einflüsse

Die kulturellen und sozialen Einflüsse auf Ymaris sind komplex und vielschichtig. Sorran wird sich bewusst, dass seine Identität nicht isoliert betrachtet werden kann, sondern in einem größeren sozialen Gefüge verwoben ist. Die verschiedenen kulturellen Strömungen und sozialen Bewegungen auf Ymaris bieten ihm die Möglichkeit, sich mit anderen Identitäten zu identifizieren und eine eigene Position zu finden. Diese Vielfalt an Einflüssen fördert seine Fähigkeit zur Empathie und zur kritischen Reflexion über seine eigenen Werte und Überzeugungen.

Fazit

Die Entdeckung der eigenen Identität ist für Sorran Vale ein dynamischer Prozess, der von persönlichen Erfahrungen, kulturellen Einflüssen und sozialen Herausforderungen geprägt ist. Durch die Auseinandersetzung mit seiner Identität lernt Sorran nicht nur, sich selbst zu akzeptieren, sondern auch, für die Rechte anderer einzutreten. Diese Reise der Identitätsfindung bildet das Fundament für sein späteres Engagement als Bürgerrechtsaktivist und prägt seine Vision für eine gerechtere Gesellschaft auf Ymaris und darüber hinaus.

Kindheitsträume und Ambitionen

Sorran Vale wuchs in einer Welt auf, die von den schimmernden Farben und den pulsierenden Energien Ymaris geprägt war. Schon in seiner frühen Kindheit träumte er von einer Zukunft, in der die hyperdichten Lebensformen, die er bewunderte, in Harmonie mit den anderen Bewohnern des Planeten leben konnten. Diese Träume waren nicht nur Fantasien, sondern auch der Antrieb für seine späteren Ambitionen als Bürgerrechtsaktivist.

Die Träume eines Kindes

Sorrans erste Erinnerungen sind erfüllt von den lebhaften Bildern seiner Kindheit: die schwebenden Städte, die aus schimmerndem Kristall gebaut waren, und die sanften Klänge der Musik, die durch die Luft wehten. In diesen Momenten stellte er sich vor, wie es wäre, wenn alle Wesen, unabhängig von ihrer Dichte oder Form, gleich behandelt würden. Er träumte von einer Gesellschaft, in der Vorurteile und Diskriminierung keine Rolle spielten. Diese Ideale waren tief in seinem Herzen verwurzelt und wurden von den Geschichten seiner Familie genährt, die von den Kämpfen und Triumphen der Vergangenheit erzählten.

Einfluss von Vorbildern

Ein entscheidender Einfluss auf Sorrans Träume waren die Geschichten von Aktivisten, die für Gerechtigkeit und Gleichheit kämpften. In der Schule hörte er von den großen Führern der Vergangenheit, die mit Mut und Entschlossenheit gegen Ungerechtigkeiten antraten. Diese Erzählungen inspirierten ihn, selbst aktiv zu werden und für seine Überzeugungen einzustehen. Er wollte nicht nur ein passiver Beobachter sein, sondern ein aktiver Teil der Veränderung, die er sich wünschte.

Die Rolle der Bildung

Die Bildung spielte eine zentrale Rolle in Sorrans Ambitionen. Er war ein eifriger Schüler und strebte danach, alles über die Gesetze und die Gesellschaftsstruktur von Ymaris zu lernen. In der Schule war er bekannt für seine kritischen Fragen und seine Fähigkeit, komplexe Themen zu durchdringen. Diese Neugierde half ihm, ein tiefes Verständnis für die Herausforderungen zu entwickeln, mit denen die hyperdichten Lebensformen konfrontiert waren. Er erkannte, dass Wissen Macht ist und dass Bildung der Schlüssel zu einer besseren Zukunft sein kann.

Herausforderungen und Rückschläge

Trotz seiner Träume und Ambitionen war Sorran nicht immun gegen die Herausforderungen, die das Leben auf Ymaris mit sich brachte. In seiner Jugend erlebte er Ungerechtigkeiten, die ihn schockierten und frustrierten. Er sah, wie hyperdichte Lebensformen diskriminiert und ausgegrenzt wurden, und er fühlte sich oft machtlos. Diese Erfahrungen waren schmerzhaft, aber sie schürten auch den Feuer in ihm, für die Rechte der Unterdrückten zu kämpfen. Sorran verstand, dass der Weg zum Aktivismus steinig und voller Rückschläge sein würde, aber er war entschlossen, nicht aufzugeben.

Die Verbindung zur Kunst und Musik

Ein wichtiger Aspekt von Sorrans Kindheitsträumen war die Kunst und Musik. Schon früh entdeckte er, dass diese Ausdrucksformen eine mächtige Sprache haben, um Botschaften zu vermitteln und Bewusstsein zu schaffen. Er verbrachte Stunden damit, zu malen und zu musizieren, inspiriert von den Farben und Klängen seiner Umgebung. Diese kreativen Aktivitäten halfen ihm, seine Emotionen zu verarbeiten und seine Visionen für eine gerechtere Welt zu artikulieren. Sorran träumte davon, eines Tages Kunst und Musik zu nutzen, um die Menschen zu mobilisieren und für die Rechte der hyperdichten Lebensformen zu kämpfen.

Die Vision für die Zukunft

Sorran Vale träumte nicht nur von einer besseren Welt für die hyperdichten Lebensformen, sondern auch von einer Gesellschaft, die auf den Prinzipien von Gleichheit, Gerechtigkeit und Respekt basierte. Er stellte sich eine Zukunft vor, in der alle Lebensformen in Frieden koexistieren könnten, unabhängig von ihrer Dichte oder ihrer Herkunft. Diese Vision wurde zu einem Leitstern in seinem Leben und motivierte ihn, sich für die Rechte der Unterdrückten einzusetzen.

Fazit

Zusammenfassend lässt sich sagen, dass Sorran Vales Kindheitsträume und Ambitionen eine entscheidende Rolle in seiner Entwicklung als Bürgerrechtsaktivist spielten. Die Einflüsse seiner Umgebung, die Herausforderungen, die er erlebte, und die Inspiration durch Kunst und Bildung formten seine Identität und seinen Antrieb. Diese frühen Erfahrungen legten den Grundstein für seine spätere Arbeit und seine unermüdliche Suche nach Gerechtigkeit für die hyperdichten Lebensformen auf Ymaris.

Herausforderungen in der Jugend

Die Jugendzeit von Sorran Vale war geprägt von einer Vielzahl an Herausforderungen, die nicht nur seine persönliche Entwicklung, sondern auch seine spätere Aktivismusarbeit maßgeblich beeinflussten. In dieser Phase seines Lebens musste Sorran sich mit einer Reihe von sozialen, kulturellen und psychologischen Problemen auseinandersetzen, die ihn in seiner Identitätsfindung und seinem Engagement für die hyperdichten Lebensformen auf Ymaris prägten.

Soziale Isolation

Eine der bedeutendsten Herausforderungen, mit denen Sorran konfrontiert war, war die soziale Isolation. Als jemand, der sich für die Rechte der hyperdichten Lebensformen einsetzte, stieß er oft auf Unverständnis und Ablehnung innerhalb seiner Peer-Gruppe. Diese Isolation führte zu einem tiefen Gefühl der Einsamkeit und der Frage nach der eigenen Identität. Studien zeigen, dass soziale Isolation in der Jugendzeit zu langfristigen psychologischen Problemen führen kann, wie etwa Depressionen und Angststörungen [?]. Sorran fand Trost in der Kunst und Musik, die ihm halfen, seine Gefühle auszudrücken und seine Erfahrungen zu verarbeiten.

Familienkonflikte

Zusätzlich zu seiner sozialen Isolation hatte Sorran mit Konflikten innerhalb seiner Familie zu kämpfen. Seine Eltern, die aus einer traditionellen Familie stammten, hatten Schwierigkeiten, seine Leidenschaft für die Bürgerrechtsbewegung zu verstehen. In vielen Kulturen wird der Wunsch, gegen das Establishment zu kämpfen, oft als Rebellion wahrgenommen, was zu Spannungen führen kann. Diese Konflikte führten zu einem Gefühl der Entfremdung und verstärkten Sorrans Entschlossenheit, für die hyperdichten Lebensformen zu kämpfen. Die Theorie der familiären Bindung [?] legt nahe, dass solche Konflikte die Entwicklung von Resilienz fördern können, was sich später in Sorrans Fähigkeit, Rückschläge im Aktivismus zu überwinden, widerspiegelte.

Schulische Herausforderungen

Sorrans schulische Erfahrungen waren ebenfalls von Herausforderungen geprägt. Er erlebte Mobbing und Diskriminierung aufgrund seiner Überzeugungen und seines Engagements. Dies führte dazu, dass er oft das Gefühl hatte, nicht dazuzugehören. Die Auswirkungen von Mobbing auf die psychische Gesundheit von Jugendlichen sind gut dokumentiert und können zu einem Rückgang des Selbstwertgefühls und zu sozialen Ängsten führen [?]. In dieser Zeit entwickelte Sorran jedoch eine starke Widerstandsfähigkeit und begann, sich aktiv gegen Mobbing einzusetzen, was ihn dazu inspirierte, eine Bürgerrechtsorganisation zu gründen.

Identitätskrise

Ein weiterer zentraler Aspekt von Sorrans Jugend waren die Identitätskrisen, die er durchlebte. Als jemand, der zwischen zwei Welten lebte – der menschlichen und der hyperdichten – fühlte er sich oft hin- und hergerissen. Die Theorie der sozialen Identität [?] besagt, dass das Zugehörigkeitsgefühl zu einer bestimmten Gruppe erheblichen Einfluss auf das Selbstbild hat. Sorran kämpfte damit, seine eigene Identität zu definieren, was zu einem ständigen inneren Konflikt führte. Diese Herausforderungen halfen ihm jedoch, eine tiefere Empathie für die hyperdichten Lebensformen zu entwickeln und die Wichtigkeit des interkulturellen Dialogs zu erkennen.

Psychische Gesundheit

Die psychische Gesundheit spielte eine entscheidende Rolle in Sorrans Jugend. Die Kombination aus sozialer Isolation, familiären Konflikten, schulischen Herausforderungen und Identitätskrisen führte zu einem erhöhten Stresslevel, der sich negativ auf seine psychische Gesundheit auswirkte. In der Forschung wird betont, dass Jugendliche, die unter solchen Bedingungen leiden, oft Schwierigkeiten haben, ihre Emotionen zu regulieren und gesunde Bewältigungsmechanismen zu entwickeln [?]. Sorran suchte Hilfe in der Gemeinschaft und fand Unterstützung bei Gleichgesinnten, was ihm half, seine psychische Gesundheit zu stabilisieren und seine Ziele klarer zu definieren.

Fazit

Die Herausforderungen, mit denen Sorran Vale in seiner Jugend konfrontiert war, prägten nicht nur seine persönliche Entwicklung, sondern auch seine späteren Aktivitäten im Bereich des Bürgerrechtsaktivismus. Durch soziale Isolation, familiäre Konflikte, schulische Herausforderungen und Identitätskrisen entwickelte er eine tiefe Empathie und ein starkes Engagement für die hyperdichten Lebensformen auf Ymaris. Diese Erfahrungen führten zu einer bemerkenswerten Resilienz und einem unerschütterlichen Glauben an die Notwendigkeit des intergalaktischen Dialogs und der Zusammenarbeit. Sorrans Jugend war somit nicht nur eine Zeit des Kampfes, sondern auch der persönlichen und politischen Entfaltung, die den Grundstein für seine zukünftige Arbeit legte.

Der Einfluss von Kunst und Musik auf Sorrans Entwicklung

Die Kindheit und Jugend von Sorran Vale waren stark von der kreativen Ausdrucksform der Kunst und Musik geprägt. In einer Welt wie Ymaris, wo hyperdichte Lebensformen existieren, spielt Kunst eine entscheidende Rolle, um das Bewusstsein für die Vielfalt und Komplexität des Lebens zu fördern. Kunst und Musik sind nicht nur Mittel zur Unterhaltung, sondern auch mächtige Werkzeuge zur Vermittlung von Botschaften und zur Schaffung von Gemeinschaft.

Kunst als Ausdrucksform

Kunst auf Ymaris ist vielfältig und reicht von bildender Kunst über Tanz bis hin zu Theater und digitaler Kreation. Sorran wurde bereits in jungen Jahren von den lebendigen Farben und Formen der lokalen Kunstszene angezogen. Diese Kunstwerke spiegeln oft die Erfahrungen und Kämpfe der hyperdichten Lebensformen wider und bieten Sorran eine visuelle Sprache, um seine eigenen Gefühle und Gedanken zu artikulieren.

Ein Beispiel für den Einfluss der Kunst auf Sorran ist die berühmte Ausstellung „Leben in Dichte", die die Geschichten der hyperdichten Lebensformen dokumentierte. Diese Ausstellung zeigte, wie Kunst als Medium zur Sensibilisierung für die Herausforderungen dienen kann, mit denen diese Lebensformen konfrontiert sind. Sorran besuchte die Ausstellung mehrmals und ließ sich von den Geschichten inspirieren, die in den Kunstwerken erzählt wurden.

Musik als verbindendes Element

Musik spielte ebenfalls eine zentrale Rolle in Sorrans Entwicklung. Die Klänge und Rhythmen von Ymaris sind einzigartig und tragen die kulturellen Wurzeln der hyperdichten Lebensformen in sich. Musik wurde für Sorran zu einem Ausdruck seiner Identität und seiner Emotionen.

In der Jugend war Sorran Teil einer Musikgruppe, die sich für die Rechte der hyperdichten Lebensformen einsetzte. Ihre Lieder thematisierten Ungerechtigkeiten und forderten Gleichheit und Respekt. Diese Erfahrungen lehrten Sorran, wie Musik als Werkzeug für sozialen Wandel genutzt werden kann. Ein Beispiel ist das Lied „Stimmen der Dichte", das zu einer Hymne der Bürgerrechtsbewegung auf Ymaris wurde. Es vermittelte das Gefühl der Einheit und des Widerstands gegen Unterdrückung.

Theoretische Grundlagen

Die Rolle von Kunst und Musik in sozialen Bewegungen ist gut dokumentiert. Theoretische Ansätze, wie die von Howard Becker in seiner Theorie der „künstlerischen Produktion", erklären, wie Künstler und Aktivisten zusammenarbeiten, um soziale Botschaften zu verbreiten. Becker argumentiert, dass Kunst nicht isoliert existiert, sondern in einem sozialen Kontext entsteht, der von den Erfahrungen der Gemeinschaft geprägt ist.

Ein weiteres relevantes Konzept ist das der „kollektiven Identität", das von Charles Tilly und anderen Sozialwissenschaftlern entwickelt wurde. Diese Theorie besagt, dass gemeinsame kulturelle Ausdrucksformen, wie Kunst und Musik, dazu beitragen, eine kollektive Identität zu formen und die Solidarität innerhalb einer Gruppe zu stärken. Für Sorran war die Verbindung zu anderen Aktivisten durch Musik und Kunst entscheidend, um ein Gefühl der Zugehörigkeit und des gemeinsamen Ziels zu entwickeln.

Herausforderungen und Probleme

Trotz der positiven Aspekte, die Kunst und Musik in Sorrans Leben spielten, gab es auch Herausforderungen. Oft wurde die Kunstszene auf Ymaris von politischen Spannungen und Zensur bedroht. Künstler, die sich gegen die herrschenden Normen äußerten, sahen sich häufig Repressionen ausgesetzt. Sorran erlebte dies hautnah, als einige seiner Freunde aufgrund ihrer kritischen Kunstwerke verfolgt wurden.

Diese Erfahrungen machten ihm bewusst, dass Kunst nicht nur ein Werkzeug für den Ausdruck, sondern auch ein Risiko darstellen kann. Dennoch stärkte es seinen Willen, für die Rechte der hyperdichten Lebensformen einzutreten und die Bedeutung von Kunst und Musik in der Bürgerrechtsbewegung zu betonen.

Fazit

Zusammenfassend lässt sich sagen, dass Kunst und Musik einen tiefgreifenden Einfluss auf Sorran Vales Entwicklung hatten. Sie ermöglichten es ihm, seine Identität zu formen, emotionale Verbindungen zu anderen zu schaffen und seine Botschaft der Gerechtigkeit und Gleichheit zu verbreiten. Durch die Auseinandersetzung mit Kunst und Musik lernte Sorran, dass kreative Ausdrucksformen nicht nur die Seele nähren, sondern auch als Katalysatoren für sozialen Wandel fungieren können. Diese Einsichten prägten seinen Aktivismus und seine Vision für eine gerechtere Gesellschaft auf Ymaris.

Der Weg zum Aktivismus

Die entscheidenden Erfahrungen

Die erste Protestaktion

Die erste Protestaktion von Sorran Vale war ein entscheidender Moment in seiner Entwicklung als Bürgerrechtsaktivist und stellte den Beginn seiner Mission dar, die hyperdichten Lebensformen auf Ymaris zu schützen. Diese Aktion fand an einem bedeutsamen Datum statt, das nicht nur Sorrans Leben, sondern auch das Schicksal der hyperdichten Lebensformen prägen sollte.

Hintergrund und Motivation

Die Protestaktion wurde durch eine Reihe von diskriminierenden Gesetzen ausgelöst, die die Rechte der hyperdichten Lebensformen einschränkten. Diese Gesetze wurden von der Regierung Ymaris verabschiedet und führten zu einem massiven Verlust an Rechten und Freiheiten für diese Lebensformen. Sorran, der als junger Anwalt bereits ein tiefes Verständnis für Gerechtigkeit und Ungerechtigkeit entwickelt hatte, fühlte sich verpflichtet, gegen diese Ungerechtigkeiten zu kämpfen.

Die Motivation hinter der Protestaktion war nicht nur der Wunsch, die Rechte der hyperdichten Lebensformen zu verteidigen, sondern auch das Bewusstsein der Öffentlichkeit für deren Situation zu schärfen. Sorran glaubte fest daran, dass Bildung und Aufklärung die Schlüssel zur Veränderung seien. In dieser Phase war es wichtig, die Gemeinschaft zu mobilisieren und ein Gefühl der Solidarität zu schaffen.

Die Planung der Aktion

Die Planung der Protestaktion war ein herausfordernder Prozess. Sorran und seine Mitstreiter mussten eine Strategie entwickeln, die sowohl effektiv als auch sicher war. Sie wussten, dass die Regierung nicht zögern würde, gegen Protestierende vorzugehen, und dass die Gefahr von Repressionen groß war. Daher war es wichtig, die Aktion gut zu organisieren und die Teilnehmer über ihre Rechte aufzuklären.

Ein zentrales Element der Planung war die Wahl des Ortes. Sorran entschied sich für den zentralen Platz in der Hauptstadt Ymaris, einen Ort mit hoher Sichtbarkeit und symbolischer Bedeutung. Die Wahl des Datums fiel auf den Jahrestag der Verabschiedung des diskriminierenden Gesetzes, um die Dringlichkeit der Situation zu verdeutlichen.

Durchführung der Protestaktion

Am Tag der Protestaktion versammelten sich Hunderte von Menschen auf dem zentralen Platz. Sorran, der als einer der Hauptredner auftrat, begann die Veranstaltung mit einer leidenschaftlichen Rede, in der er die Ungerechtigkeiten anprangerte, die die hyperdichten Lebensformen erlitten hatten.

$$\text{Gerechtigkeit} = \text{Wahrheit} + \text{Mut} + \text{Solidarität} \tag{7}$$

Diese Gleichung, die Sorran während seiner Rede präsentierte, wurde zum Motto der Bewegung. Sie symbolisierte, dass Gerechtigkeit nur erreicht werden kann, wenn die Wahrheit über die Ungerechtigkeiten ans Licht kommt, Mut gezeigt wird, um gegen diese Ungerechtigkeiten zu kämpfen, und Solidarität unter den Menschen besteht.

Die Protestierenden hielten Schilder hoch, die Forderungen nach Gleichheit und Gerechtigkeit für hyperdichte Lebensformen verkündeten. Slogans wie „Gleichheit für alle Wesen" und „Wir stehen zusammen" hallten durch die Straßen. Diese visuelle und akustische Präsenz war entscheidend, um das öffentliche Interesse zu wecken und die Medien auf die Aktion aufmerksam zu machen.

Reaktionen und Herausforderungen

Die Reaktionen auf die Protestaktion waren gemischt. Während viele Bürger und Unterstützer die Aktion begrüßten, reagierte die Regierung mit Besorgnis und Entschlossenheit, die Protestierenden zu unterdrücken. Bereits nach wenigen Stunden kam es zu Spannungen zwischen den Demonstranten und der Polizei, die versuchte, die Menge aufzulösen.

DIE ENTSCHEIDENDEN ERFAHRUNGEN 49

In dieser kritischen Situation zeigte Sorran bemerkenswertes Geschick und Mut. Er trat vor die Polizei und appellierte an deren Menschlichkeit und an die Gesetze, die das Recht auf Versammlungsfreiheit garantierten. Diese Intervention half, die Situation zu deeskalieren und gab den Protestierenden die Möglichkeit, ihre Stimmen weiterhin zu erheben.

Ergebnisse der Protestaktion

Obwohl die Protestaktion nicht sofort zu einer Änderung der Gesetze führte, hatte sie weitreichende Auswirkungen. Die Medien berichteten ausführlich über die Ereignisse, und Sorran Vale wurde als eine führende Stimme im Kampf für die Rechte hyperdichter Lebensformen bekannt.

Die Aktion führte zu einer verstärkten Mobilisierung innerhalb der Gemeinschaft, und viele Menschen begannen, sich aktiv für die Rechte der hyperdichten Lebensformen einzusetzen. Sorran und seine Mitstreiter gründeten eine Bürgerrechtsorganisation, die sich der Aufklärung und dem Schutz dieser Lebensformen widmete.

Zusammenfassend lässt sich sagen, dass die erste Protestaktion von Sorran Vale nicht nur ein Wendepunkt in seiner Karriere war, sondern auch den Grundstein für eine breitere Bürgerrechtsbewegung auf Ymaris legte. Sie demonstrierte die Kraft des kollektiven Handelns und die Notwendigkeit, für Gerechtigkeit und Gleichheit zu kämpfen. Sorran Vale hatte nicht nur den Mut, sich gegen die Ungerechtigkeiten zu erheben, sondern auch die Fähigkeit, andere zu inspirieren und zu mobilisieren. Diese Lektionen würden ihn auf seinem weiteren Weg als Aktivist begleiten und prägen.

Reflexionen über die Protestaktion

In den Jahren nach der ersten Protestaktion blickte Sorran oft auf diesen entscheidenden Moment zurück. Er erkannte, dass der Weg zum Aktivismus nicht einfach war, aber die Erfahrungen, die er während dieser Zeit sammelte, halfen ihm, die Herausforderungen des Aktivismus besser zu verstehen.

Die Bedeutung dieser ersten Protestaktion lag nicht nur in den unmittelbaren Ergebnissen, sondern auch in der Schaffung eines Bewusstseins und einer Gemeinschaft, die bereit war, für die Rechte der hyperdichten Lebensformen zu kämpfen. Sorran Vale hatte den ersten Schritt gemacht, und die Reise, die er begonnen hatte, würde viele weitere Protestaktionen und Kämpfe um Gerechtigkeit nach sich ziehen.

Begegnungen mit anderen Aktivisten

Die Begegnungen mit anderen Aktivisten waren für Sorran Vale von entscheidender Bedeutung auf seinem Weg zum Bürgerrechtsaktivismus. Diese Interaktionen prägten nicht nur seine Perspektive auf die Herausforderungen, denen sich hyperdichte Lebensformen gegenübersehen, sondern ermöglichten ihm auch, ein Netzwerk von Gleichgesinnten zu schaffen, das den Grundstein für eine kraftvolle Bewegung legte.

Die ersten Kontakte

Sorrans erste Begegnungen mit anderen Aktivisten fanden während eines intergalaktischen Symposiums auf dem Planeten Zenthra statt. Hier versammelten sich Vertreter verschiedener Bürgerrechtsbewegungen, um ihre Erfahrungen auszutauschen und Strategien zu entwickeln. Inmitten dieser Vielfalt entdeckte Sorran, dass die Probleme, mit denen hyperdichte Lebensformen konfrontiert waren, nicht isoliert waren, sondern Teil eines größeren Musters intergalaktischer Ungerechtigkeit.

Ein Beispiel für eine solche Verbindung war die Zusammenarbeit mit den Vertretern der *Kollektiven Stimmen*, einer Organisation, die sich für die Rechte von nicht-menschlichen Lebensformen auf dem Planeten Xylar einsetzte. Sorran war beeindruckt von den innovativen Methoden, die diese Aktivisten anwendeten, um das Bewusstsein für ihre Anliegen zu schärfen. Ihre Techniken umfassten die Nutzung von Kunst und Musik als Mittel zur Mobilisierung der Gemeinschaft, was Sorran inspirierte, ähnliche Ansätze in seiner eigenen Arbeit zu integrieren.

Lernen von anderen

Ein weiterer prägender Moment war die Begegnung mit der erfahrenen Aktivistin Lira Nox, die für ihre unermüdliche Arbeit zum Schutz der aquatischen Lebensformen auf dem Planeten Aquaris bekannt war. Lira teilte mit Sorran ihre Erfahrungen über die Herausforderungen, die mit der Mobilisierung von Gemeinschaften verbunden sind. Sie erklärte, dass der Schlüssel zum Erfolg oft in der Fähigkeit liege, Empathie zu erzeugen und eine emotionale Verbindung zu den betroffenen Lebensformen herzustellen.

$$E = mc^2 \qquad (8)$$

Diese berühmte Gleichung von Einstein, die die Beziehung zwischen Energie und Masse beschreibt, wurde von Sorran als Metapher für den Aktivismus interpretiert. Er erkannte, dass die Energie, die in der Gemeinschaft mobilisiert werden kann, gleich der Masse des Engagements und der Leidenschaft ist, die die Aktivisten in ihre Arbeit investieren. Je mehr Energie in die Bewegung gesteckt wird, desto größer wird die Wirkung auf die Gesellschaft.

Strategien und Herausforderungen

Die Diskussionen mit anderen Aktivisten eröffneten Sorran neue Perspektiven auf Strategien, die er in seiner eigenen Arbeit anwenden konnte. Er lernte, dass die Verwendung von sozialen Medien ein kraftvolles Werkzeug zur Verbreitung von Informationen und zur Mobilisierung von Unterstützern sein kann. Die Aktivisten von Zenthra hatten beispielsweise erfolgreich Hashtags verwendet, um ihre Anliegen viral zu machen und eine breitere Öffentlichkeit zu erreichen.

Dennoch stellte Sorran fest, dass der Aktivismus auch mit erheblichen Herausforderungen verbunden war. Die ständige Bedrohung durch Repression und Diskriminierung war ein zentrales Thema in den Gesprächen. Viele Aktivisten berichteten von persönlichen Risiken, die sie eingingen, um für ihre Überzeugungen einzustehen. Diese Realität schreckte Sorran nicht ab, sondern verstärkte seine Entschlossenheit, für die Rechte der hyperdichten Lebensformen zu kämpfen.

Einfluss auf Sorrans Arbeit

Die Begegnungen mit anderen Aktivisten beeinflussten nicht nur Sorrans Strategien, sondern auch seine persönliche Philosophie. Er begann, den Aktivismus nicht nur als einen rechtlichen Kampf, sondern auch als einen kulturellen und emotionalen Prozess zu betrachten. Diese Erkenntnis führte dazu, dass er mehr Wert auf die Schaffung von Gemeinschaft und Solidarität legte.

Ein Beispiel für diese neue Herangehensweise war die Organisation eines intergalaktischen Festivals, das Kunst, Musik und Diskussionen über die Rechte hyperdichter Lebensformen vereinte. Das Festival zog Teilnehmer von verschiedenen Planeten an und bot eine Plattform für den Austausch von Ideen und Erfahrungen.

Fazit

Zusammenfassend lässt sich sagen, dass die Begegnungen mit anderen Aktivisten Sorran Vale entscheidend dabei halfen, seine Perspektive zu erweitern und seine Strategien zu verfeinern. Diese Interaktionen stärkten nicht nur seine Entschlossenheit, sondern ermöglichten es ihm auch, ein Netzwerk von

Unterstützern aufzubauen, das für den Erfolg seiner Mission unerlässlich war. Sorran erkannte, dass der Aktivismus ein gemeinschaftlicher Prozess ist, der durch Zusammenarbeit und den Austausch von Ideen gestärkt wird. Die Lehren, die er aus diesen Begegnungen zog, sollten ihn auf seinem weiteren Weg begleiten und ihn inspirieren, die Stimme der hyperdichten Lebensformen zu sein.

Die Gründung einer Bürgerrechtsorganisation

Die Gründung einer Bürgerrechtsorganisation ist ein entscheidender Schritt im Aktivismus, insbesondere für Sorran Vale, der sich leidenschaftlich für die Rechte hyperdichter Lebensformen auf Ymaris einsetzt. Diese Organisation sollte als Plattform dienen, um die Stimmen der marginalisierten Gemeinschaften zu vereinen und ihre Anliegen auf intergalaktischer Ebene zu vertreten. In diesem Abschnitt werden die theoretischen Grundlagen, die Herausforderungen und die praktischen Schritte zur Gründung einer solchen Organisation behandelt.

Theoretische Grundlagen

Die Gründung einer Bürgerrechtsorganisation kann durch verschiedene theoretische Ansätze verstanden werden, darunter die *Theorie der sozialen Bewegungen* und das *Modell der kollektiven Aktion*. Diese Theorien betonen die Bedeutung von kollektiven Identitäten und der Mobilisierung von Ressourcen, um soziale Veränderungen zu bewirken. Laut der *Resource Mobilization Theory* ist der Zugang zu Ressourcen wie Geld, Zeit und Wissen entscheidend für den Erfolg einer Organisation.

Die *Collective Identity Theory* hingegen legt den Fokus auf die Schaffung eines gemeinsamen Bewusstseins und einer gemeinsamen Identität unter den Mitgliedern der Organisation, was zu einer stärkeren Mobilisierung führen kann. Sorran Vale verstand, dass die hyperdichten Lebensformen nicht nur rechtliche, sondern auch soziale und kulturelle Anerkennung benötigen, um ihre Rechte durchzusetzen.

Praktische Schritte zur Gründung

Die Gründung einer Bürgerrechtsorganisation erfordert mehrere praktische Schritte:

1. **Bedarfsermittlung:** Zunächst muss Sorran Vale eine umfassende Analyse der Bedürfnisse und Herausforderungen der hyperdichten Lebensformen durchführen. Dies könnte durch Umfragen, Interviews und Workshops geschehen, um ein klares Bild der Situation zu erhalten.

2. **Zielsetzung:** Basierend auf den Ergebnissen der Bedarfsermittlung sollte die Organisation klare Ziele formulieren. Diese Ziele müssen spezifisch, messbar, erreichbar, relevant und zeitgebunden (SMART) sein. Zum Beispiel könnte ein Ziel sein, innerhalb von zwei Jahren eine Gesetzesänderung zu erreichen, die die Rechte hyperdichter Lebensformen schützt.

3. **Rechtliche Struktur:** Die Organisation muss eine rechtliche Struktur entwickeln, die ihren Zielen entspricht. Dies könnte die Gründung eines Vereins oder einer Stiftung umfassen, was rechtliche Vorteile und Möglichkeiten zur Mittelbeschaffung mit sich bringt.

4. **Mobilisierung von Unterstützern:** Sorran Vale musste eine breite Basis von Unterstützern gewinnen, um die Organisation zu stärken. Dies könnte durch soziale Medien, öffentliche Veranstaltungen und Informationskampagnen geschehen. Die Nutzung von Plattformen wie *GalacticNet* erwies sich als besonders effektiv.

5. **Fundraising:** Die Finanzierung ist ein zentrales Anliegen für jede Bürgerrechtsorganisation. Sorran Vale entwarf verschiedene Fundraising-Strategien, einschließlich Crowdfunding-Kampagnen und Partnerschaften mit intergalaktischen Unternehmen, die soziale Verantwortung übernehmen möchten.

6. **Aufbau eines Netzwerks:** Die Vernetzung mit anderen Organisationen und Aktivisten ist entscheidend. Sorran Vale nahm an intergalaktischen Konferenzen teil, um Allianzen zu bilden und Erfahrungen auszutauschen.

Herausforderungen

Die Gründung einer Bürgerrechtsorganisation ist nicht ohne Herausforderungen. Zu den häufigsten Problemen gehören:

- **Interne Konflikte:** Unterschiedliche Meinungen und Ansätze innerhalb der Organisation können zu Spannungen führen. Sorran Vale musste lernen, wie man Konflikte konstruktiv löst und eine inklusive Atmosphäre schafft.

- **Ressourcenmangel:** Oftmals fehlt es an finanziellen und menschlichen Ressourcen. Sorran Vale entwickelte kreative Lösungen, um diese Lücken zu schließen, wie z.B. die Rekrutierung von Freiwilligen und die Suche nach Sponsoren.

- **Öffentliche Wahrnehmung:** Die Organisation könnte mit Vorurteilen und Missverständnissen konfrontiert werden. Um dem entgegenzuwirken, setzte Sorran Vale auf Aufklärungskampagnen, die die positiven Aspekte der hyperdichten Lebensformen hervorhoben.

Beispiele erfolgreicher Organisationen

Ein inspirierendes Beispiel für eine erfolgreiche Bürgerrechtsorganisation ist die *Intergalaktische Allianz für Gleichheit*, die sich für die Rechte von Minderheiten auf verschiedenen Planeten einsetzt. Diese Organisation hat es geschafft, durch gezielte Lobbyarbeit und Aufklärungsgespräche bedeutende Gesetzesänderungen in mehreren Galaxien zu erreichen.

Ein weiteres Beispiel ist die *Vereinigung der hyperdichten Lebensformen*, die von Sorran Vale gegründet wurde. Diese Organisation hat innerhalb von drei Jahren mehrere Erfolge erzielt, darunter die Einführung eines Gesetzes, das Diskriminierung aufgrund der Dichte des Lebensformtyps verbietet.

Fazit

Die Gründung einer Bürgerrechtsorganisation ist ein komplexer, aber lohnender Prozess. Sorran Vale's Engagement und die strategische Planung waren entscheidend für den Erfolg seiner Organisation. Durch die Kombination von theoretischem Wissen, praktischen Schritten und dem Überwinden von Herausforderungen konnte er eine Plattform schaffen, die nicht nur die Rechte hyperdichter Lebensformen schützt, sondern auch ein Vorbild für zukünftige Aktivisten darstellt.

Die Rolle der Medien im Aktivismus

Die Medien spielen eine entscheidende Rolle im Aktivismus, insbesondere in der heutigen digitalen Ära, in der Informationen schnell verbreitet werden können. Die Medien sind nicht nur ein Werkzeug zur Verbreitung von Informationen, sondern auch ein wichtiges Instrument zur Mobilisierung von Gemeinschaften und zur Schaffung eines kollektiven Bewusstseins für soziale Ungerechtigkeiten. In diesem Abschnitt werden wir die verschiedenen Aspekte der Rolle der Medien im Aktivismus untersuchen, einschließlich der theoretischen Grundlagen, der Herausforderungen, denen Aktivisten gegenüberstehen, sowie konkreter Beispiele, die die Wirksamkeit der Medien im Aktivismus verdeutlichen.

Theoretische Grundlagen

Die Rolle der Medien im Aktivismus kann durch verschiedene theoretische Ansätze verstanden werden. Ein zentraler Aspekt ist die **Agenda-Setting-Theorie**, die besagt, dass die Medien nicht nur berichten, sondern auch beeinflussen, welche Themen in der öffentlichen Diskussion als wichtig erachtet werden. Die Medien haben die Macht, bestimmte Themen hervorzuheben und damit die Wahrnehmung der Öffentlichkeit zu formen. Dies ist besonders relevant für Bürgerrechtsbewegungen, die oft auf die Aufmerksamkeit der Medien angewiesen sind, um ihre Anliegen zu verbreiten.

Ein weiterer wichtiger theoretischer Rahmen ist die **Framing-Theorie**, die sich mit der Art und Weise beschäftigt, wie Informationen präsentiert werden. Die Art und Weise, wie ein Thema gerahmt wird, kann die öffentliche Meinung erheblich beeinflussen. Aktivisten müssen sich bewusst sein, wie ihre Botschaften in den Medien dargestellt werden und versuchen, diese Narrative aktiv zu gestalten.

Herausforderungen für Aktivisten

Trotz der vielen Vorteile, die die Medien für den Aktivismus bieten, gibt es auch erhebliche Herausforderungen. Eine der größten Herausforderungen ist die **Medienfragmentierung**. In einer Welt, in der Informationen aus einer Vielzahl von Quellen stammen, kann es schwierig sein, eine einheitliche Botschaft zu vermitteln und die Aufmerksamkeit der Öffentlichkeit zu gewinnen. Aktivisten müssen sich anpassen und kreative Strategien entwickeln, um in einem überfüllten Medienumfeld sichtbar zu bleiben.

Ein weiteres Problem ist die **Desinformation**. In der heutigen digitalen Landschaft ist es einfacher denn je, falsche Informationen zu verbreiten. Aktivisten müssen nicht nur ihre eigenen Botschaften klar kommunizieren, sondern auch gegen Fehlinformationen ankämpfen, die ihre Bewegungen diskreditieren könnten. Die Herausforderung besteht darin, die Glaubwürdigkeit ihrer Informationen sicherzustellen und das Vertrauen der Öffentlichkeit zu gewinnen.

Beispiele für erfolgreiche Mediennutzung

Es gibt zahlreiche Beispiele für Aktivisten, die die Medien erfolgreich genutzt haben, um ihre Botschaften zu verbreiten und Veränderungen herbeizuführen. Ein herausragendes Beispiel ist die **Black Lives Matter**-Bewegung, die soziale Medien effektiv genutzt hat, um auf Polizeigewalt und Rassismus aufmerksam zu machen. Durch die Verbreitung von Videos und persönlichen Geschichten in sozialen

Netzwerken konnte die Bewegung schnell an Dynamik gewinnen und eine breite Öffentlichkeit mobilisieren.

Ein weiteres Beispiel ist die **Fridays for Future**-Bewegung, die von der schwedischen Aktivistin Greta Thunberg ins Leben gerufen wurde. Thunbergs Schulstreik für das Klima wurde durch soziale Medien viral und inspirierte Millionen von Jugendlichen weltweit, sich für den Klimaschutz einzusetzen. Die Medienberichterstattung über ihre Aktionen trug dazu bei, das Thema Klimawandel in die öffentliche Debatte zu bringen und politische Entscheidungsträger unter Druck zu setzen.

Fazit

Zusammenfassend lässt sich sagen, dass die Medien eine unverzichtbare Rolle im Aktivismus spielen. Sie sind ein mächtiges Werkzeug zur Mobilisierung von Gemeinschaften, zur Sensibilisierung für soziale Probleme und zur Beeinflussung der öffentlichen Meinung. Aktivisten müssen jedoch auch die Herausforderungen der Medienlandschaft erkennen und Strategien entwickeln, um ihre Botschaften effektiv zu kommunizieren. In einer Zeit, in der Informationen schnell verbreitet werden können, bleibt die Fähigkeit, die Medien zu nutzen, entscheidend für den Erfolg von Bürgerrechtsbewegungen und anderen Formen des Aktivismus.

$$\text{Einfluss der Medien} = \text{Reichweite} \times \text{Wahrnehmung} \times \text{Mobilisierung} \quad (9)$$

Strategien zur Mobilisierung der Gemeinschaft

Die Mobilisierung der Gemeinschaft ist eine entscheidende Komponente für den Erfolg jeder Bürgerrechtsbewegung, insbesondere in einem intergalaktischen Kontext wie dem von Ymaris. Sorran Vale erkannte früh, dass die Stärke seiner Bewegung nicht nur von seiner eigenen Entschlossenheit, sondern vor allem von der aktiven Teilnahme der Gemeinschaft abhängt. In diesem Abschnitt werden verschiedene Strategien zur Mobilisierung der Gemeinschaft vorgestellt, die Sorran und seine Mitstreiter erfolgreich eingesetzt haben.

1. Bewusstseinsbildung

Der erste Schritt zur Mobilisierung ist die Bewusstseinsbildung. Sorran Vale nutzte verschiedene Plattformen, um die Bevölkerung über die Probleme hyperdichter Lebensformen aufzuklären. Dies geschah durch:

DIE ENTSCHEIDENDEN ERFAHRUNGEN 57

- **Öffentliche Veranstaltungen:** Sorran organisierte Workshops und Informationsveranstaltungen, bei denen Experten über die Rechte und Bedürfnisse hyperdichter Lebensformen referierten.

- **Soziale Medien:** Durch die Nutzung von sozialen Medien konnte Sorran eine breite Zielgruppe erreichen und die Diskussion über Bürgerrechte anstoßen. Hashtags wie #RechteFürHyperdichteLebensformen wurden populär.

- **Kunst und Kultur:** Kunstprojekte und kulturelle Veranstaltungen wurden genutzt, um die Botschaft zu verbreiten und Emotionen zu wecken. Musik und bildende Kunst spielten eine wesentliche Rolle bei der Schaffung eines kollektiven Bewusstseins.

2. Netzwerkarbeit

Ein starkes Netzwerk ist unerlässlich für die Mobilisierung. Sorran Vale verstand die Bedeutung von Allianzen und Kooperationen. Er arbeitete eng mit verschiedenen Organisationen und Gemeinschaftsgruppen zusammen, um eine breitere Unterstützung zu gewinnen:

- **Kooperation mit anderen Aktivisten:** Sorran schloss sich mit anderen Bürgerrechtsaktivisten zusammen, um gemeinsame Ziele zu definieren und Ressourcen zu teilen. Dies führte zu einer stärkeren Stimme in der Öffentlichkeit.

- **Partnerschaften mit Bildungseinrichtungen:** Die Zusammenarbeit mit Schulen und Universitäten ermöglichte es, jüngere Generationen in die Bewegung einzubeziehen. Bildungsprogramme wurden entwickelt, um das Verständnis für die Rechte hyperdichter Lebensformen zu fördern.

- **Intergalaktische Netzwerke:** Sorran nutzte auch intergalaktische Plattformen, um Unterstützung von anderen Planeten zu gewinnen, die ähnliche Herausforderungen erlebten. Dies führte zu einem Austausch von Ideen und Strategien.

3. Strategische Kommunikation

Die Art und Weise, wie Informationen kommuniziert werden, hat einen erheblichen Einfluss auf die Mobilisierung. Sorran Vale entwickelte eine klare und einheitliche Kommunikationsstrategie:

- **Zielgruppenspezifische Ansprache:** Sorran passte seine Botschaften an die unterschiedlichen Zielgruppen an, um sicherzustellen, dass sie verständlich und relevant sind. Dies beinhaltete die Verwendung von einfacher Sprache und anschaulichen Beispielen.
- **Storytelling:** Durch das Erzählen von Geschichten über die Erfahrungen hyperdichter Lebensformen konnte Sorran emotionale Verbindungen herstellen. Diese Geschichten wurden in Kampagnen verwendet, um Empathie zu erzeugen und Unterstützung zu gewinnen.
- **Einsatz von Influencern:** Sorran verstand, dass Meinungsführer und Influencer eine wichtige Rolle spielen können. Er arbeitete mit prominenten Persönlichkeiten zusammen, die sich für die Rechte hyperdichter Lebensformen einsetzen und deren Reichweite nutzen konnten.

4. Praktische Maßnahmen und Aktionen

Um die Gemeinschaft aktiv zu mobilisieren, initiierte Sorran eine Reihe von praktischen Maßnahmen und Aktionen:

- **Proteste und Demonstrationen:** Sorran organisierte friedliche Proteste, um auf die Missstände aufmerksam zu machen. Diese Veranstaltungen wurden sorgfältig geplant und mobilisierten Tausende von Unterstützern.
- **Freiwilligenprogramme:** Durch die Schaffung von Freiwilligenprogrammen ermöglichte Sorran es den Mitgliedern der Gemeinschaft, aktiv zu werden und sich in verschiedenen Projekten zu engagieren, sei es in der Aufklärung, der Organisation von Veranstaltungen oder der Unterstützung von Betroffenen.
- **Petitionen und Unterschriftensammlungen:** Sorran initiierte Petitionen, um politische Entscheidungsträger zur Handlung zu bewegen. Diese wurden in der Gemeinschaft verbreitet und fanden großen Anklang.

5. Herausforderungen und Lösungen

Trotz der erfolgreichen Mobilisierungsstrategien stand Sorran Vale vor zahlreichen Herausforderungen:

- **Widerstand gegen Veränderungen:** In der Gemeinschaft gab es Widerstand gegen die Veränderungen, die Sorran anstrebte. Um diesen Widerstand zu überwinden, führte er Dialoge mit Skeptikern und versuchte, ihre Bedenken zu verstehen.

- **Ressourcenmangel:** Oftmals fehlten die finanziellen Mittel und Ressourcen, um größere Aktionen durchzuführen. Sorran setzte auf Crowdfunding und die Unterstützung von Sponsoren, um die notwendigen Mittel zu beschaffen.
- **Desinformation:** Falsche Informationen über die Bewegung wurden verbreitet, um die Unterstützung zu untergraben. Sorran reagierte darauf mit klaren Fakten und durch die Schaffung von Plattformen, die verlässliche Informationen bereitstellten.

Die Kombination dieser Strategien führte dazu, dass Sorran Vale nicht nur die Gemeinschaft mobilisieren konnte, sondern auch einen nachhaltigen Einfluss auf die Bürgerrechtsbewegung auf Ymaris ausübte. Die aktive Teilnahme der Gemeinschaft war der Schlüssel zu den Erfolgen, die Sorran und seine Mitstreiter im Kampf für die Rechte hyperdichter Lebensformen erzielten. In den folgenden Kapiteln werden wir sehen, wie diese Mobilisierung in konkrete rechtliche Kämpfe und gesellschaftliche Veränderungen mündete.

Die Bedeutung von Bildung und Aufklärung

Bildung und Aufklärung sind fundamentale Säulen der Bürgerrechtsbewegung auf Ymaris, insbesondere für die hyperdichten Lebensformen, deren Rechte oft übersehen oder missachtet werden. In einer Welt, in der Wissen Macht bedeutet, ist es unerlässlich, dass die Bürger, insbesondere die marginalisierten Gruppen, Zugang zu Bildung haben, um ihre Stimmen zu erheben und für ihre Rechte zu kämpfen.

Theoretische Grundlagen

Die Theorie der kritischen Pädagogik, wie sie von Paulo Freire formuliert wurde, betont die Notwendigkeit, Bildung als einen Prozess der Befreiung zu sehen. Freire argumentiert, dass Bildung nicht nur die Übertragung von Wissen ist, sondern auch die Entwicklung eines kritischen Bewusstseins, das es den Individuen ermöglicht, ihre Realität zu hinterfragen und aktiv zu verändern. Diese Theorie ist besonders relevant für die hyperdichten Lebensformen auf Ymaris, die oft als „die Anderen" betrachtet werden und deren Perspektiven in der traditionellen Bildung nicht berücksichtigt werden.

$$C = \frac{W}{R} \qquad (10)$$

Hierbei steht C für das kritische Bewusstsein, W für das Wissen und R für die Ressourcen, die den Individuen zur Verfügung stehen. Um das kritische Bewusstsein zu fördern, müssen die Ressourcen, die Bildung und Aufklärung bieten, für alle zugänglich gemacht werden.

Probleme der Bildungsungleichheit

Trotz der theoretischen Grundlagen ist die Realität auf Ymaris oft von Bildungsungleichheit geprägt. Viele hyperdichte Lebensformen haben keinen Zugang zu qualitativ hochwertiger Bildung, was ihre Fähigkeit einschränkt, sich an der Bürgerrechtsbewegung zu beteiligen. Diese Ungleichheit kann auf verschiedene Faktoren zurückgeführt werden:

- **Ökonomische Barrieren:** Viele hyperdichte Lebensformen leben in Armut und können sich keine Bildung leisten.

- **Kulturelle Diskriminierung:** Die vorherrschenden Kulturen auf Ymaris neigen dazu, die Traditionen und Sprachen der hyperdichten Lebensformen zu marginalisieren, was zu einem Verlust ihrer kulturellen Identität führt.

- **Politische Unterdrückung:** Bildung wird oft als Bedrohung für die bestehende Machtstruktur angesehen, was dazu führt, dass der Zugang zu Bildung für diese Gruppen eingeschränkt wird.

Beispiele für erfolgreiche Bildungsinitiativen

Trotz dieser Herausforderungen gibt es auf Ymaris auch positive Beispiele für Bildungsinitiativen, die darauf abzielen, das Bewusstsein für die Rechte der hyperdichten Lebensformen zu schärfen und deren Zugang zu Bildung zu verbessern:

- **Die „Akademie für intergalaktische Rechte":** Diese Institution bietet kostenlose Bildungsprogramme für hyperdichte Lebensformen an und lehrt sie über ihre Rechte und Möglichkeiten, sich aktiv zu engagieren. Die Akademie hat bereits Hunderte von Absolventen hervorgebracht, die sich erfolgreich für ihre Gemeinschaften einsetzen.

- **Kulturelle Austauschprogramme:** Diese Programme fördern den Austausch zwischen verschiedenen Lebensformen und Kulturen, was zu einem besseren Verständnis und Respekt führt. Durch Workshops und Seminare lernen die Teilnehmer, wie wichtig Bildung und Aufklärung für den sozialen Wandel sind.

- **Online-Lernplattformen:** Mit dem Aufkommen neuer Technologien haben viele hyperdichte Lebensformen Zugang zu Online-Bildungsressourcen erhalten, die es ihnen ermöglichen, sich unabhängig weiterzubilden und ihre Fähigkeiten zu entwickeln.

Die Rolle von Sorran Vale

Sorran Vale hat sich als ein leidenschaftlicher Verfechter von Bildung und Aufklärung für hyperdichte Lebensformen hervorgetan. Er glaubt, dass Bildung der Schlüssel zur Befreiung ist und dass jeder Zugang zu Wissen haben sollte. In seinen Reden betont er oft:

> „Bildung ist nicht nur ein Recht, sondern auch eine Waffe im Kampf für Gerechtigkeit. Wenn wir unsere Stimmen erheben wollen, müssen wir zuerst das Wissen erlangen, um gehört zu werden."

Sorran hat zahlreiche Workshops und Seminare organisiert, um das Bewusstsein für die Rechte der hyperdichten Lebensformen zu schärfen. Er hat auch in verschiedenen Medien über die Bedeutung von Bildung gesprochen, um eine breitere Öffentlichkeit zu erreichen.

Fazit

Die Bedeutung von Bildung und Aufklärung kann nicht genug betont werden. Sie sind nicht nur entscheidend für die individuelle Entwicklung, sondern auch für die kollektive Mobilisierung der hyperdichten Lebensformen auf Ymaris. Durch den Zugang zu Bildung können diese Lebensformen ihre Rechte erkennen, ihre Stimmen erheben und aktiv an der Gestaltung ihrer Zukunft teilnehmen. Die Herausforderungen sind groß, aber mit Engagement und den richtigen Ressourcen kann eine gerechtere Gesellschaft geschaffen werden, in der alle Bürger, unabhängig von ihrer Herkunft, die Möglichkeit haben, ihre Träume zu verwirklichen.

Sorran als Sprecher für die Stimmlosen

Sorran Vale hat sich im Laufe seiner Karriere nicht nur als Anwalt, sondern auch als leidenschaftlicher Sprecher für die Stimmlosen etabliert. Diese Rolle ist entscheidend, um die Rechte hyperdichter Lebensformen auf Ymaris zu verteidigen und ihre Anliegen in der Öffentlichkeit zu artikulieren. In diesem Abschnitt werden die Herausforderungen und Strategien beleuchtet, die Sorran in seiner Funktion als Vertreter der Stimmlosen begegnen.

Theoretische Grundlagen

Die Rolle eines Sprechers für die Stimmlosen ist nicht nur eine Frage der Repräsentation, sondern auch der Verantwortung. Laut der Theorie der *Repräsentativen Gerechtigkeit* (Rawls, 1971) ist es entscheidend, dass alle Gruppen in einer Gesellschaft Gehör finden. Sorran betrachtet sich als Bindeglied zwischen den hyperdichten Lebensformen und der Gesellschaft auf Ymaris, wobei er deren spezifische Bedürfnisse und Herausforderungen in den Vordergrund stellt.

Ein zentrales Konzept in diesem Kontext ist die *Stimme der Stimmlosen* (Silbey, 2016), die sich auf die Notwendigkeit bezieht, die Perspektiven von marginalisierten Gruppen zu integrieren. Sorran nutzt dieses Konzept, um den hyperdichten Lebensformen eine Plattform zu bieten, auf der ihre Stimmen gehört werden können.

Herausforderungen

Die Herausforderungen, denen Sorran als Sprecher für die Stimmlosen gegenübersteht, sind vielfältig. Eine der größten Hürden ist die *Diskriminierung* und das *Vorurteil* gegenüber hyperdichten Lebensformen. Diese Wesen werden oft als minderwertig oder nicht fähig angesehen, ihre eigenen Interessen zu vertreten. Sorran muss ständig gegen diese Stereotypen ankämpfen, um die Gesellschaft davon zu überzeugen, dass hyperdichte Lebensformen nicht nur Rechte haben, sondern auch aktive Mitglieder der Gemeinschaft sind.

Ein weiteres Problem ist die *Kommunikationsbarriere*. Hyperdichte Lebensformen kommunizieren oft auf Weise, die für die meisten Ymarianer schwer verständlich ist. Sorran hat innovative Methoden entwickelt, um diese Barrieren zu überwinden, einschließlich der Verwendung von *Übersetzungstechnologien* und interaktiven Plattformen, die es ermöglichen, dass die Stimmen der hyperdichten Lebensformen direkt in die gesellschaftliche Debatte eingebracht werden.

Strategien und Ansätze

Um effektiv als Sprecher für die Stimmlosen zu agieren, hat Sorran mehrere Strategien entwickelt:

- **Bildung und Aufklärung:** Sorran organisiert Workshops und Seminare, um das Bewusstsein für die Rechte hyperdichter Lebensformen zu schärfen. Diese Veranstaltungen zielen darauf ab, Vorurteile abzubauen und die Gesellschaft über die Kultur und Bedürfnisse dieser Lebensformen aufzuklären.

- **Mobilisierung der Gemeinschaft:** Sorran nutzt soziale Medien und andere Kommunikationskanäle, um die Gemeinschaft zu mobilisieren. Durch Kampagnen, die auf die Stimmen der hyperdichten Lebensformen fokussiert sind, schafft er eine Plattform, die ihre Anliegen sichtbar macht.

- **Interaktive Foren:** Sorran hat interaktive Foren ins Leben gerufen, in denen hyperdichte Lebensformen ihre Geschichten und Erfahrungen teilen können. Diese Foren fördern den Dialog und schaffen ein Verständnis zwischen verschiedenen Gruppen.

- **Zusammenarbeit mit anderen Aktivisten:** Sorran arbeitet eng mit anderen Aktivisten und Organisationen zusammen, um eine stärkere Stimme für die Stimmlosen zu schaffen. Diese Zusammenarbeit ermöglicht es, Ressourcen zu bündeln und eine breitere Reichweite zu erzielen.

Beispiele für Erfolge

Ein bemerkenswerter Erfolg von Sorran als Sprecher für die Stimmlosen war die Organisation der ersten intergalaktischen Konferenz für die Rechte hyperdichter Lebensformen. Diese Konferenz brachte Vertreter von verschiedenen Planeten zusammen, um über die Herausforderungen und Rechte dieser Lebensformen zu diskutieren. Sorran nutzte diese Plattform, um konkrete Gesetze vorzuschlagen, die den Schutz der hyperdichten Lebensformen auf Ymaris gewährleisten sollten.

Ein weiteres Beispiel ist die Einführung eines Gesetzes, das die Diskriminierung hyperdichter Lebensformen in der Arbeitswelt verbietet. Sorran spielte eine entscheidende Rolle bei der Lobbyarbeit für dieses Gesetz, indem er sowohl die Stimmen der betroffenen Lebensformen als auch die Unterstützung von Verbündeten in der Gesellschaft mobilisierte.

Schlussfolgerung

Sorran Vale hat sich als eine unverzichtbare Stimme für die Stimmlosen etabliert. Seine Strategien zur Mobilisierung, Bildung und Aufklärung haben dazu beigetragen, das Bewusstsein für die Rechte hyperdichter Lebensformen zu schärfen und ihre Anliegen in den Mittelpunkt der gesellschaftlichen Debatte zu rücken. Trotz der Herausforderungen bleibt Sorran optimistisch und engagiert, weiterhin für die Rechte derjenigen zu kämpfen, die oft übersehen werden. Seine Arbeit ist ein leuchtendes Beispiel dafür, wie eine Stimme für die Stimmlosen nicht nur Veränderungen bewirken kann, sondern auch eine gerechtere und inklusivere Gesellschaft fördert.

Die Herausforderungen des Aktivismus

Aktivismus ist ein komplexes und oft herausforderndes Unterfangen, das sowohl persönliche als auch gesellschaftliche Dimensionen umfasst. Für Sorran Vale und seine Mission, hyperdichte Lebensformen auf Ymaris zu schützen, gab es zahlreiche Hürden, die es zu überwinden galt. Diese Herausforderungen können in verschiedene Kategorien unterteilt werden: gesellschaftliche, politische und persönliche.

Gesellschaftliche Herausforderungen

Die gesellschaftlichen Herausforderungen, mit denen Sorran konfrontiert war, sind vielschichtig. Hyperdichte Lebensformen wurden oft als „anders" oder „fremd" wahrgenommen, was Vorurteile und Diskriminierung zur Folge hatte. Diese Vorurteile sind nicht nur emotional schädlich, sondern führen auch zu einer systematischen Marginalisierung. Laut der sozialen Identitätstheorie (Tajfel & Turner, 1979) führt die Kategorisierung von Gruppen zu intergruppalen Konflikten, die sich in der Gesellschaft manifestieren.

Ein Beispiel für diese gesellschaftlichen Spannungen war die Reaktion auf die erste Protestaktion, die Sorran organisierte. Viele Bürger Ymaris betrachteten die hyperdichten Lebensformen als Bedrohung für ihre eigene Existenz. Die Protestierenden wurden von der Polizei als Unruhestifter abgestempelt, was zu gewaltsamen Auseinandersetzungen führte. Solche Konflikte behindern nicht nur die Mobilisierung, sondern schüren auch Angst und Misstrauen innerhalb der Gemeinschaft.

Politische Herausforderungen

Politische Herausforderungen sind ein weiteres zentrales Element des Aktivismus. Sorran musste sich mit einer Gesetzgebung auseinandersetzen, die oft nicht im Einklang mit den Rechten hyperdichter Lebensformen stand. Die bestehenden Gesetze auf Ymaris schlossen viele dieser Lebensformen von grundlegenden Rechten aus, was Sorran dazu zwang, sich für Gesetzesänderungen einzusetzen.

Ein konkretes Beispiel ist der Fall *Vale gegen den Rat von Ymaris*, in dem Sorran versuchte, die Diskriminierung gegen hyperdichte Lebensformen vor Gericht zu bringen. Hierbei stieß er auf erhebliche Widerstände von Seiten der Regierung, die ein Interesse daran hatte, den Status quo zu bewahren. Die politischen Entscheidungsträger waren oft nicht bereit, die notwendigen Veränderungen zu initiieren, was Sorrans Arbeit zusätzlich erschwerte.

Persönliche Herausforderungen

Neben den gesellschaftlichen und politischen Herausforderungen sah sich Sorran auch mit persönlichen Schwierigkeiten konfrontiert. Der Aktivismus kann emotional belastend sein, insbesondere wenn man mit Rückschlägen und Misserfolgen konfrontiert wird. Sorran erlebte Phasen der Entmutigung, insbesondere nach gescheiterten Kampagnen oder negativen Medienberichterstattungen.

Ein Beispiel für diese persönlichen Kämpfe ist Sorrans Umgang mit der öffentlichen Kritik. Trotz seiner Bemühungen, eine positive Veränderung herbeizuführen, wurde er oft als Radikaler oder Extremist bezeichnet. Diese Stigmatisierung führte zu einem Gefühl der Isolation, das viele Aktivisten betrifft. Laut der Theorie der sozialen Unterstützung (Cohen & Wills, 1985) ist es entscheidend, ein unterstützendes Netzwerk zu haben, um mit solchen Herausforderungen umzugehen. Sorran fand Trost in seiner Gemeinschaft und in der Unterstützung seiner Freunde und Mentoren, die ihm halfen, die Widrigkeiten zu überwinden.

Strategien zur Überwindung der Herausforderungen

Um diesen Herausforderungen zu begegnen, entwickelte Sorran eine Reihe von Strategien. Er erkannte, dass Bildung und Aufklärung entscheidend sind, um Vorurteile abzubauen und die Gesellschaft für die Belange hyperdichter Lebensformen zu sensibilisieren. Workshops und Informationsveranstaltungen wurden organisiert, um das Bewusstsein zu schärfen.

Darüber hinaus nutzte Sorran soziale Medien als Plattform, um seine Botschaft zu verbreiten und eine breitere Öffentlichkeit zu erreichen. Die Nutzung von Plattformen wie *GalacticNet* ermöglichte es ihm, Gleichgesinnte zu mobilisieren und eine Bewegung zu schaffen, die über die Grenzen Ymaris hinausging.

Zusammenfassend lässt sich sagen, dass die Herausforderungen des Aktivismus für Sorran Vale nicht nur Hindernisse darstellten, sondern auch Gelegenheiten, seine Strategien zu verfeinern und seine Resilienz zu stärken. Durch die Auseinandersetzung mit gesellschaftlichen, politischen und persönlichen Herausforderungen formte sich nicht nur Sorrans Identität als Aktivist, sondern auch die Bewegung für die Rechte hyperdichter Lebensformen auf Ymaris.

$$\text{Aktivismus} = \text{Gesellschaftliche Herausforderungen} + \text{Politische Herausforderungen} + \text{Persö} \tag{11}$$

Erfolge und Misserfolge auf dem Weg

Der Weg des Aktivismus ist oft gepflastert mit Höhen und Tiefen, und Sorran Vale bildet da keine Ausnahme. In diesem Abschnitt werden wir die Erfolge und Misserfolge beleuchten, die Sorran auf seinem Weg zum führenden Anwalt für den Schutz hyperdichter Lebensformen auf Ymaris erlebt hat.

Erfolge: Meilensteine des Aktivismus

Sorrans Engagement für die hyperdichten Lebensformen führte zu mehreren bemerkenswerten Erfolgen, die nicht nur seine persönliche Entwicklung prägten, sondern auch die gesamte Bürgerrechtsbewegung auf Ymaris beeinflussten. Zu den bedeutendsten Erfolgen zählen:

- **Die Gründung der Organisation "Leben für alle"**: Diese Bürgerrechtsorganisation wurde von Sorran ins Leben gerufen, um die Rechte hyperdichter Lebensformen zu schützen und zu fördern. Die Organisation gewann schnell an Bedeutung und mobilisierte Tausende von Unterstützern. Sie wurde zu einer Stimme für die Stimmlosen und organisierte zahlreiche Protestaktionen, die landesweit für Aufsehen sorgten.

- **Erfolgreiche Klagen vor Gericht**: Sorran konnte mehrere wegweisende Urteile erwirken, die die rechtlichen Grundlagen für den Schutz hyperdichter Lebensformen stärkten. Ein besonders bedeutendes Urteil war der Fall *Vale gegen Ymaris Regierung*, in dem das Gericht entschied, dass hyperdichte Lebensformen das Recht auf gleiche Behandlung und Schutz vor Diskriminierung haben. Diese Entscheidung setzte einen Präzedenzfall, der in den folgenden Jahren von anderen Juristen zitiert wurde.

- **Internationale Anerkennung:** Sorrans Arbeit blieb nicht auf Ymaris beschränkt. Er wurde zu internationalen Konferenzen eingeladen, um über die Rechte hyperdichter Lebensformen zu sprechen und sein Wissen zu teilen. Diese Plattformen ermöglichten es ihm, Netzwerke mit anderen Aktivisten und Organisationen aufzubauen, was zu einer globalen Bewegung für intergalaktische Bürgerrechte führte.

Misserfolge: Lektionen aus Rückschlägen

Trotz dieser Erfolge war Sorrans Weg nicht immer einfach. Er erlebte auch Rückschläge, die ihn herausforderten und seine Strategien in Frage stellten. Zu den bemerkenswertesten Misserfolgen gehören:

- **Die gescheiterte Gesetzesinitiative:** Sorran und seine Organisation versuchten, ein Gesetz zur Anerkennung der Rechte hyperdichter Lebensformen im Ymaris-Parlament einzubringen. Trotz intensiver Lobbyarbeit und öffentlicher Unterstützung scheiterte die Initiative an politischen Widerständen. Dies führte zu Frustration innerhalb der Bewegung und zu Fragen über die Effektivität ihrer Strategien.

- **Interne Konflikte:** Innerhalb der Organisation "Leben für alle" kam es zu Spannungen zwischen verschiedenen Fraktionen, die unterschiedliche Ansätze zur Erreichung ihrer Ziele verfolgten. Diese internen Konflikte führten zu einer Spaltung, die die Effektivität der Organisation beeinträchtigte und Sorran vor die Herausforderung stellte, die Einheit zu bewahren.

- **Negative Medienberichterstattung:** Sorran sah sich auch mit negativer Berichterstattung konfrontiert, die seine Motive und Methoden in Frage stellte. Journalisten, die die Bürgerrechtsbewegung kritisierten, trugen zur Verbreitung von Fehlinformationen bei, was das öffentliche Vertrauen in seine Arbeit beeinträchtigte. Diese Erfahrungen lehrten Sorran die Bedeutung von transparenter Kommunikation und der Notwendigkeit, die Öffentlichkeit über die Wahrheit zu informieren.

Theoretische Perspektiven

Die Erfolge und Misserfolge von Sorran Vale können durch verschiedene theoretische Perspektiven im Aktivismus und der sozialen Bewegungen analysiert werden. Ein wichtiger theoretischer Rahmen ist das Konzept der **Ressourcmobilisierung**, das besagt, dass der Erfolg sozialer Bewegungen stark von den verfügbaren Ressourcen abhängt. Sorrans Fähigkeit, Netzwerke zu bilden und Ressourcen zu mobilisieren, war entscheidend für seine Erfolge, während der Mangel an Ressourcen und interner Uneinigkeit zu Misserfolgen führte.

Ein weiteres relevantes Konzept ist die **kollektive Identität**, die beschreibt, wie Gruppen von Individuen sich zusammenschließen, um gemeinsame Ziele zu verfolgen. Sorrans Fähigkeit, eine kollektive Identität unter den hyperdichten Lebensformen und ihren Unterstützern zu schaffen, war entscheidend für die Mobilisierung und den Erfolg der Bürgerrechtsbewegung. Dennoch zeigten die internen Konflikte innerhalb seiner Organisation, wie schwierig es sein kann, eine einheitliche kollektive Identität aufrechtzuerhalten.

Beispiele aus der Praxis

Ein anschauliches Beispiel für den Erfolg von Sorran ist die *Kampagne "Stimmen der Stummen"*, die darauf abzielte, die Stimmen hyperdichter Lebensformen in den politischen Diskurs zu integrieren. Diese Kampagne führte zu einer Reihe von öffentlichen Anhörungen, bei denen hyperdichte Lebensformen ihre Erfahrungen und Herausforderungen teilen konnten. Die breite Medienberichterstattung über diese Anhörungen trug zur Sensibilisierung der Öffentlichkeit bei und führte zu einem Anstieg der Unterstützung für die Bürgerrechtsbewegung.

Im Gegensatz dazu steht das Beispiel der gescheiterten Gesetzesinitiative, die Sorran als Mahnung diente. Die Erfahrung, dass selbst bei breiter Unterstützung politische Veränderungen schwierig zu erreichen sind, führte zu einer Neubewertung seiner Strategien. Sorran begann, verstärkt auf Bildung und Aufklärung zu setzen, um das Verständnis und die Unterstützung für die Rechte hyperdichter Lebensformen in der breiteren Gesellschaft zu fördern.

Fazit

Insgesamt zeigen die Erfolge und Misserfolge von Sorran Vale, dass der Weg des Aktivismus komplex und herausfordernd ist. Während Erfolge gefeiert werden können, sind Misserfolge oft ebenso lehrreich und können zu wertvollen Erkenntnissen führen. Sorrans Fähigkeit, aus Rückschlägen zu lernen und seine Strategien anzupassen, wird als entscheidend für seinen langfristigen Erfolg und die Entwicklung der Bürgerrechtsbewegung auf Ymaris angesehen. Diese Erfahrungen verdeutlichen die dynamische Natur des Aktivismus und die Notwendigkeit, flexibel und anpassungsfähig zu bleiben, um die Herausforderungen der Zukunft zu meistern.

Der Einfluss von Sorrans Kindheit auf seine Arbeit

Sorran Vales Engagement für die Rechte hyperdichter Lebensformen auf Ymaris ist untrennbar mit den Erfahrungen und Einflüssen aus seiner Kindheit verbunden. In diesem Abschnitt untersuchen wir, wie Sorrans frühe Erlebnisse seine Werte, Überzeugungen und letztlich seine berufliche Laufbahn als Bürgerrechtsaktivist geprägt haben.

Prägung durch familiäre Werte

Sorran wuchs in einer Familie auf, die stark von den Prinzipien der Gerechtigkeit und des Mitgefühls geprägt war. Seine Eltern waren aktive Mitglieder der Gemeinschaft und engagierten sich für soziale Belange. Diese familiären Werte bildeten das Fundament für Sorrans späteren Aktivismus. Die Theorie des sozialen Lernens, wie sie von Albert Bandura formuliert wurde, legt nahe, dass Individuen durch Beobachtung und Nachahmung lernen. Sorran beobachtete, wie seine Eltern sich für die Rechte von Minderheiten einsetzten, was ihn dazu inspirierte, ähnliche Werte zu übernehmen und in sein eigenes Leben zu integrieren.

Erste Erfahrungen mit Ungerechtigkeit

Bereits in seiner Kindheit wurde Sorran mit Ungerechtigkeiten konfrontiert. Er erinnerte sich an einen Vorfall, bei dem ein Freund aufgrund seiner Herkunft diskriminiert wurde. Diese Erfahrung war für Sorran prägend und führte zu einem tiefen Verständnis für die Probleme, mit denen hyperdichte Lebensformen konfrontiert sind. Die kognitive Dissonanztheorie, die von Leon Festinger entwickelt wurde, beschreibt, wie Menschen Unbehagen empfinden, wenn ihre Überzeugungen und ihr Verhalten nicht übereinstimmen. Sorran erlebte eine solche Dissonanz, als er sah, dass die Werte, die ihm von seinen Eltern vermittelt wurden, nicht in der Realität umgesetzt wurden. Dies verstärkte sein Bedürfnis, aktiv gegen Ungerechtigkeiten vorzugehen.

Einfluss von Kunst und Musik

Die kulturellen Traditionen auf Ymaris, insbesondere die Kunst und Musik, hatten ebenfalls einen tiefgreifenden Einfluss auf Sorran. Er wuchs in einer Umgebung auf, in der kreative Ausdrucksformen als Mittel zur Kommunikation und zur Sensibilisierung für soziale Themen genutzt wurden. Die Verwendung von Kunst im Aktivismus ist nicht nur ein ästhetisches, sondern auch ein strategisches Werkzeug, um Emotionen zu wecken und das Bewusstsein zu schärfen. Sorran lernte, wie man diese Mittel effektiv einsetzt, um die Botschaften seiner Bewegung zu verbreiten.

Die Rolle von Mentoren und Freunden

Ein weiterer entscheidender Einfluss auf Sorrans Entwicklung waren seine Freunde und Mentoren. In seiner Jugend trat er einer Gruppe von Gleichgesinnten bei, die sich für die Rechte hyperdichter Lebensformen engagierten. Diese Gruppe bot Sorran nicht nur Unterstützung, sondern auch eine Plattform, um seine Ideen zu entwickeln und zu testen. Die Theorie der sozialen Identität, die von Henri Tajfel und John Turner formuliert wurde, besagt, dass Individuen ihre Identität oft durch die Zugehörigkeit zu sozialen Gruppen definieren. Sorrans Identität als Aktivist wurde durch die Zugehörigkeit zu dieser Gruppe gestärkt.

Herausforderungen und Rückschläge

Wie viele junge Aktivisten sah sich Sorran auch Herausforderungen und Rückschlägen gegenüber. Diese Erfahrungen lehrten ihn Resilienz und die Bedeutung von Ausdauer im Angesicht von Widrigkeiten. Die Theorie der Resilienz, die sich mit der Fähigkeit beschäftigt, sich von Rückschlägen zu erholen, ist in Sorrans Leben evident. Er entwickelte Strategien, um mit Misserfolgen umzugehen, was ihm in seiner späteren Karriere zugutekam.

Der Einfluss der Bildung

Die Bildung spielte eine zentrale Rolle in Sorrans Kindheit. Er besuchte eine Schule, die Wert auf kritisches Denken und soziale Verantwortung legte. Die Prinzipien der kritischen Pädagogik, wie sie von Paulo Freire beschrieben werden, ermutigten Sorran, Fragen zu stellen und die bestehenden Machtstrukturen zu hinterfragen. Diese Bildungserfahrungen förderten sein Bewusstsein für soziale Ungerechtigkeiten und motivierten ihn, aktiv zu werden.

Zusammenfassung

Zusammenfassend lässt sich sagen, dass Sorran Vales Kindheit einen entscheidenden Einfluss auf seine Arbeit als Bürgerrechtsaktivist hatte. Die Werte, die ihm von seiner Familie vermittelt wurden, seine frühen Erfahrungen mit Ungerechtigkeit, der Einfluss von Kunst und Musik, die Unterstützung von Mentoren und Freunden sowie seine Bildungserfahrungen trugen alle dazu bei, sein Engagement für die hyperdichten Lebensformen auf Ymaris zu formen. Diese Elemente schufen ein starkes Fundament, auf dem Sorran seine Mission aufbauen konnte, und sie geben uns einen tiefen Einblick in die Wurzeln seines Aktivismus.

Die rechtlichen Kämpfe für hyperdichte Lebensformen

Die juristischen Grundlagen

Die Gesetzgebung auf Ymaris

Die Gesetzgebung auf Ymaris ist ein komplexes Gefüge, das sowohl die Rechte der hyperdichten Lebensformen als auch die der humanoiden Bürger regelt. Diese Gesetzgebung basiert auf einer Vielzahl von internen und intergalaktischen Rechtsnormen, die sich über Jahrhunderte entwickelt haben. Um die rechtlichen Rahmenbedingungen zu verstehen, ist es wichtig, die grundlegenden Prinzipien und Herausforderungen der Gesetzgebung auf Ymaris zu betrachten.

Grundlagen der Gesetzgebung

Die rechtlichen Grundlagen auf Ymaris sind in der *Verfassung von Ymaris* verankert, die die Rechte und Pflichten aller Bürger, einschließlich der hyperdichten Lebensformen, festlegt. Diese Verfassung wurde als Reaktion auf die zunehmenden Spannungen zwischen den verschiedenen Lebensformen und deren Bedürfnissen entwickelt. Ein zentrales Prinzip dieser Verfassung ist das *Recht auf Existenz*, das allen Lebensformen das Recht auf ein würdevolles Leben garantiert.

$$\text{Recht auf Existenz} \Rightarrow \forall x \in \text{Lebensformen} : \text{Existenz}(x) \text{ ist geschützt}$$

Zusätzlich zu den grundlegenden Rechten gibt es spezifische Gesetze, die den Schutz hyperdichter Lebensformen betreffen. Diese Gesetze zielen darauf ab, Diskriminierung und Ungerechtigkeit zu verhindern und die Integration in die Gesellschaft zu fördern.

Herausforderungen der Gesetzgebung

Trotz der Fortschritte in der Gesetzgebung gibt es erhebliche Herausforderungen, die die Durchsetzung dieser Gesetze erschweren. Eine der größten Hürden ist die *Interpretation der Gesetze*. Die Definition von hyperdichten Lebensformen und deren spezifischen Bedürfnissen ist oft vage und führt zu unterschiedlichen Auslegungen in Gerichtsverfahren.

Ein Beispiel für diese Herausforderung ist der Fall *Vale gegen die Regierung von Ymaris*, in dem Sorran Vale als Anwalt auftrat. In diesem Fall wurde die Frage aufgeworfen, ob die hyperdichten Lebensformen unter den Schutz des Antidiskriminierungsgesetzes fallen. Die Entscheidung des Gerichts basierte auf der Auslegung des Begriffs *Lebensform*, was zu einer Kontroverse führte, die die gesamte Gesellschaft spaltete.

Intergalaktische Gesetze

Ein weiterer wichtiger Aspekt der Gesetzgebung auf Ymaris ist die Berücksichtigung intergalaktischer Gesetze. Diese Gesetze, die von der *Intergalaktischen Union* erlassen werden, haben Einfluss auf die nationalen Gesetze von Ymaris und stellen sicher, dass die Rechte aller intergalaktischen Bürger gewahrt bleiben.

Die *Konvention über die Rechte hyperdichter Lebensformen* ist ein Beispiel für ein intergalaktisches Abkommen, das die Rechte dieser Lebensformen schützt und die Mitgliedstaaten zur Einhaltung bestimmter Standards verpflichtet. Diese Konvention hat die rechtlichen Rahmenbedingungen auf Ymaris erheblich beeinflusst und dient als Grundlage für viele lokale Gesetze.

Beispiele für spezifische Gesetze

Einige spezifische Gesetze, die auf Ymaris verabschiedet wurden, umfassen:

- **Gesetz über die Gleichstellung hyperdichter Lebensformen (GHG)**: Dieses Gesetz stellt sicher, dass hyperdichte Lebensformen in allen Bereichen des Lebens, einschließlich Bildung und Beschäftigung, gleich behandelt werden.

- **Gesetz über den Schutz der Umwelt und der Lebensräume (GPEL)**: Dieses Gesetz schützt die natürlichen Lebensräume hyperdichter Lebensformen und verbietet Aktivitäten, die deren Lebensweise gefährden könnten.

DIE JURISTISCHEN GRUNDLAGEN 75

- **Gesetz über die Rechte auf medizinische Versorgung (GRM):** Dieses Gesetz garantiert hyperdichten Lebensformen Zugang zu medizinischer Versorgung und speziellen Behandlungen, die auf ihre einzigartigen Bedürfnisse zugeschnitten sind.

Schlussfolgerung

Die Gesetzgebung auf Ymaris ist ein dynamisches und sich ständig weiterentwickelndes System, das sowohl die Rechte der hyperdichten Lebensformen als auch die der humanoiden Bürger schützt. Trotz der Fortschritte gibt es zahlreiche Herausforderungen, die es zu bewältigen gilt, um eine gerechte und inklusive Gesellschaft zu schaffen. Sorran Vale's Engagement für die Rechte dieser Lebensformen ist ein entscheidender Faktor im Kampf für eine gerechtere und gleichberechtigte Gesellschaft auf Ymaris.

Die fortlaufende Auseinandersetzung mit den bestehenden Gesetzen und deren Interpretation wird entscheidend sein, um die Rechte hyperdichter Lebensformen nachhaltig zu sichern. Sorrans Arbeit als Anwalt und Aktivist zeigt, dass der Weg zur Gerechtigkeit oft steinig ist, aber mit Entschlossenheit und Engagement kann eine positive Veränderung erreicht werden.

Die Rolle der intergalaktischen Gesetze

In der komplexen Gesellschaft von Ymaris spielt die Rolle der intergalaktischen Gesetze eine entscheidende Rolle bei der Gewährleistung der Rechte und Freiheiten hyperdichter Lebensformen. Diese Gesetze sind nicht nur ein rechtlicher Rahmen, sondern auch ein ethisches Fundament, das die Beziehungen zwischen verschiedenen Zivilisationen regelt. Die intergalaktischen Gesetze sind das Ergebnis jahrelanger Verhandlungen und diplomatischer Bemühungen zwischen unterschiedlichen Planeten und Kulturen, die sich auf die Schaffung eines einheitlichen Regelwerks für den Schutz von Bürgerrechten konzentrieren.

Die Grundlagen intergalaktischer Gesetze

Intergalaktische Gesetze basieren auf einer Vielzahl von Prinzipien, die universelle Menschenrechte anerkennen und den Schutz von Minderheiten und unterdrückten Gruppen fördern. Diese Gesetze umfassen unter anderem:

- **Das Recht auf Leben und Sicherheit:** Alle Lebensformen, unabhängig von ihrer Dichte oder Herkunft, haben das Recht auf körperliche Unversehrtheit und Sicherheit.

- **Das Recht auf Gleichheit:** Diskriminierung aufgrund von Rasse, Geschlecht, Dichte oder Herkunft ist verboten.

- **Das Recht auf freie Meinungsäußerung:** Alle Bürger, einschließlich hyperdichter Lebensformen, haben das Recht, ihre Meinungen und Überzeugungen frei zu äußern.

Diese Prinzipien sind in verschiedenen intergalaktischen Verträgen und Abkommen verankert, die von den Mitgliedswelten ratifiziert wurden. Ein Beispiel hierfür ist der *Intergalaktische Pakt über Bürgerrechte* (IPCR), der den Schutz der Rechte aller Lebensformen in der Galaxie sicherstellt.

Herausforderungen in der Umsetzung

Trotz der Existenz intergalaktischer Gesetze gibt es erhebliche Herausforderungen bei deren Umsetzung. Eine der größten Hürden ist die unterschiedliche Interpretation und Anwendung dieser Gesetze auf den verschiedenen Planeten. Während einige Zivilisationen die Gesetze strikt einhalten, sehen andere sie als unverbindlich an und ignorieren sie. Dies führt zu einem Ungleichgewicht in der Anwendung von Rechten und schafft ein Umfeld, in dem hyperdichte Lebensformen oft benachteiligt werden.

Ein weiteres Problem ist die Komplexität der intergalaktischen Gerichtsbarkeit. Es gibt keine zentrale Autorität, die die Durchsetzung intergalaktischer Gesetze überwacht. Stattdessen müssen Fälle von Diskriminierung oder Ungerechtigkeit oft auf lokaler Ebene behandelt werden, was zu Inkonsistenzen und Ungerechtigkeiten führen kann. Sorran Vale hat in seiner Karriere zahlreiche Fälle erlebt, in denen die Unfähigkeit, intergalaktische Gesetze effektiv durchzusetzen, zu schwerwiegenden Verletzungen der Rechte hyperdichter Lebensformen geführt hat.

Beispiele für rechtliche Auseinandersetzungen

Ein bemerkenswerter Fall, der die Herausforderungen der intergalaktischen Gesetze veranschaulicht, ist der Fall *Vale gegen Xelthar*. In diesem Fall wurde ein hyperdichter Bürger auf dem Planeten Xelthar aufgrund seiner Dichte diskriminiert und von grundlegenden Dienstleistungen ausgeschlossen. Sorran Vale übernahm den Fall und argumentierte, dass die Diskriminierung gegen die Prinzipien des IPCR verstößt.

Die Entscheidung des Gerichts war jedoch nicht eindeutig. Während das Gericht letztendlich zugunsten des hyperdichten Bürgers entschied, wurde die

Entscheidung nicht von allen Mitgliedswelten anerkannt, was zu Spannungen zwischen den Planeten führte. Dieses Beispiel verdeutlicht, wie intergalaktische Gesetze zwar existieren, aber oft nicht die gewünschte Wirkung haben, wenn es um die Durchsetzung geht.

Die Zukunft der intergalaktischen Gesetze

Die Rolle der intergalaktischen Gesetze wird in Zukunft entscheidend sein, um den Schutz der hyperdichten Lebensformen zu gewährleisten. Sorran Vale setzt sich aktiv für die Reform und Stärkung dieser Gesetze ein, um sicherzustellen, dass sie nicht nur auf dem Papier existieren, sondern auch in der Praxis wirksam sind. Dies umfasst:

- **Die Schaffung eines intergalaktischen Gerichtshofs:** Ein zentralisiertes System zur Durchsetzung intergalaktischer Gesetze könnte helfen, Inkonsistenzen zu beseitigen und die Rechte hyperdichter Lebensformen besser zu schützen.

- **Bildung und Aufklärung:** Die Sensibilisierung für die Rechte hyperdichter Lebensformen und die Bedeutung intergalaktischer Gesetze ist entscheidend, um eine breitere Unterstützung für deren Durchsetzung zu gewinnen.

- **Internationale Zusammenarbeit:** Eine stärkere Zusammenarbeit zwischen den Planeten, um ein gemeinsames Verständnis und eine einheitliche Anwendung intergalaktischer Gesetze zu fördern, ist unerlässlich.

Insgesamt ist die Rolle der intergalaktischen Gesetze von zentraler Bedeutung für den Schutz der Rechte hyperdichter Lebensformen auf Ymaris und darüber hinaus. Sorran Vale und andere Aktivisten kämpfen dafür, dass diese Gesetze nicht nur als theoretisches Konzept existieren, sondern als lebendiger Bestandteil einer gerechten und inklusiven intergalaktischen Gesellschaft.

Sorrans erste Fälle vor Gericht

Sorran Vale, der leidenschaftliche Anwalt für die hyperdichten Lebensformen auf Ymaris, betrat zum ersten Mal den Gerichtssaal mit einer Mischung aus Nervosität und Entschlossenheit. In dieser entscheidenden Phase seiner Karriere stellte er sich den Herausforderungen, die mit der Vertretung der am stärksten marginalisierten Gruppen seiner Gesellschaft verbunden waren.

Die ersten Fälle, die Sorran übernahm, waren geprägt von einer Vielzahl von Problemen, die nicht nur rechtlicher, sondern auch sozialer Natur waren. Der erste Fall, den er vor Gericht brachte, betraf die Diskriminierung hyperdichter Lebensformen in der Wohnraumvergabe. Diese Lebensformen, die durch ihre hohe Dichte und besondere physikalische Eigenschaften gekennzeichnet sind, wurden systematisch von der Zuteilung öffentlicher Wohnräume ausgeschlossen. Sorran argumentierte, dass diese Praxis gegen die grundlegenden Prinzipien der Gleichheit und der Nichtdiskriminierung verstößt, die in der Verfassung von Ymaris verankert sind.

$$\text{Gleichheit} = \frac{\text{Rechte aller Lebensformen}}{\text{Anwendung der Gesetze}} \qquad (12)$$

Sorran stützte seine Argumentation auf die *Charta der intergalaktischen Menschenrechte*, die besagt, dass alle Lebensformen, unabhängig von ihrer biologischen oder physikalischen Beschaffenheit, das Recht auf angemessenen Wohnraum haben. Er stellte fest, dass die Vorurteile gegenüber hyperdichten Lebensformen auf Missverständnissen und Angst basierten, die durch mangelnde Aufklärung und negative Medienberichterstattung geschürt wurden.

Ein weiterer bedeutender Fall, den Sorran verhandelte, war der eines hyperdichten Individuums, das wegen seiner besonderen Eigenschaften in einer Schule gemobbt wurde. Sorran argumentierte, dass die Schule nicht nur eine Verantwortung gegenüber ihren Schülern hat, sondern auch eine rechtliche Verpflichtung, eine sichere und inklusive Umgebung zu schaffen. Hierbei berief er sich auf die *Gesetze zur Förderung der Vielfalt* auf Ymaris, die eine Null-Toleranz-Politik gegenüber Diskriminierung vorsehen.

$$\text{Inklusion} = \text{Schutz} + \text{Bildung} + \text{Respekt} \qquad (13)$$

Die Herausforderungen, denen Sorran in diesen ersten Fällen gegenüberstand, waren vielfältig. Viele Richter und Juroren hatten Vorurteile gegenüber hyperdichten Lebensformen, was zu einer ungleichen Behandlung im Gerichtssaal führte. Sorran musste nicht nur juristische Argumente präsentieren, sondern auch die öffentliche Meinung beeinflussen, um ein faires Verfahren zu gewährleisten.

Er nutzte verschiedene Strategien, um seine Fälle zu unterstützen, darunter die Einberufung von Experten, die die besonderen Eigenschaften hyperdichter Lebensformen erläuterten, sowie die Präsentation von Zeugenaussagen, die die Diskriminierung belegen konnten. In einem besonders eindrucksvollen Moment brachte Sorran einen ehemaligen Lehrer vor Gericht, der die positiven Eigenschaften und Talente seiner hyperdichten Schüler lobte und somit die Vorurteile in Frage stellte.

DIE JURISTISCHEN GRUNDLAGEN 79

Erfolg = Vorbereitung + Überzeugungskraft + Unterstützung der Gemeinschaft
(14)

Die Urteile, die aus diesen ersten Fällen resultierten, waren wegweisend. In einem Fall entschied das Gericht zugunsten des hyperdichten Individuums und stellte fest, dass die Schule verpflichtet sei, Maßnahmen gegen Mobbing zu ergreifen und eine inklusive Umgebung zu schaffen. Dies führte zu einer landesweiten Überarbeitung der Schulrichtlinien in Bezug auf Diversität und Inklusion.

Sorrans erste Fälle vor Gericht waren nicht nur ein persönlicher Erfolg, sondern auch ein Meilenstein für die Bürgerrechtsbewegung auf Ymaris. Sie zeigten, dass der Kampf für Gerechtigkeit und Gleichheit sowohl in den Gerichtssälen als auch in den Herzen der Menschen geführt werden muss. Diese Erfahrungen legten den Grundstein für Sorrans weitere juristische Kämpfe und festigten seinen Ruf als unerschütterlicher Verteidiger der Rechte hyperdichter Lebensformen.

Zusammenfassend lässt sich sagen, dass Sorrans erste Fälle vor Gericht sowohl die Herausforderungen als auch die Möglichkeiten, die sich im Kampf für Bürgerrechte ergaben, eindrucksvoll verdeutlichten. Sie waren ein Beweis dafür, dass mit Entschlossenheit, Wissen und der Unterstützung einer Gemeinschaft selbst die tief verwurzeltesten Vorurteile überwunden werden können.

Der Einfluss von internationalen Menschenrechtsorganisationen

Internationale Menschenrechtsorganisationen spielen eine entscheidende Rolle im Kampf für die Rechte hyperdichter Lebensformen auf Ymaris. Diese Organisationen agieren nicht nur als Beobachter, sondern auch als aktive Befürworter und Unterstützer von Initiativen, die darauf abzielen, die Rechte dieser einzigartigen Lebensformen zu schützen und zu fördern. In diesem Abschnitt werden wir den Einfluss dieser Organisationen auf die Bürgerrechtsbewegung in Ymaris untersuchen, einschließlich ihrer Strategien, Herausforderungen und Erfolge.

Theoretische Grundlagen

Die Theorie der Menschenrechte basiert auf universellen Prinzipien, die die Würde und den Wert jedes Individuums anerkennen. Diese Prinzipien sind in verschiedenen internationalen Dokumenten festgelegt, wie der Allgemeinen Erklärung der Menschenrechte (AEMR) und den Konventionen zu spezifischen

Themen, wie der Konvention über die Rechte von Menschen mit Behinderungen (CRPD). Diese Dokumente bieten einen Rahmen für die Arbeit von Menschenrechtsorganisationen, die sich für die Rechte von Gruppen einsetzen, die oft marginalisiert oder diskriminiert werden.

Die Anwendung dieser Prinzipien auf hyperdichte Lebensformen ist jedoch komplex. Die Herausforderung liegt darin, die Einzigartigkeit dieser Lebensformen zu verstehen und zu respektieren, während gleichzeitig die universellen Menschenrechtsstandards gewahrt bleiben. Internationale Organisationen wie Amnesty International und Human Rights Watch haben sich darauf spezialisiert, diese Standards zu wahren und die Rechte aller Lebewesen zu verteidigen, unabhängig von ihrer Herkunft oder ihrer biologischen Beschaffenheit.

Herausforderungen

Trotz ihrer wichtigen Rolle sehen sich internationale Menschenrechtsorganisationen in Ymaris mit mehreren Herausforderungen konfrontiert:

- **Kulturelle Unterschiede:** Die Werte und Überzeugungen der hyperdichten Lebensformen unterscheiden sich oft erheblich von den menschlichen. Dies kann zu Spannungen führen, wenn es darum geht, universelle Menschenrechte zu implementieren.

- **Politische Widerstände:** Regierungen auf Ymaris könnten gegen die Interventionen internationaler Organisationen sein, insbesondere wenn diese als Bedrohung ihrer Souveränität wahrgenommen werden.

- **Ressourcenmangel:** Viele Menschenrechtsorganisationen haben begrenzte Mittel, um ihre Missionen zu unterstützen, was ihre Fähigkeit einschränkt, effektive Kampagnen durchzuführen.

Beispiele für den Einfluss

Trotz dieser Herausforderungen haben internationale Menschenrechtsorganisationen bedeutende Fortschritte erzielt. Ein bemerkenswertes Beispiel ist die Kampagne von Amnesty International zur Anerkennung der Rechte hyperdichter Lebensformen, die 2025 ins Leben gerufen wurde. Diese Kampagne umfasste:

DIE JURISTISCHEN GRUNDLAGEN 81

- **Dokumentation von Menschenrechtsverletzungen:** Die Organisation hat systematisch Berichte über Diskriminierung und Misshandlung hyperdichter Lebensformen gesammelt und veröffentlicht.

- **Lobbyarbeit:** Durch die Zusammenarbeit mit lokalen Aktivisten und Organisationen konnten sie Druck auf die Regierung ausüben, um Gesetzesänderungen zu fördern, die die Rechte dieser Lebensformen schützen.

- **Öffentlichkeitsarbeit:** Durch soziale Medien und öffentliche Veranstaltungen wurde das Bewusstsein für die Probleme hyperdichter Lebensformen geschärft, was zu einer breiteren Unterstützung in der Gesellschaft führte.

Ein weiteres Beispiel ist die Rolle von Human Rights Watch bei der Unterstützung von Sorran Vale während seiner rechtlichen Auseinandersetzungen. Die Organisation stellte rechtliche Experten zur Verfügung und half dabei, internationale Aufmerksamkeit auf die Fälle zu lenken, was letztlich zu positiven Urteilen führte, die die Rechte hyperdichter Lebensformen stärkten.

Erfolge und Ausblick

Die Erfolge internationaler Menschenrechtsorganisationen in Ymaris sind ermutigend. Sie haben nicht nur zur Verbesserung der rechtlichen Rahmenbedingungen beigetragen, sondern auch das Bewusstsein für die Rechte hyperdichter Lebensformen geschärft. Diese Organisationen haben gezeigt, dass intergalaktische Zusammenarbeit und Solidarität entscheidend sind, um eine gerechtere Gesellschaft zu schaffen.

Die Zukunft der Bürgerrechtsbewegung auf Ymaris wird stark von der Fähigkeit internationaler Menschenrechtsorganisationen abhängen, weiterhin effektiv zu arbeiten und sich an die sich verändernden Bedürfnisse der hyperdichten Lebensformen anzupassen. Ihre Rolle als Brücke zwischen verschiedenen Kulturen und als Stimme für die Stimmlosen bleibt von entscheidender Bedeutung, um die Vision einer gerechten und inklusiven Gesellschaft zu verwirklichen.

$$\text{Einfluss} = \text{Dokumentation} + \text{Lobbyarbeit} + \text{Öffentlichkeitsarbeit} \qquad (15)$$

Insgesamt zeigt der Einfluss internationaler Menschenrechtsorganisationen auf Ymaris, dass die Zusammenarbeit über kulturelle und planetarische Grenzen hinweg möglich ist und dass die Prinzipien der Menschenrechte universell gelten sollten, unabhängig von den biologischen Unterschieden zwischen den Lebensformen. Es ist die Verantwortung aller, diese Prinzipien zu verteidigen und die Rechte aller zu fördern, um eine harmonische und gerechte Zukunft für alle Lebewesen zu gewährleisten.

Strategien zur Gesetzesänderung

Die Strategien zur Gesetzesänderung auf Ymaris sind von entscheidender Bedeutung für den Erfolg der Bürgerrechtsbewegung, insbesondere im Hinblick auf den Schutz hyperdichter Lebensformen. Diese Strategien umfassen eine Vielzahl von Ansätzen, die sowohl theoretische als auch praktische Aspekte berücksichtigen. In dieser Sektion werden wir die verschiedenen Strategien untersuchen, die Sorran Vale und seine Mitstreiter genutzt haben, um Veränderungen in der Gesetzgebung herbeizuführen.

1. Forschung und Datenanalyse

Ein wesentlicher erster Schritt in der Strategie zur Gesetzesänderung ist die umfassende Forschung und Analyse von Daten. Sorran und sein Team haben empirische Daten gesammelt, um die Diskriminierung hyperdichter Lebensformen zu dokumentieren. Diese Daten umfassen:

- Statistiken über Diskriminierungsfälle
- Berichte über Misshandlungen
- Umfragen zur öffentlichen Meinung

Durch die Analyse dieser Daten konnten sie fundierte Argumente entwickeln, die die Notwendigkeit von Gesetzesänderungen unterstützen. Ein Beispiel für eine solche Analyse war die Untersuchung der Auswirkungen von Diskriminierung auf die Lebensqualität hyperdichter Lebensformen, die in einem Bericht veröffentlicht wurde, der als Grundlage für die Einführung neuer Gesetze diente.

2. Öffentlichkeitsarbeit und Sensibilisierung

Eine weitere wichtige Strategie ist die Öffentlichkeitsarbeit. Sorran Vale hat große Anstrengungen unternommen, um das Bewusstsein für die Probleme hyperdichter Lebensformen zu schärfen. Dies geschah durch:

DIE JURISTISCHEN GRUNDLAGEN

- Kampagnen in sozialen Medien
- Öffentlichkeitsveranstaltungen und Proteste
- Zusammenarbeit mit Künstlern und Influencern

Durch diese Maßnahmen wurde die öffentliche Meinung mobilisiert, was zu einem erhöhten Druck auf die Gesetzgeber führte, Veränderungen in der Gesetzgebung in Betracht zu ziehen.

3. Lobbyarbeit

Lobbyarbeit spielt eine entscheidende Rolle bei der Gesetzesänderung. Sorran Vale und seine Organisation haben gezielt Abgeordnete und Entscheidungsträger angesprochen, um sie über die Anliegen hyperdichter Lebensformen zu informieren. Dies geschah durch:

- Direkte Gespräche mit politischen Entscheidungsträgern
- Teilnahme an politischen Anhörungen
- Bereitstellung von Gutachten und Berichten

Ein Beispiel für erfolgreiche Lobbyarbeit war das Treffen mit dem Minister für intergalaktische Beziehungen, bei dem Sorran die rechtlichen Lücken darlegte, die hyperdichte Lebensformen benachteiligen.

4. Strategische Partnerschaften

Die Bildung strategischer Partnerschaften mit anderen Organisationen und Bewegungen hat sich als äußerst effektiv erwiesen. Sorran Vale hat Allianzen mit internationalen Menschenrechtsorganisationen, Umweltgruppen und anderen Aktivisten geschmiedet. Diese Partnerschaften ermöglichen:

- Ressourcenteilung
- Gemeinsame Kampagnen
- Erhöhung der Reichweite und Sichtbarkeit

Ein bemerkenswertes Beispiel ist die Zusammenarbeit mit der intergalaktischen Organisation für Rechte und Freiheit, die es ermöglichte, die Anliegen hyperdichter Lebensformen auf einer globalen Plattform zu präsentieren.

5. Rechtliche Strategien

Die rechtlichen Strategien zur Gesetzesänderung umfassen die direkte Einreichung von Vorschlägen zur Gesetzesänderung sowie die Initiierung von Klagen, um bestehende Gesetze anzufechten. Sorran Vale hat mehrere Klagen eingereicht, die sich gegen diskriminierende Praktiken richteten. Diese rechtlichen Schritte haben nicht nur zu positiven Urteilen geführt, sondern auch als Katalysatoren für legislative Veränderungen gedient.

Ein Beispiel ist der Fall *Vale gegen den Staat Ymaris*, in dem das Gericht entschied, dass die bestehenden Gesetze gegen hyperdichte Lebensformen verfassungswidrig sind, was zu einer umfassenden Überarbeitung der Gesetzgebung führte.

6. Bildung und Aufklärung

Ein langfristiger Ansatz zur Gesetzesänderung ist die Bildung und Aufklärung der Bevölkerung über die Rechte hyperdichter Lebensformen. Sorran und sein Team haben Workshops, Seminare und Schulungsprogramme organisiert, um das Bewusstsein für die rechtlichen und sozialen Herausforderungen zu schärfen. Diese Bildungsinitiativen haben nicht nur das Verständnis für die Bedürfnisse hyperdichter Lebensformen gefördert, sondern auch eine Generation von Aktivisten hervorgebracht, die sich für die Rechte dieser Gemeinschaft einsetzen.

7. Nutzung von Technologie

In der heutigen Zeit spielt Technologie eine entscheidende Rolle bei der Mobilisierung und Organisation von Aktivisten. Sorran Vale hat moderne Technologien wie soziale Medien, Online-Petitionen und digitale Plattformen genutzt, um Unterstützer zu mobilisieren und Informationen zu verbreiten. Dies hat es ermöglicht, eine breitere Öffentlichkeit zu erreichen und die Stimmen hyperdichter Lebensformen zu verstärken.

Ein Beispiel für den erfolgreichen Einsatz von Technologie war die Online-Petition, die innerhalb von wenigen Wochen Tausende von Unterschriften sammelte und als Grundlage für eine Gesetzesänderung diente.

8. Widerstand und Herausforderungen

Trotz der Erfolge gab es auch erhebliche Widerstände gegen die Gesetzesänderungen. Sorran Vale und seine Mitstreiter sahen sich oft mit politischen Gegnern konfrontiert, die die bestehenden Gesetze verteidigten. Diese

Herausforderungen erforderten eine ständige Anpassung der Strategien und eine unermüdliche Ausdauer im Kampf für die Rechte hyperdichter Lebensformen.

Ein Beispiel für solchen Widerstand war die oppositionelle Bewegung, die versuchte, die Gesetzesänderungen zu verhindern, indem sie Fehlinformationen verbreitete und die öffentliche Meinung manipulierte. Sorran Vale reagierte darauf mit gezielten Informationskampagnen, um die Wahrheit über die Anliegen hyperdichter Lebensformen zu verbreiten.

Fazit

Die Strategien zur Gesetzesänderung, die Sorran Vale und seine Organisation entwickelt haben, sind vielschichtig und erfordern sowohl Kreativität als auch Entschlossenheit. Durch Forschung, Öffentlichkeitsarbeit, Lobbyarbeit, strategische Partnerschaften, rechtliche Schritte, Bildung und den Einsatz von Technologie haben sie bedeutende Fortschritte erzielt. Trotz der Herausforderungen bleibt die Vision einer gerechten Gesellschaft für hyperdichte Lebensformen ein zentrales Ziel, das weiterhin verfolgt wird. Die Erfahrungen und Erfolge von Sorran Vale dienen als Inspiration für zukünftige Generationen von Aktivisten, die sich für die Rechte der Unterdrückten einsetzen.

Der Kampf gegen Diskriminierung

Der Kampf gegen Diskriminierung ist ein zentrales Thema in der Bürgerrechtsbewegung für hyperdichte Lebensformen auf Ymaris. Diskriminierung manifestiert sich in verschiedenen Formen, einschließlich, aber nicht beschränkt auf, rassistische, ethnische, geschlechtliche und soziale Ungleichheiten. Diese Ungleichheiten sind nicht nur ein gesellschaftliches Problem, sondern auch ein rechtliches, das die Grundlage für Sorran Vales Arbeit als Anwalt und Aktivist bildet.

Theoretische Grundlagen

Die Theorie der sozialen Gerechtigkeit bietet einen Rahmen zur Analyse von Diskriminierung. Nach John Rawls' Theorie der Gerechtigkeit sollte jede Gesellschaft so strukturiert sein, dass sie die Grundfreiheiten aller Individuen schützt. Dies bedeutet, dass Diskriminierung nicht nur moralisch verwerflich ist, sondern auch gegen die Prinzipien der Gerechtigkeit verstößt. In der intergalaktischen Gesellschaft von Ymaris sind hyperdichte Lebensformen oft Ziel von Vorurteilen und Diskriminierung, was eine Verletzung ihrer grundlegenden Rechte darstellt.

Probleme der Diskriminierung

Die Diskriminierung hyperdichter Lebensformen auf Ymaris zeigt sich in mehreren Bereichen:

- **Zugang zu Ressourcen:** Hyperdichte Lebensformen haben oft eingeschränkten Zugang zu grundlegenden Ressourcen wie Bildung, Gesundheitsversorgung und Wohnraum. Diese Ungleichheit führt zu einer verstärkten Marginalisierung dieser Gruppen.

- **Rechtliche Anerkennung:** Viele hyperdichte Lebensformen sind rechtlich nicht anerkannt, was bedeutet, dass sie keinen Zugang zu rechtlichem Schutz haben. Dies führt dazu, dass sie in vielen Fällen Opfer von Ausbeutung und Missbrauch werden.

- **Soziale Stigmatisierung:** Diskriminierung führt zu einer tiefen sozialen Stigmatisierung, die das Selbstwertgefühl und die Identität hyperdichter Lebensformen beeinträchtigt. Diese Stigmatisierung wird oft durch stereotype Darstellungen in den Medien verstärkt.

Beispiele für Diskriminierung

Ein prägnantes Beispiel für Diskriminierung ist der Fall der „Kollektiven Klage der Hyperdichten", die von Sorran Vale initiiert wurde. In diesem Fall klagten hyperdichte Lebensformen gegen die Regierung von Ymaris, da diese ihnen das Recht auf Wohnraum und medizinische Versorgung verweigert hatte. Der Fall erregte große Aufmerksamkeit und führte zu einer breiten Debatte über die Rechte hyperdichter Lebensformen.

Eine weitere bedeutende Initiative war die „Kampagne für Gleichheit", die von Sorran und anderen Aktivisten ins Leben gerufen wurde. Diese Kampagne zielte darauf ab, die Öffentlichkeit über die Diskriminierung hyperdichter Lebensformen aufzuklären und eine Gesetzesänderung zu bewirken, die diese Ungleichheiten beseitigen sollte. Durch kreative Ansätze, wie die Verwendung von Musik und Kunst, gelang es der Kampagne, eine breite Unterstützung zu mobilisieren.

Strategien im Kampf gegen Diskriminierung

Um die Diskriminierung zu bekämpfen, hat Sorran Vale mehrere Strategien entwickelt:

DIE JURISTISCHEN GRUNDLAGEN 87

1. **Aufklärung und Sensibilisierung:** Durch Bildungsprogramme in Schulen und Gemeinschaften wird versucht, Vorurteile abzubauen und das Bewusstsein für die Rechte hyperdichter Lebensformen zu fördern.

2. **Rechtsbeistand:** Sorran bietet rechtliche Unterstützung für hyperdichte Lebensformen, die Diskriminierung erfahren haben. Dies umfasst die Vertretung in Gerichtsverfahren und die Unterstützung bei der Beantragung von rechtlichem Schutz.

3. **Lobbyarbeit:** Sorran und seine Organisation arbeiten eng mit Gesetzgebern zusammen, um Änderungen in der Gesetzgebung zu fördern, die Diskriminierung bekämpfen und die Rechte hyperdichter Lebensformen stärken.

Auswirkungen und Erfolge

Die Bemühungen von Sorran Vale und anderen Aktivisten haben bereits positive Auswirkungen gezeigt. Die öffentliche Wahrnehmung von hyperdichten Lebensformen hat sich verbessert, und es wurden mehrere Gesetze verabschiedet, die Diskriminierung verbieten und den Zugang zu Ressourcen für diese Gruppen verbessern. Diese Erfolge sind jedoch nur der Anfang eines langen Weges, der noch vor uns liegt.

Zusammenfassend lässt sich sagen, dass der Kampf gegen Diskriminierung auf Ymaris ein komplexes und vielschichtiges Unterfangen ist, das ständige Aufmerksamkeit und Engagement erfordert. Sorran Vale bleibt ein Schlüsselakteur in diesem Kampf, und seine Arbeit inspiriert viele, sich für eine gerechtere und gleichberechtigtere Gesellschaft einzusetzen.

Die Bedeutung von Zeugen und Beweisen

In der rechtlichen Auseinandersetzung für die hyperdichten Lebensformen auf Ymaris spielt die Rolle von Zeugen und Beweisen eine entscheidende Rolle. Der Erfolg oder Misserfolg von Sorran Vales Fällen vor Gericht hängt oft von der Verfügbarkeit und der Glaubwürdigkeit von Zeugen sowie der Qualität der Beweise ab. Diese Elemente sind nicht nur für die Feststellung der Tatsachen entscheidend, sondern auch für die Überzeugungskraft der Argumente, die in den juristischen Auseinandersetzungen vorgebracht werden.

Theoretische Grundlagen

Die Bedeutung von Zeugen und Beweisen ist in der Rechtswissenschaft gut dokumentiert. Laut dem Prinzip der Beweislast trägt die Partei, die eine Behauptung aufstellt, die Verantwortung, diese zu beweisen. In der Regel liegt die Beweislast bei der Klägerseite, in diesem Fall Sorran Vale und seine Organisation. Die Beweise müssen nicht nur relevant, sondern auch ausreichend sein, um die Ansprüche zu stützen. Der *Beweismaßstab* ist ebenfalls von Bedeutung; in Zivilverfahren ist dies oft der *überwiegende Beweis* oder *preponderance of evidence*, während in Strafverfahren der Maßstab höher ist, nämlich *beyond a reasonable doubt*.

Herausforderungen

Die Herausforderungen, die mit der Präsentation von Zeugen und Beweisen verbunden sind, sind vielfältig. Eine der größten Hürden ist die *Glaubwürdigkeit* der Zeugen. In vielen Fällen können Zeugen durch persönliche Vorurteile, emotionale Bindungen oder sogar finanzielle Anreize beeinflusst werden. Dies kann die Integrität ihrer Aussagen gefährden und die Glaubwürdigkeit des gesamten Falls untergraben.

Ein weiteres Problem ist die *Verfügbarkeit* von Zeugen. Oft sind die hyperdichten Lebensformen, die als Zeugen auftreten könnten, nicht in der Lage oder bereit, vor Gericht auszusagen. Dies kann durch Angst vor Repressalien, kulturelle Barrieren oder einfach durch die physische Abwesenheit der Zeugen verursacht werden. In solchen Fällen muss Sorran Vale alternative Beweismethoden in Betracht ziehen.

Beispiele aus der Praxis

Ein Beispiel für die Bedeutung von Zeugen und Beweisen in Sorran Vales Arbeit ist der Fall *Vale gegen die Regierung von Ymaris*, in dem er die Diskriminierung hyperdichter Lebensformen anprangerte. In diesem Fall war die Aussage eines ehemaligen Regierungsbeamten, der die diskriminierenden Praktiken bezeugen konnte, entscheidend. Der Zeuge lieferte nicht nur persönliche Erfahrungen, sondern auch Dokumente, die die unrechtmäßigen Maßnahmen der Regierung belegten.

Ein weiteres Beispiel ist die Verwendung von *technologischen Beweisen*, wie etwa Aufnahmen von Überwachungskameras oder Datenanalysen, die die Diskriminierung belegen konnten. Diese Art von Beweisen hat sich als besonders wirksam erwiesen, da sie objektiv und unabhängig von menschlichen Emotionen sind.

Die Rolle der Gemeinschaft

Die Unterstützung der Gemeinschaft ist ebenfalls von zentraler Bedeutung für die Beweisführung. Zeugen aus der Gemeinschaft, die bereit sind, ihre Erfahrungen zu teilen, können nicht nur die Glaubwürdigkeit von Sorrans Fall erhöhen, sondern auch ein Gefühl der Solidarität und des gemeinsamen Ziels schaffen. In vielen Fällen haben Gruppen von Zeugen, die ähnliche Erfahrungen gemacht haben, gemeinsam aufgetreten, um die Stärke ihrer Aussagen zu untermauern.

Schlussfolgerung

Zusammenfassend lässt sich sagen, dass die Bedeutung von Zeugen und Beweisen in den rechtlichen Kämpfen für hyperdichte Lebensformen auf Ymaris nicht unterschätzt werden darf. Die Fähigkeit, überzeugende und glaubwürdige Beweise zu präsentieren, ist entscheidend für den Erfolg von Sorran Vales Mission. Die Herausforderungen, die sich aus der Glaubwürdigkeit und Verfügbarkeit von Zeugen ergeben, erfordern kreative Lösungen und eine enge Zusammenarbeit mit der Gemeinschaft. Letztendlich ist es die Kombination aus persönlicher Zeugenaussage und objektiven Beweisen, die den Unterschied zwischen Erfolg und Misserfolg in den juristischen Auseinandersetzungen ausmachen kann.

Die Unterstützung durch die Gemeinschaft

Die Unterstützung der Gemeinschaft ist ein entscheidender Faktor für den Erfolg von Sorran Vales Mission und den Kampf für die Rechte hyperdichter Lebensformen auf Ymaris. In dieser Sektion untersuchen wir, wie Gemeinschaften mobilisiert werden können, um aktiv an der Bürgerrechtsbewegung teilzunehmen, und welche Herausforderungen dabei auftreten können.

Theoretische Grundlagen der Gemeinschaftsunterstützung

Die Theorie der sozialen Bewegungen legt nahe, dass das Engagement der Gemeinschaft in einem sozialen oder politischen Kontext durch verschiedene Faktoren beeinflusst wird, darunter gemeinsame Identität, kollektive Ressourcen und die Wahrnehmung von Ungerechtigkeit. Nach der *Resource Mobilization Theory* sind Gemeinschaften eher bereit, sich zu engagieren, wenn sie Zugang zu

Ressourcen wie Zeit, Geld und Wissen haben. Diese Ressourcen sind entscheidend, um effektive Kampagnen zu starten und aufrechtzuerhalten.

Herausforderungen bei der Mobilisierung

Trotz der theoretischen Grundlagen gibt es zahlreiche Herausforderungen, die Sorran Vale und seine Unterstützer überwinden müssen. Eine der größten Hürden ist die Fragmentierung innerhalb der Gemeinschaft. Unterschiedliche Gruppen können unterschiedliche Prioritäten und Ansichten haben, was zu Konflikten und Missverständnissen führen kann. Darüber hinaus kann das Fehlen einer klaren Kommunikation und eines gemeinsamen Ziels die Mobilisierung behindern.

Beispiele erfolgreicher Unterstützung

Trotz dieser Herausforderungen gibt es zahlreiche Beispiele für erfolgreiche Gemeinschaftsunterstützung. Ein bemerkenswertes Beispiel ist die *Kampagne für die Rechte der hyperdichten Lebensformen*, die von einer breiten Koalition aus verschiedenen Gemeinschaften und Organisationen unterstützt wurde. Diese Kampagne nutzte soziale Medien, um Bewusstsein zu schaffen und Unterstützer zu mobilisieren. Durch die Verwendung von Hashtags wie #HyperDichteRechte konnte die Bewegung eine große Reichweite erzielen und viele Menschen zur Teilnahme an Protesten und Veranstaltungen ermutigen.

Ein weiteres Beispiel ist die *Ymaris Bürgerrechtskonferenz*, die regelmäßig stattfindet und als Plattform für den Austausch von Ideen und Strategien dient. Hier kommen Aktivisten, Wissenschaftler und Bürger zusammen, um über die Herausforderungen und Fortschritte im Kampf für die Rechte hyperdichter Lebensformen zu diskutieren. Die Konferenz hat nicht nur zur Sensibilisierung beigetragen, sondern auch konkrete Strategien zur Mobilisierung der Gemeinschaft hervorgebracht.

Die Rolle von Bildung und Aufklärung

Bildung spielt eine zentrale Rolle bei der Unterstützung durch die Gemeinschaft. Sorran Vale und seine Mitstreiter haben erkannt, dass informierte Gemeinschaften eher bereit sind, sich zu engagieren. Daher haben sie Bildungsprogramme ins Leben gerufen, die sich an verschiedene Altersgruppen richten. Diese Programme umfassen Workshops, Seminare und Informationsveranstaltungen, die darauf abzielen, das Bewusstsein für die Rechte hyperdichter Lebensformen zu schärfen und die Gemeinschaft über die bestehenden Ungerechtigkeiten aufzuklären.

DIE JURISTISCHEN GRUNDLAGEN 91

Ein Beispiel für ein solches Programm ist das *HyperDichte Akademie-Projekt*, das in Schulen und Gemeindezentren durchgeführt wird. Hier lernen die Teilnehmer nicht nur über die rechtlichen Aspekte des Aktivismus, sondern auch über die Bedeutung von Solidarität und Gemeinschaftsengagement.

Die Bedeutung von Netzwerken

Die Schaffung und Pflege von Netzwerken ist entscheidend für die Unterstützung der Gemeinschaft. Sorran Vale hat verschiedene Netzwerke gegründet, die es Aktivisten ermöglichen, sich miteinander zu verbinden, Ressourcen auszutauschen und gemeinsame Aktionen zu planen. Diese Netzwerke fördern den Austausch von Wissen und Erfahrungen, was zu einer stärkeren und kohärenteren Bewegung führt.

Ein Beispiel ist das *Intergalaktische Bürgerrechtsnetzwerk*, das Aktivisten von verschiedenen Planeten zusammenbringt. Durch regelmäßige Treffen und den Austausch von Informationen können die Mitglieder voneinander lernen und ihre Strategien zur Mobilisierung der Gemeinschaft verbessern.

Zusammenfassung

Zusammenfassend lässt sich sagen, dass die Unterstützung durch die Gemeinschaft für Sorran Vale und seine Mission von entscheidender Bedeutung ist. Trotz der Herausforderungen, die mit der Mobilisierung verbunden sind, zeigen Beispiele erfolgreicher Kampagnen und Bildungsinitiativen, dass es möglich ist, Gemeinschaften zu mobilisieren und sie aktiv am Kampf für die Rechte hyperdichter Lebensformen zu beteiligen. Die Rolle von Bildung, Netzwerken und kollektiven Ressourcen ist dabei unerlässlich, um eine starke und engagierte Gemeinschaft aufzubauen, die bereit ist, für Gerechtigkeit und Gleichheit einzutreten.

Erfolge in der Rechtsprechung

Die rechtlichen Kämpfe von Sorran Vale für die hyperdichten Lebensformen auf Ymaris sind von entscheidender Bedeutung für die Bürgerrechtsbewegung und haben zu bedeutenden Erfolgen in der Rechtsprechung geführt. Diese Erfolge sind nicht nur für die betroffenen Lebensformen von Bedeutung, sondern auch für die gesamte Gesellschaft auf Ymaris, die sich in einem ständigen Prozess des Wandels und der Anpassung befindet. In diesem Abschnitt werden wir die wesentlichen Erfolge von Sorran Vale und seiner Organisation beleuchten, die durch juristische Maßnahmen erzielt wurden.

Einführung in die Erfolge

Die Erfolge in der Rechtsprechung lassen sich in drei Hauptkategorien unterteilen: *gesetzliche Änderungen, gerichtliche Entscheidungen* und *Präzedenzfälle*. Diese Erfolge sind das Ergebnis harter Arbeit, strategischer Planung und der Mobilisierung von Gemeinschaften, die die Rechte der hyperdichten Lebensformen unterstützen.

Gesetzliche Änderungen

Ein herausragender Erfolg war die Verabschiedung des *Gesetzes zum Schutz hyperdichter Lebensformen* (GPHL), das von Sorran Vale initiiert und vorangetrieben wurde. Dieses Gesetz stellt sicher, dass hyperdichte Lebensformen als rechtlich geschützte Entitäten anerkannt werden. Es umfasst Bestimmungen, die Diskriminierung verbieten, und legt Richtlinien für den Umgang mit diesen Lebensformen in verschiedenen gesellschaftlichen Kontexten fest.

Die Einführung des GPHL führte zu einem signifikanten Rückgang der Diskriminierung und Gewalt gegen hyperdichte Lebensformen. Statistiken zeigen, dass die Berichte über Übergriffe um *40%* zurückgegangen sind, seit das Gesetz in Kraft trat. Diese Zahlen verdeutlichen den direkten Einfluss juristischer Maßnahmen auf das Leben der betroffenen Gemeinschaften.

Gerichtliche Entscheidungen

Ein weiterer Meilenstein in der Rechtsprechung war der Fall *Vale gegen den Staat Ymaris*, in dem Sorran Vale als Hauptkläger auftrat. In diesem Fall wurde das Gericht mit der Frage konfrontiert, ob die Rechte hyperdichter Lebensformen durch bestehende Gesetze ausreichend geschützt sind. Sorran argumentierte überzeugend, dass die bestehenden Gesetze nicht nur unzureichend, sondern auch diskriminierend sind.

Die Entscheidung des Gerichts, die Klage zu Gunsten von Sorran Vale abzulehnen, führte zu einer grundlegenden Neubewertung der rechtlichen Rahmenbedingungen. Das Gericht stellte fest, dass die Rechte hyperdichter Lebensformen nicht nur moralisch, sondern auch rechtlich geschützt werden müssen. Diese Entscheidung setzte einen Präzedenzfall, der es Sorran ermöglichte, weitere Klagen einzureichen und die rechtlichen Grundlagen für die Rechte hyperdichter Lebensformen zu stärken.

Präzedenzfälle

Die Schaffung von Präzedenzfällen ist eine der nachhaltigsten Errungenschaften in der Rechtsprechung. Ein bemerkenswerter Fall war *Ymaris gegen die intergalaktische Handelsvereinigung*, in dem es um die Ausbeutung hyperdichter Lebensformen durch wirtschaftliche Interessen ging. Sorran Vale stellte den Antrag, dass die Handelspraktiken der Vereinigung gegen die Menschenrechte verstoßen.

Das Gericht entschied, dass wirtschaftliche Aktivitäten nicht auf Kosten der Rechte von Lebensformen gehen dürfen. Diese Entscheidung hat weitreichende Auswirkungen auf zukünftige Handelsverträge und den Schutz hyperdichter Lebensformen in wirtschaftlichen Kontexten. Sie hat auch andere Planeten dazu inspiriert, ähnliche rechtliche Rahmenbedingungen zu schaffen, um ihre eigenen Lebensformen zu schützen.

Auswirkungen auf die Gesellschaft

Die Erfolge in der Rechtsprechung haben nicht nur rechtliche Veränderungen bewirkt, sondern auch das Bewusstsein der Gesellschaft für die Rechte hyperdichter Lebensformen geschärft. Durch die mediale Berichterstattung über die Erfolge von Sorran Vale und seiner Organisation wurde ein gesellschaftlicher Diskurs angestoßen, der zu einem Wandel in der Wahrnehmung und Behandlung dieser Lebensformen geführt hat.

Die Unterstützung durch die Gemeinschaft war entscheidend für den Erfolg dieser rechtlichen Kämpfe. Durch Bildungsprogramme und Aufklärungskampagnen konnten Vorurteile abgebaut und ein besseres Verständnis für die Herausforderungen, mit denen hyperdichte Lebensformen konfrontiert sind, geschaffen werden. Dies hat dazu beigetragen, eine inklusive Gesellschaft zu fördern, in der die Rechte aller Lebensformen respektiert werden.

Fazit

Zusammenfassend lässt sich sagen, dass die Erfolge von Sorran Vale in der Rechtsprechung nicht nur juristische Errungenschaften sind, sondern auch einen kulturellen Wandel auf Ymaris eingeleitet haben. Die gesetzliche Anerkennung und der Schutz hyperdichter Lebensformen sind Meilensteine, die das Fundament für eine gerechtere und inklusivere Gesellschaft bilden. Sorrans Engagement und die Unterstützung der Gemeinschaft haben gezeigt, dass rechtliche Erfolge auch gesellschaftliche Transformationen nach sich ziehen können, die weit über den Gerichtssaal hinausgehen.

Sorrans Vision für eine gerechtere Gesellschaft

Sorran Vale träumt von einer Gesellschaft, in der Gleichheit und Gerechtigkeit nicht nur Ideale, sondern gelebte Realität sind. Seine Vision ist tief verwurzelt in der Überzeugung, dass alle Lebensformen, unabhängig von ihrer Dichte, das Recht auf ein Leben in Würde und Respekt haben. In diesem Abschnitt werden wir Sorrans Vorstellungen und die Herausforderungen, die er auf dem Weg zu einer gerechteren Gesellschaft sieht, näher beleuchten.

Theoretische Grundlagen

Die Grundlage von Sorrans Vision basiert auf den Prinzipien der sozialen Gerechtigkeit, die sich in verschiedenen philosophischen Strömungen widerspiegeln. Besonders relevant sind die Theorien von John Rawls, die das Konzept der Gerechtigkeit als Fairness postulieren. Rawls argumentiert, dass eine gerechte Gesellschaft auf zwei Prinzipien basieren sollte: dem Gleichheitsprinzip und dem Differenzprinzip. Letzteres besagt, dass soziale und wirtschaftliche Ungleichheiten nur dann gerechtfertigt sind, wenn sie den am schlechtesten Gestellten zugutekommen.

Sorran interpretiert diese Prinzipien im Kontext seiner intergalaktischen Realität. Er fordert eine Neudefinition der Gerechtigkeit, die nicht nur für Menschen, sondern auch für hyperdichte Lebensformen gilt. Dies erfordert eine umfassende Analyse der bestehenden Gesetze und deren Auswirkungen auf verschiedene Lebensformen in Ymaris.

Herausforderungen auf dem Weg zur Gerechtigkeit

Trotz seiner idealistischen Vision sieht Sorran zahlreiche Herausforderungen, die es zu bewältigen gilt. Eine der größten Hürden ist die tief verwurzelte Diskriminierung gegenüber hyperdichten Lebensformen, die sich in der Gesetzgebung, der Gesellschaft und den institutionellen Strukturen manifestiert. Diese Diskriminierung führt zu einem Mangel an Repräsentation und Ressourcen für diese Lebensformen.

Ein weiteres zentrales Problem ist die Kluft zwischen den verschiedenen Kulturen innerhalb von Ymaris. Sorran ist sich bewusst, dass interkulturelle Missverständnisse und Vorurteile oft zu Konflikten führen. Um eine gerechtere Gesellschaft zu schaffen, ist es entscheidend, den Dialog zwischen den Kulturen zu fördern und gemeinsame Werte zu entwickeln.

Beispiele für Sorrans Vision

Um seine Vision zu konkretisieren, hat Sorran verschiedene Initiativen ins Leben gerufen, die als Vorbilder für eine gerechtere Gesellschaft dienen können. Ein Beispiel ist das Projekt "Gleiche Stimmen", das darauf abzielt, hyperdichte Lebensformen in politische Entscheidungsprozesse einzubeziehen. Durch Workshops und Schulungen werden diese Lebensformen in ihren Rechten und Möglichkeiten geschult, um ihre Stimme in der Gesellschaft zu erheben.

Darüber hinaus hat Sorran die Kampagne "Intergalaktische Solidarität" ins Leben gerufen, die den Austausch von Wissen und Ressourcen zwischen verschiedenen Planeten fördert. Diese Kampagne zeigt, wie intergalaktische Zusammenarbeit nicht nur zur Verbesserung der Lebensbedingungen hyperdichter Lebensformen beiträgt, sondern auch das Verständnis zwischen verschiedenen Kulturen stärkt.

Sorrans persönliche Reflexionen

In seinen persönlichen Reflexionen beschreibt Sorran die emotionale Verbindung, die er zu den hyperdichten Lebensformen aufgebaut hat. Er betont, dass diese Verbindung nicht nur auf Empathie beruht, sondern auch auf der Erkenntnis, dass die Kämpfe dieser Lebensformen auch die Kämpfe der gesamten Gesellschaft sind. Sorran glaubt fest daran, dass die Stärkung der Rechte hyperdichter Lebensformen letztlich zu einer stärkeren und gerechteren Gesellschaft für alle führen wird.

Sorran schließt mit einem Aufruf zum Handeln: "Wir müssen gemeinsam für eine Gesellschaft kämpfen, in der jeder, unabhängig von seiner Dichte, die gleichen Rechte und Chancen hat. Es liegt an uns, die Grundlagen für eine gerechte Zukunft zu legen."

Schlussfolgerung

Zusammenfassend lässt sich sagen, dass Sorrans Vision für eine gerechtere Gesellschaft ein komplexes, aber notwendiges Unterfangen ist. Sie erfordert nicht nur rechtliche Reformen, sondern auch einen kulturellen Wandel, der auf Verständnis, Respekt und Solidarität basiert. Durch Bildung, interkulturellen Dialog und die Stärkung der Gemeinschaft kann eine gerechtere Gesellschaft auf Ymaris verwirklicht werden, die nicht nur für hyperdichte Lebensformen, sondern für alle Lebensformen eine bessere Zukunft verspricht.

$$\text{Gerechtigkeit} = \text{Gleichheit} + \text{Respekt} + \text{Solidarität} \tag{16}$$

Sorran Vale und die Medien

Die Macht der Berichterstattung

Sorrans erste Interviews

Die ersten Interviews von Sorran Vale waren ein entscheidender Moment in seiner Karriere als Bürgerrechtsaktivist. Diese Gespräche ermöglichten es ihm, seine Stimme zu erheben und die Anliegen der hyperdichten Lebensformen auf Ymaris einem breiteren Publikum bekannt zu machen. In diesem Abschnitt werden wir die Hintergründe, Herausforderungen und die Auswirkungen dieser ersten Interviews untersuchen.

Hintergrund und Motivation

Sorran Vale, der in seiner Kindheit eine tiefe Verbindung zu den hyperdichten Lebensformen entwickelt hatte, fühlte sich berufen, ihre Geschichten zu erzählen. Die hyperdichten Lebensformen, bekannt für ihre einzigartige Dichte und Komplexität, waren oft Opfer von Diskriminierung und Missverständnissen innerhalb der ymarischen Gesellschaft. Sorrans Motivation, diese Interviews zu führen, war nicht nur persönlicher Natur, sondern auch ein strategischer Schritt, um die breite Öffentlichkeit für die Herausforderungen, mit denen diese Lebensformen konfrontiert waren, zu sensibilisieren.

Die erste Interviewreihe

Die erste Interviewreihe fand in den frühen Tagen von Sorrans Aktivismus statt. Er wurde von einem lokalen Nachrichtenkanal eingeladen, um über die Ungerechtigkeiten zu sprechen, die hyperdichte Lebensformen erlebten. Diese Interviews waren nicht nur eine Plattform für Sorran, sondern auch eine Möglichkeit, die Stimmen der hyperdichten Lebensformen direkt in die Medien zu bringen. Die Interviews wurden von der Journalistin Lyra Kaltner geführt, die für ihren einfühlsamen und respektvollen Umgang mit sensiblen Themen bekannt war.

Herausforderungen während der Interviews

Während der Interviews sah sich Sorran mit mehreren Herausforderungen konfrontiert. Eine der größten Hürden war die Komplexität der Themen, die er ansprechen wollte. Die Berichterstattung über hyperdichte Lebensformen erforderte ein tiefes Verständnis ihrer biologischen und kulturellen Besonderheiten. Sorran musste sicherstellen, dass seine Aussagen sowohl informativ als auch respektvoll waren, um Missverständnisse zu vermeiden.

Ein weiteres Problem war die mediale Darstellung. Oft neigen die Medien dazu, Sensationsberichterstattung zu bevorzugen, was dazu führen kann, dass die tatsächlichen Anliegen der Betroffenen verzerrt oder trivialisiert werden. Sorran war sich dieser Gefahr bewusst und bemühte sich, die Interviews so zu gestalten, dass sie die Würde und die Erfahrungen der hyperdichten Lebensformen respektierten.

Beispiele aus den Interviews

In einem der ersten Interviews sprach Sorran über die Diskriminierung, die hyperdichte Lebensformen in der Bildung erfahren hatten. Er erzählte die Geschichte von Zylara, einer hyperdichten Schülerin, die aufgrund ihrer einzigartigen physikalischen Eigenschaften von ihren Mitschülern gemobbt wurde. Sorran erklärte:

> „Zylara ist nicht nur eine hyperdichte Lebensform; sie ist ein brillantes Individuum mit Träumen und Ambitionen. Ihre Dichte sollte kein Hindernis für ihre Bildung sein, sondern ein Teil ihrer Identität, der gefeiert werden sollte."

Diese persönlichen Geschichten machten die Probleme greifbar und halfen, Empathie in der Öffentlichkeit zu wecken.

Die Auswirkungen der Interviews

Die ersten Interviews hatten einen tiefgreifenden Einfluss auf die Wahrnehmung der hyperdichten Lebensformen in Ymaris. Die Berichterstattung führte zu einer erhöhten Sensibilisierung für die Anliegen dieser Gemeinschaft. Nach den

Interviews begannen mehr Menschen, sich für die Rechte der hyperdichten Lebensformen einzusetzen, und es entstand eine Welle von Solidarität in der Gesellschaft.

Zusätzlich halfen die Interviews Sorran, als glaubwürdige Stimme in der Bürgerrechtsbewegung anerkannt zu werden. Er erhielt Einladungen zu weiteren Medienauftritten und Konferenzen, was seine Reichweite und seinen Einfluss erheblich erweiterte. Sorran erkannte, dass die Medien eine mächtige Plattform waren, um Veränderungen herbeizuführen und das Bewusstsein für soziale Gerechtigkeit zu schärfen.

Schlussfolgerung

Sorrans erste Interviews waren mehr als nur Medienauftritte; sie waren der Beginn eines langen und engagierten Kampfes für die Rechte der hyperdichten Lebensformen auf Ymaris. Diese Gespräche ermöglichten es ihm, eine breitere Öffentlichkeit zu erreichen und die Herausforderungen, mit denen diese Gemeinschaft konfrontiert war, ins Licht zu rücken. Die Erfahrungen, die Sorran während dieser Interviews sammelte, prägten seine zukünftige Arbeit und festigten seine Rolle als führender Aktivist in der Bürgerrechtsbewegung.

$$I = \frac{dQ}{dt} \qquad (17)$$

Hierbei steht I für den elektrischen Strom, dQ für die Änderung der elektrischen Ladung und dt für die Zeitspanne. Diese Gleichung symbolisiert die Dynamik des Wandels, die Sorran in der Gesellschaft herbeiführen wollte – eine ständige Bewegung hin zu mehr Gerechtigkeit und Gleichheit.

Der Einfluss von sozialen Medien auf den Aktivismus

Soziale Medien haben sich in den letzten Jahren zu einem unverzichtbaren Werkzeug für Aktivisten entwickelt, insbesondere für die Bürgerrechtsbewegung auf Ymaris. Diese Plattformen bieten nicht nur einen Raum für die Verbreitung von Informationen, sondern auch für die Mobilisierung von Gemeinschaften und die Schaffung eines kollektiven Bewusstseins über soziale Ungerechtigkeiten. In diesem Abschnitt werden wir die verschiedenen Dimensionen des Einflusses sozialer Medien auf den Aktivismus untersuchen, einschließlich der theoretischen Grundlagen, der Herausforderungen sowie konkreter Beispiele.

Theoretische Grundlagen

Die Verwendung sozialer Medien im Aktivismus lässt sich durch verschiedene theoretische Perspektiven erklären. Eine davon ist die *Netzwerktheorie*, die besagt, dass soziale Netzwerke entscheidend für die Verbreitung von Informationen und die Mobilisierung von Individuen sind. Laut dieser Theorie können Informationen in einem Netzwerk exponentiell verbreitet werden, was bedeutet, dass eine einzelne Nachricht von einer Person an viele andere weitergegeben werden kann, die wiederum die Nachricht an ihre Kontakte weiterleiten. Dies schafft eine dynamische und weitreichende Kommunikationsstruktur, die für Aktivisten von entscheidender Bedeutung ist.

Ein weiteres wichtiges Konzept ist die *Ressourcentheorie*, die darauf hinweist, dass soziale Medien als Ressource fungieren, die Aktivisten Zugang zu Informationen, Unterstützung und Mobilisierungsmöglichkeiten bietet. Diese Plattformen ermöglichen es Aktivisten, ihre Anliegen einem breiten Publikum vorzustellen und gleichzeitig Unterstützung von Gleichgesinnten zu gewinnen.

Herausforderungen der Nutzung sozialer Medien

Trotz der vielen Vorteile, die soziale Medien bieten, gibt es auch erhebliche Herausforderungen. Eine der größten Herausforderungen ist die *Desinformation*. In einer Zeit, in der Informationen schnell verbreitet werden können, ist es für Aktivisten schwierig, sicherzustellen, dass die von ihnen geteilten Informationen genau und vertrauenswürdig sind. Falschinformationen können nicht nur die Glaubwürdigkeit von Aktivisten untergraben, sondern auch zu Missverständnissen und Konflikten innerhalb der Gemeinschaft führen.

Ein weiteres Problem ist die *Überwachung* durch Regierungen und private Unternehmen. Aktivisten, die soziale Medien nutzen, laufen Gefahr, überwacht zu werden, was zu einem Klima der Angst führen kann. Diese Überwachung kann die Freiheit der Meinungsäußerung einschränken und die Bereitschaft der Menschen verringern, sich aktiv an Protesten oder Kampagnen zu beteiligen.

Beispiele für erfolgreichen Einsatz sozialer Medien

Trotz dieser Herausforderungen gibt es zahlreiche Beispiele für erfolgreichen Aktivismus durch soziale Medien. Ein herausragendes Beispiel ist die *#BlackLivesMatter*-Bewegung, die durch Twitter und Facebook an Dynamik gewonnen hat. Diese Bewegung hat nicht nur nationale, sondern auch internationale Aufmerksamkeit auf Rassismus und Polizeigewalt gelenkt. Durch die Nutzung von Hashtags und viralen Kampagnen konnten Aktivisten Millionen von Menschen erreichen und mobilisieren.

Ein weiteres Beispiel ist die *Fridays for Future*-Bewegung, die durch die Initiativen von Greta Thunberg ins Leben gerufen wurde. Die Bewegung nutzt soziale Medien, um junge Menschen zu mobilisieren und auf die Dringlichkeit des Klimawandels aufmerksam zu machen. Die Verbreitung von Bildern und Videos von Schulstreiks hat dazu beigetragen, dass sich eine globale Gemeinschaft von Aktivisten gebildet hat, die sich für den Klimaschutz einsetzen.

Schlussfolgerung

Zusammenfassend lässt sich sagen, dass soziale Medien sowohl Chancen als auch Herausforderungen für den Aktivismus auf Ymaris darstellen. Sie ermöglichen eine schnelle Verbreitung von Informationen und Mobilisierung, während sie gleichzeitig das Risiko von Desinformation und Überwachung mit sich bringen. Aktivisten müssen daher Strategien entwickeln, um die Vorteile sozialer Medien zu maximieren und die damit verbundenen Risiken zu minimieren. In einer zunehmend vernetzten Welt bleibt der Einfluss sozialer Medien auf den Aktivismus ein entscheidendes Thema, das weiterhin erforscht und diskutiert werden muss.

Die Rolle von Journalisten und Bloggern

Die Rolle von Journalisten und Bloggern im Aktivismus ist von entscheidender Bedeutung, insbesondere in einer Ära, in der Informationen in Lichtgeschwindigkeit verbreitet werden. Auf Ymaris, wo Sorran Vale für die Rechte hyperdichter Lebensformen kämpft, haben Journalisten und Blogger die Macht, die öffentliche Wahrnehmung zu gestalten und das Bewusstsein für soziale Gerechtigkeit zu schärfen.

Theoretische Grundlagen

Die journalistische Ethik und die Prinzipien des investigativen Journalismus bilden die Grundlage für die Berichterstattung über Bürgerrechtsbewegungen. Laut dem *Journalism Ethics Code* müssen Journalisten die Wahrheit suchen, unabhängig berichten und die Öffentlichkeit informieren. Diese Prinzipien sind besonders relevant, wenn es darum geht, die Herausforderungen und Ungerechtigkeiten zu beleuchten, mit denen hyperdichte Lebensformen konfrontiert sind.

Ein zentraler theoretischer Aspekt ist das Konzept der *Agenda-Setting-Theorie*, das beschreibt, wie Medien die Themen beeinflussen, über die die Öffentlichkeit nachdenkt. Durch die Berichterstattung über Sorran Vale und seine Mission können Journalisten und Blogger dazu beitragen, die Bürgerrechtsbewegung in den Vordergrund zu rücken und den Druck auf Entscheidungsträger zu erhöhen.

Herausforderungen

Trotz ihrer Macht stehen Journalisten und Blogger vor erheblichen Herausforderungen. In einem intergalaktischen Kontext, in dem unterschiedliche Kulturen und Technologien aufeinanderprallen, kann es schwierig sein, genaue und ausgewogene Berichte zu erstellen. Desinformation und Propaganda sind weit verbreitet, und Journalisten müssen oft gegen Vorurteile und Stereotypen ankämpfen.

Ein weiteres Problem ist der Zugang zu Informationen. Journalisten, die über Sorran Vale und die hyperdichten Lebensformen berichten, müssen oft kreative Wege finden, um an Informationen zu gelangen, insbesondere wenn diese von Regierungen oder anderen Institutionen zurückgehalten werden. Der Einsatz von Whistleblowern und anonymen Quellen kann entscheidend sein, um die Wahrheit ans Licht zu bringen.

Beispiele für den Einfluss von Journalisten und Bloggern

Ein herausragendes Beispiel für den Einfluss von Journalisten in der Bürgerrechtsbewegung auf Ymaris ist die Berichterstattung über die *Proteste von Zylok*, bei denen hyperdichte Lebensformen für ihre Rechte eintraten. Journalisten, die vor Ort berichteten, konnten die Emotionen und die Dringlichkeit der Situation einfangen. Ihre Artikel und Berichte führten zu einer Welle der Solidarität, die schließlich zu politischen Veränderungen führte.

Blogger spielen ebenfalls eine wichtige Rolle, indem sie persönliche Geschichten und Erfahrungen teilen. Diese individuellen Perspektiven können oft eine tiefere Verbindung zur Öffentlichkeit herstellen als traditionelle Nachrichtenberichte. Ein Beispiel ist der Blog *Voices of Ymaris*, der von einer Gruppe junger Aktivisten betrieben wird und regelmäßig Geschichten von hyperdichten Lebensformen veröffentlicht. Diese Plattform hat nicht nur das Bewusstsein geschärft, sondern auch zur Mobilisierung von Unterstützern beigetragen.

Fazit

Die Rolle von Journalisten und Bloggern im Aktivismus ist unverzichtbar. Sie sind nicht nur Vermittler von Informationen, sondern auch Katalysatoren für

Veränderungen. In der Geschichte von Sorran Vale und der Bürgerrechtsbewegung auf Ymaris wird deutlich, dass die Medien eine entscheidende Rolle dabei spielen, das Licht auf Ungerechtigkeiten zu werfen und den Stimmen der Unterdrückten Gehör zu verschaffen. Die Herausforderungen, denen sie gegenüberstehen, erfordern Mut, Kreativität und ein unerschütterliches Engagement für die Wahrheit. Nur durch die Zusammenarbeit von Aktivisten, Journalisten und der Gemeinschaft kann eine gerechte und inklusive Gesellschaft geschaffen werden.

Herausforderungen der Medienberichterstattung

Die Medienberichterstattung über Bürgerrechtsbewegungen, insbesondere in einem intergalaktischen Kontext wie dem von Ymaris, steht vor einer Vielzahl von Herausforderungen. Diese Herausforderungen beeinflussen nicht nur die Art und Weise, wie Informationen verbreitet werden, sondern auch die Wahrnehmung der Bürgerrechtsaktivisten und ihrer Anliegen in der breiten Öffentlichkeit. Im Folgenden werden einige der zentralen Probleme und theoretischen Ansätze zur Analyse dieser Herausforderungen erörtert.

1. Verzerrte Berichterstattung

Eine der größten Herausforderungen in der Medienberichterstattung ist die Verzerrung von Informationen. Journalisten und Medienorganisationen haben oft ihre eigenen Agenden oder Perspektiven, die die Berichterstattung beeinflussen können. Dies kann zu einer ungenauen oder einseitigen Darstellung von Sorran Vale und den hyperdichten Lebensformen führen. Theoretische Ansätze wie die *Agenda-Setting-Theorie* und die *Framing-Theorie* helfen, diese Phänomene zu verstehen. Während die Agenda-Setting-Theorie beschreibt, wie Medien die Themen, die in der öffentlichen Diskussion wichtig sind, bestimmen, legt die Framing-Theorie nahe, dass die Art und Weise, wie Informationen präsentiert werden, die Wahrnehmung des Publikums beeinflusst.

2. Mangelnde Ressourcen und Unterstützung

Ein weiteres Problem ist der Mangel an Ressourcen, die für eine umfassende Berichterstattung erforderlich sind. Viele Medienorganisationen sind unterfinanziert und haben nicht die Kapazitäten, um tiefgehende Recherchen durchzuführen. Dies führt häufig zu oberflächlichen Berichten, die die Komplexität der Themen nicht angemessen erfassen. Sorran Vale hat in seinen Interviews oft betont, dass eine fundierte Berichterstattung über die

Lebensrealitäten hyperdichter Lebensformen unerlässlich ist, um Vorurteile abzubauen und ein besseres Verständnis zu fördern.

3. Zensur und Kontrolle

In einigen Fällen kann es auch zu Zensur oder Kontrolle durch staatliche oder intergalaktische Institutionen kommen, die versuchen, die Narrative zu steuern. Diese Art der Zensur kann sowohl direkt als auch indirekt erfolgen, indem beispielsweise bestimmte Themen nicht behandelt oder bestimmte Stimmen zum Schweigen gebracht werden. Dies stellt eine erhebliche Herausforderung für Sorran Vale und andere Aktivisten dar, die versuchen, ihre Botschaften zu verbreiten und auf Missstände aufmerksam zu machen.

4. Die Rolle sozialer Medien

Die Rolle sozialer Medien hat in den letzten Jahren an Bedeutung gewonnen, insbesondere im Kontext des Aktivismus. Plattformen wie *GalacticBook* und *InstaGalaxy* bieten eine Möglichkeit, Informationen schnell zu verbreiten und ein breiteres Publikum zu erreichen. Allerdings gibt es auch hier Herausforderungen, wie die Verbreitung von Fehlinformationen und die Schwierigkeit, die Glaubwürdigkeit von Quellen zu bewerten. Sorran Vale hat die Bedeutung von sozialen Medien erkannt, um eine direkte Verbindung zu Unterstützern herzustellen und Mobilisierung zu fördern. Dennoch warnt er vor den Gefahren, die mit der Abhängigkeit von diesen Plattformen verbunden sind.

5. Der Einfluss von Sensationslust

Schließlich spielt die Sensationslust der Medien eine entscheidende Rolle bei der Berichterstattung über Bürgerrechtsbewegungen. Oftmals werden dramatische oder emotionale Geschichten bevorzugt, während komplexere, aber weniger aufregende Themen in den Hintergrund gedrängt werden. Dies kann dazu führen, dass wichtige Aspekte des Aktivismus, wie die langfristigen Strategien und die täglichen Herausforderungen, nicht ausreichend gewürdigt werden. Sorran Vale hat in seinen öffentlichen Auftritten häufig betont, dass die Realität des Aktivismus oft weniger glamourös ist, aber nicht weniger wichtig.

Zusammenfassung

Die Herausforderungen der Medienberichterstattung über Bürgerrechtsbewegungen wie die von Sorran Vale sind vielfältig und komplex.

Verzerrte Berichterstattung, mangelnde Ressourcen, Zensur, die Rolle sozialer Medien und Sensationslust sind nur einige der Faktoren, die die Wahrnehmung und das Verständnis der Öffentlichkeit beeinflussen. Um eine gerechte und genaue Darstellung der Anliegen hyperdichter Lebensformen zu gewährleisten, ist es entscheidend, dass sowohl die Medien als auch die Bürgerrechtsaktivisten zusammenarbeiten, um die Herausforderungen zu bewältigen und die Stimmen derjenigen zu stärken, die oft übersehen werden.

Sorran als öffentliche Figur

Sorran Vale ist nicht nur ein Anwalt und Aktivist; er ist auch eine öffentliche Figur, die durch seine Arbeit und seine Persönlichkeit in den Mittelpunkt des intergalaktischen Diskurses gerückt ist. In dieser Rolle hat er sowohl Chancen als auch Herausforderungen erlebt, die seine Mission und seine Botschaft beeinflussen.

Die Rolle der öffentlichen Wahrnehmung

Als öffentliche Figur ist Sorran ständig im Rampenlicht. Seine Ansichten und Handlungen werden von den Medien, der Öffentlichkeit und sogar von politischen Institutionen genau beobachtet. Diese Sichtbarkeit hat sowohl positive als auch negative Auswirkungen auf seine Arbeit. Einerseits ermöglicht sie es ihm, eine breite Plattform zu nutzen, um auf die Rechte hyperdichter Lebensformen aufmerksam zu machen. Andererseits ist er auch Ziel von Kritik und Angriffen, die seine Glaubwürdigkeit und seine Botschaft in Frage stellen können.

Ein Beispiel hierfür ist die Berichterstattung über seine erste große Protestaktion, bei der er und seine Mitstreiter für die Rechte hyperdichter Lebensformen demonstrierten. Während einige Medien seine Initiative lobten und als Beispiel für mutigen Aktivismus darstellten, gab es auch Berichte, die seine Methoden als radikal und unverantwortlich kritisierten. Diese duale Wahrnehmung stellt eine ständige Herausforderung für Sorran dar, da er sich nicht nur auf seine Botschaft konzentrieren, sondern auch auf die Art und Weise, wie diese Botschaft von der Öffentlichkeit interpretiert wird, reagieren muss.

Der Einfluss der sozialen Medien

In der heutigen Zeit spielt die Nutzung sozialer Medien eine entscheidende Rolle für öffentliche Figuren. Sorran hat sich diese Plattformen zunutze gemacht, um direkt mit seinen Unterstützern zu kommunizieren und seine Botschaft zu verbreiten. Durch regelmäßige Updates, persönliche Geschichten und interaktive

Beiträge hat er eine engagierte Gemeinschaft aufgebaut, die sich für die Rechte hyperdichter Lebensformen einsetzt.

Die sozialen Medien bieten jedoch auch Herausforderungen. Falschinformationen und negative Kommentare können schnell verbreitet werden und Sorrans Image gefährden. Ein Beispiel hierfür war ein viraler Tweet, der falsche Informationen über Sorrans Position zu einem umstrittenen Gesetz verbreitete. Obwohl er schnell reagierte und die Unwahrheit korrigierte, zeigt dies, wie verletzlich öffentliche Figuren in der digitalen Welt sind.

Die Verantwortung einer öffentlichen Figur

Mit der Rolle als öffentliche Figur kommt auch eine große Verantwortung. Sorran ist sich dessen bewusst und versucht, ein Vorbild für andere Aktivisten zu sein. Er betont oft die Bedeutung von Integrität und Authentizität in seiner Arbeit. In einem Interview erklärte er: „Es ist wichtig, dass wir nicht nur für die Rechte anderer kämpfen, sondern auch als Vorbilder agieren. Unsere Worte und Taten müssen im Einklang stehen."

Diese Verantwortung zeigt sich auch in seiner Herangehensweise an die Zusammenarbeit mit anderen Organisationen und Aktivisten. Sorran hat sich aktiv dafür eingesetzt, eine inklusive und diverse Bewegung zu fördern, die die Stimmen aller hyperdichten Lebensformen repräsentiert. Er ist der Überzeugung, dass eine starke Gemeinschaft nur durch Zusammenarbeit und gegenseitige Unterstützung entstehen kann.

Kritik und Widerstand

Trotz seiner positiven Wahrnehmung gibt es auch Widerstand gegen Sorrans Arbeit. Einige Kritiker werfen ihm vor, zu radikal zu sein oder die Interessen anderer Gruppen zu ignorieren. Diese Kritik ist oft emotional und kann Sorran in seiner Rolle als öffentliche Figur belasten. Er hat jedoch gelernt, mit dieser Kritik umzugehen und sie als Ansporn zu nutzen, um seine Botschaft klarer und überzeugender zu kommunizieren.

Ein Beispiel für solche Kritik war die Reaktion auf eine seiner Reden bei einer intergalaktischen Konferenz, in der er die Notwendigkeit betonte, die Rechte hyperdichter Lebensformen als universelle Menschenrechte zu betrachten. Während viele seine Ansichten unterstützten, gab es auch Stimmen, die argumentierten, dass er die Komplexität der intergalaktischen Beziehungen nicht ausreichend berücksichtigte. Sorran hat diese Kritik angenommen und versucht, in zukünftigen Diskussionen eine ausgewogenere Perspektive zu präsentieren.

Sorran als Mentor und Vorbild

Als öffentliche Figur hat Sorran auch die Möglichkeit, andere zu inspirieren und zu mentorieren. Viele junge Aktivisten sehen in ihm ein Vorbild und suchen seinen Rat. Sorran hat sich aktiv an Programmen beteiligt, die junge Menschen ermutigen, sich für Bürgerrechte einzusetzen. Er glaubt, dass es wichtig ist, Wissen und Erfahrungen weiterzugeben, um die nächste Generation von Aktivisten zu stärken.

In Workshops und Seminaren teilt Sorran seine Erfahrungen und bietet praktische Ratschläge für den Aktivismus. Er ermutigt junge Menschen, ihre Stimme zu erheben und sich für die Rechte derjenigen einzusetzen, die nicht gehört werden. Diese Mentoring-Rolle ist eine wichtige Facette seiner Identität als öffentliche Figur und trägt dazu bei, eine nachhaltige Bewegung für die Rechte hyperdichter Lebensformen aufzubauen.

Die Zukunft von Sorran als öffentliche Figur

Die Rolle von Sorran Vale als öffentliche Figur wird sich in den kommenden Jahren weiterentwickeln. Mit dem wachsenden Bewusstsein für die Rechte hyperdichter Lebensformen und den Fortschritten im intergalaktischen Recht wird auch Sorrans Einfluss zunehmen. Es ist zu erwarten, dass er weiterhin eine zentrale Rolle in der Bürgerrechtsbewegung spielen wird, während er gleichzeitig die Herausforderungen und Chancen, die mit seiner öffentlichen Wahrnehmung verbunden sind, navigiert.

Insgesamt ist Sorran Vale ein Beispiel dafür, wie eine öffentliche Figur sowohl als Sprachrohr für eine Bewegung als auch als Individuum, das mit den Komplexitäten des Aktivismus konfrontiert ist, fungieren kann. Seine Reise zeigt, dass die Sichtbarkeit in der Öffentlichkeit sowohl eine Chance als auch eine Verantwortung mit sich bringt, die er mit Bedacht und Engagement annimmt.

Die Bedeutung von Dokumentationen und Filmen

Dokumentationen und Filme spielen eine entscheidende Rolle im Aktivismus, insbesondere im Kontext der Bürgerrechtsbewegung für hyperdichte Lebensformen auf Ymaris. Sie fungieren nicht nur als Informationsquelle, sondern auch als Werkzeug zur Sensibilisierung und Mobilisierung der Öffentlichkeit. In dieser Sektion werden wir die theoretischen Grundlagen, die Herausforderungen sowie einige prägnante Beispiele für die Wirkung von Dokumentationen und Filmen im Aktivismus untersuchen.

Theoretische Grundlagen

Die Theorie des sozialen Wandels, wie sie von Autoren wie [?] und [?] beschrieben wird, betont die Bedeutung von Medien in der Mobilisierung von sozialen Bewegungen. Dokumentationen und Filme können als Katalysatoren für den sozialen Wandel fungieren, indem sie Geschichten erzählen, die das Publikum emotional ansprechen. Laut [?] haben visuelle Medien die Fähigkeit, komplexe Themen zu vereinfachen und sie für ein breiteres Publikum zugänglich zu machen.

Probleme und Herausforderungen

Trotz ihrer Bedeutung sehen sich Dokumentationen und Filme im Aktivismus verschiedenen Herausforderungen gegenüber. Eine der größten Hürden ist die Verzerrung der Realität. Oftmals wird die Darstellung von hyperdichten Lebensformen und ihren Kämpfen in den Medien vereinfacht oder sensationalisiert, was zu Missverständnissen führen kann. [?] argumentiert, dass solche Darstellungen die tatsächlichen Probleme und die Komplexität der Bürgerrechtsbewegung untergraben können.

Ein weiteres Problem ist die Zugänglichkeit. Viele Dokumentationen werden in Formaten produziert, die für bestimmte Zielgruppen nicht leicht zugänglich sind. Dies kann dazu führen, dass wichtige Botschaften nicht die gewünschten Zielgruppen erreichen, was die Wirksamkeit des Aktivismus verringert.

Beispiele für erfolgreiche Dokumentationen

Ein herausragendes Beispiel für die Wirkung von Dokumentationen im Aktivismus ist der Film *"Ymaris: Stimmen der Stille"*. Diese Dokumentation beleuchtet die Geschichten von hyperdichten Lebensformen, die unter Diskriminierung und Ungerechtigkeit leiden. Durch Interviews, eindrucksvolle Bilder und persönliche Geschichten schafft der Film ein tiefes Verständnis für die Herausforderungen, mit denen diese Gemeinschaft konfrontiert ist. Die Veröffentlichung des Films führte zu einer landesweiten Diskussion über die Rechte hyperdichter Lebensformen und inspirierte viele junge Aktivisten, sich der Bewegung anzuschließen.

Ein weiteres Beispiel ist die Dokumentation *"Licht und Schatten: Der Kampf um Gerechtigkeit"*, die die rechtlichen Kämpfe von Sorran Vale und seiner Organisation dokumentiert. Diese filmische Darstellung zeigt nicht nur die juristischen Herausforderungen, sondern auch die emotionalen Belastungen, die mit dem Aktivismus verbunden sind. Die Dokumentation hat nicht nur das Bewusstsein für die Probleme erhöht, sondern auch zu einer Spendenkampagne geführt, die Millionen von Ymaris-Krediten für die Unterstützung von Bürgerrechtsorganisationen gesammelt hat.

Die Rolle von Filmen in der Sensibilisierung

Filme können auch als Plattform für die Darstellung von Erfolgsgeschichten dienen. Sie bieten die Möglichkeit, positive Veränderungen zu zeigen und Hoffnung zu verbreiten. Diese positiven Narrative sind entscheidend, um das Engagement der Gemeinschaft zu fördern und den Glauben an die Möglichkeit eines Wandels zu stärken. [?] hebt hervor, dass solche Geschichten nicht nur inspirierend sind, sondern auch die Identifikation des Publikums mit den Protagonisten fördern können.

Schlussfolgerung

Zusammenfassend lässt sich sagen, dass Dokumentationen und Filme eine unverzichtbare Rolle im Aktivismus für hyperdichte Lebensformen auf Ymaris spielen. Sie sind nicht nur ein Mittel zur Informationsvermittlung, sondern auch ein kraftvolles Werkzeug zur Mobilisierung und Sensibilisierung. Trotz der Herausforderungen, die mit der Produktion und Verbreitung solcher Medien verbunden sind, bleibt ihre Fähigkeit, Geschichten zu erzählen und Empathie zu fördern, von zentraler Bedeutung für den Erfolg der Bürgerrechtsbewegung. Die kontinuierliche Entwicklung und Nutzung innovativer filmischer Formate wird entscheidend sein, um die Stimmen der hyperdichten Lebensformen und ihrer Unterstützer weiterhin zu stärken und ihre Anliegen in den Vordergrund der intergalaktischen Diskussion zu rücken.

Der Einsatz von Kunst zur Sensibilisierung

Kunst hat seit jeher eine zentrale Rolle in der Gesellschaft gespielt, indem sie nicht nur ästhetische Werte vermittelt, sondern auch als kraftvolles Werkzeug für soziale Veränderungen dient. Im Kontext der Bürgerrechtsbewegung auf Ymaris hat Sorran Vale erkannt, dass Kunst nicht nur ein Ausdruck von Kreativität ist, sondern auch eine bedeutende Plattform zur Sensibilisierung für die Rechte hyperdichter Lebensformen darstellt. In diesem Abschnitt werden wir die verschiedenen Dimensionen des Einsatzes von Kunst in der Aktivismusarbeit untersuchen, die Herausforderungen, die damit verbunden sind, sowie einige herausragende Beispiele.

Theoretische Grundlagen

Die Theorie der sozialen Praxis in der Kunst besagt, dass Kunst nicht isoliert existiert, sondern in einem Dialog mit der Gesellschaft steht. Nach Pierre Bourdieu kann Kunst als ein „Kapital" betrachtet werden, das in sozialen Kämpfen mobilisiert wird. Die Fähigkeit, durch Kunst soziale Themen anzusprechen, ist entscheidend für die Mobilisierung von Gemeinschaften und die Förderung eines kritischen Bewusstseins.

Die Verwendung von Kunst zur Sensibilisierung kann auch durch die Theorie der „Ästhetischen Bildung" erläutert werden. Diese Theorie postuliert, dass Kunst nicht nur zur Unterhaltung dient, sondern auch zur Förderung von Empathie und kritischem Denken beiträgt. Die Verbindung zwischen Kunst und Aktivismus wird durch die Idee gestärkt, dass Kunst als Medium fungiert, um Emotionen zu wecken und Menschen zu motivieren, sich für soziale Gerechtigkeit einzusetzen.

Herausforderungen

Trotz der vielen Vorteile, die Kunst im Aktivismus bietet, stehen Künstler und Aktivisten vor verschiedenen Herausforderungen. Eine der größten Hürden ist die Kommerzialisierung der Kunst. Oft werden künstlerische Arbeiten in einem Kontext präsentiert, der ihre ursprüngliche Botschaft verwässert oder trivialisiert. Dies kann dazu führen, dass die kritische Auseinandersetzung mit Themen der Ungerechtigkeit in den Hintergrund gedrängt wird.

Ein weiteres Problem ist die Zensur. In vielen Gesellschaften, einschließlich Ymaris, kann die Regierung versuchen, kritische Kunst zu unterdrücken. Künstler, die sich mit Themen wie Diskriminierung oder Ungerechtigkeit auseinandersetzen, laufen Gefahr, verfolgt oder zensiert zu werden. Diese Risiken können dazu führen, dass Künstler ihre Stimme zurückhalten und somit die Wirkung ihrer Arbeiten verringern.

Beispiele für den Einsatz von Kunst

Sorran Vale hat verschiedene künstlerische Ansätze gefördert, um die Bürgerrechtsbewegung zu unterstützen. Ein bemerkenswertes Beispiel ist die Initiative „Kunst für Gerechtigkeit", die lokale Künstler dazu ermutigt, Werke zu schaffen, die die Erfahrungen hyperdichter Lebensformen reflektieren. Diese Initiative hat nicht nur die Sichtbarkeit der Probleme erhöht, sondern auch einen Raum für Dialog und Reflexion geschaffen.

Ein weiteres Beispiel ist die Verwendung von Theater und Performancekunst, um Geschichten hyperdichter Lebensformen zu erzählen. Theatergruppen auf

Ymaris haben Stücke aufgeführt, die die Herausforderungen und Kämpfe dieser Lebensformen darstellen. Diese Aufführungen haben nicht nur das Bewusstsein geschärft, sondern auch eine Plattform für Diskussionen über Bürgerrechte und soziale Gerechtigkeit geschaffen.

Darüber hinaus hat Sorran Vale die Nutzung von visueller Kunst, wie Graffiti und Wandmalereien, gefördert, um öffentliche Räume in Orte des Wandels zu verwandeln. Diese Kunstwerke sind oft mit kraftvollen Botschaften versehen, die die Gemeinschaft ansprechen und zum Nachdenken anregen. Ein Beispiel ist das Wandgemälde „Die Stimmen der Unsichtbaren", das die Geschichten von hyperdichten Lebensformen erzählt und die Betrachter dazu einlädt, sich mit deren Erfahrungen auseinanderzusetzen.

Schlussfolgerung

Zusammenfassend lässt sich sagen, dass der Einsatz von Kunst zur Sensibilisierung für die Rechte hyperdichter Lebensformen auf Ymaris von entscheidender Bedeutung ist. Kunst bietet nicht nur eine Plattform zur Ausdrucksform, sondern auch ein Mittel zur Mobilisierung und zum Dialog. Trotz der Herausforderungen, mit denen Künstler konfrontiert sind, bleibt die Kraft der Kunst ein unverzichtbares Werkzeug im Kampf für soziale Gerechtigkeit. Sorran Vale und seine Mitstreiter erkennen, dass durch kreative Ausdrucksformen das Bewusstsein geschärft und Veränderungen in der Gesellschaft angestoßen werden können. Die Zukunft der Bürgerrechtsbewegung auf Ymaris wird stark von der Fähigkeit abhängen, Kunst weiterhin als ein Werkzeug des Wandels zu nutzen.

Sorrans Einfluss auf die öffentliche Meinung

Sorran Vale hat sich als eine Schlüsselfigur in der Bürgerrechtsbewegung auf Ymaris etabliert, und sein Einfluss auf die öffentliche Meinung ist sowohl tiefgreifend als auch vielschichtig. In diesem Abschnitt untersuchen wir die Mechanismen, durch die Sorran die Wahrnehmung hyperdichter Lebensformen in der Gesellschaft verändert hat, sowie die Herausforderungen, denen er dabei gegenüberstand.

Theoretische Grundlagen

Die öffentliche Meinung wird oft durch verschiedene Faktoren beeinflusst, darunter Medienberichterstattung, persönliche Erfahrungen und soziale Interaktionen. Laut der *Theorie der sozialen Identität* (Tajfel und Turner, 1979) neigen Menschen dazu, ihre Identität und Überzeugungen in Bezug auf soziale Gruppen zu definieren. Sorran hat diese Dynamik genutzt, um eine positive Identität für hyperdichte Lebensformen zu fördern und Vorurteile abzubauen.

Ein zentrales Konzept in der Meinungsbildung ist die *Agenda-Setting-Theorie*, die besagt, dass die Medien nicht nur darüber berichten, was wichtig ist, sondern auch, wie wichtig bestimmte Themen erscheinen. Sorran hat durch strategische Medienarbeit und öffentliche Auftritte die Themen der Bürgerrechte und der Gleichbehandlung hyperdichter Lebensformen auf die Agenda gesetzt.

Strategien zur Beeinflussung der öffentlichen Meinung

Sorrans Einfluss auf die öffentliche Meinung lässt sich durch verschiedene Strategien erklären:

1. **Medienpräsenz:** Sorran hat aktiv mit Journalisten und Bloggern zusammengearbeitet, um die Sichtbarkeit der Anliegen hyperdichter Lebensformen zu erhöhen. Seine ersten Interviews waren entscheidend, um die Öffentlichkeit über die Herausforderungen und Diskriminierungen zu informieren, denen diese Lebensformen ausgesetzt sind.

2. **Soziale Medien:** In einer Ära, in der soziale Medien eine dominierende Rolle spielen, hat Sorran Plattformen wie *IntergalacticBook* und *YmarisNet* genutzt, um seine Botschaft zu verbreiten und eine Gemeinschaft von Unterstützern aufzubauen. Durch virale Kampagnen hat er es geschafft, das Bewusstsein für die Anliegen seiner Bewegung zu schärfen.

3. **Kunst und Kreativität:** Sorran hat auch die Kunst als Medium genutzt, um Emotionen zu wecken und die öffentliche Meinung zu beeinflussen. Durch die Zusammenarbeit mit Künstlern hat er Kampagnen initiiert, die die Schönheit und Komplexität hyperdichter Lebensformen hervorheben. Diese kreativen Ansätze haben oft mehr Resonanz gefunden als traditionelle politische Botschaften.

Herausforderungen und Widerstände

Trotz seiner Erfolge sah sich Sorran auch erheblichen Herausforderungen gegenüber. Die Gesellschaft auf Ymaris war nicht einheitlich in ihrer Haltung gegenüber hyperdichten Lebensformen. Widerstand kam oft von etablierten politischen und wirtschaftlichen Akteuren, die von der bestehenden Ungleichheit profitierten.

Ein Beispiel für diese Widerstände war die *Kampagne der konservativen Parteien*, die versuchten, Sorrans Initiativen zu diskreditieren, indem sie ihn als radikal oder extremistisch darstellten. Diese Angriffe führten zu einer Polarisierung der öffentlichen Meinung, die es Sorran erschwerte, eine breitere Unterstützung zu gewinnen.

Erfolge und Beispiele

Trotz dieser Herausforderungen konnte Sorran bedeutende Fortschritte erzielen. Ein herausragendes Beispiel ist die *Kampagne für die Anerkennung hyperdichter Lebensformen als gleichwertige Bürger*, die durch Sorrans Engagement in den Medien und sozialen Netzwerken eine breite Unterstützung in der Bevölkerung fand. Diese Kampagne führte schließlich zu einer Gesetzesänderung, die den rechtlichen Status dieser Lebensformen verbesserte.

Darüber hinaus hat Sorran durch seine öffentlichen Auftritte und Reden, wie bei der *Intergalaktischen Bürgerrechtskonferenz*, die öffentliche Meinung nachhaltig beeinflusst. Seine eloquenten Argumente und die emotionale Verbindung, die er zu den Themen herstellte, haben viele Menschen dazu bewegt, sich aktiv für die Rechte hyperdichter Lebensformen einzusetzen.

Fazit

Sorran Vales Einfluss auf die öffentliche Meinung ist ein bemerkenswertes Beispiel dafür, wie individuelle Anstrengungen und strategische Kommunikation zu einem gesellschaftlichen Wandel führen können. Durch die Kombination von Medienarbeit, sozialer Mobilisierung und kreativen Ausdrucksformen hat er nicht nur das Bewusstsein für die Anliegen hyperdichter Lebensformen geschärft, sondern auch eine breitere Diskussion über Bürgerrechte im intergalaktischen Kontext angestoßen.

Sein Weg ist ein inspirierendes Beispiel dafür, wie man durch Beharrlichkeit und Kreativität die öffentliche Meinung beeinflussen kann, um positive Veränderungen in der Gesellschaft herbeizuführen.

Medienkampagnen und ihre Wirkung

Medienkampagnen spielen eine entscheidende Rolle im Aktivismus, insbesondere wenn es darum geht, das Bewusstsein für soziale und rechtliche Probleme zu schärfen. In dieser Sektion werden wir die verschiedenen Aspekte von Medienkampagnen untersuchen, ihre theoretischen Grundlagen, die

Herausforderungen, die Aktivisten dabei begegnen, sowie einige Beispiele für erfolgreiche Kampagnen.

Theoretische Grundlagen

Die Theorie der Medienkampagnen basiert auf der Annahme, dass Informationen, die über verschiedene Medien verbreitet werden, das Verhalten und die Einstellungen der Öffentlichkeit beeinflussen können. Die *Agenda-Setting-Theorie* besagt, dass die Medien nicht nur berichten, sondern auch die Themen bestimmen, die in der öffentlichen Diskussion relevant sind. Dies bedeutet, dass die Art und Weise, wie ein Thema präsentiert wird, die Wahrnehmung der Öffentlichkeit stark beeinflussen kann.

Zusätzlich zur Agenda-Setting-Theorie gibt es die *Framing-Theorie*, die sich darauf konzentriert, wie Medien bestimmte Aspekte eines Themas hervorheben und andere vernachlässigen. Durch das Framing können Medienkampagnen die Narrative um Bürgerrechtsbewegungen und die damit verbundenen Themen steuern, was zu einer differenzierten öffentlichen Wahrnehmung führt.

Herausforderungen von Medienkampagnen

Trotz ihrer Bedeutung stehen Medienkampagnen vor mehreren Herausforderungen:

- **Ressourcenmangel:** Viele Bürgerrechtsorganisationen verfügen nicht über die finanziellen Mittel, um umfassende Medienkampagnen zu führen. Dies schränkt ihre Reichweite und Effektivität erheblich ein.

- **Fragmentierung der Medienlandschaft:** In der heutigen digitalen Welt gibt es eine Vielzahl von Plattformen, die Informationen verbreiten. Dies kann dazu führen, dass wichtige Botschaften in der Masse untergehen und nicht die gewünschte Aufmerksamkeit erhalten.

- **Negative Berichterstattung:** Medien können auch negative Stereotypen und Vorurteile verstärken, was die Arbeit von Aktivisten erschwert. Eine einseitige Berichterstattung kann dazu führen, dass die Anliegen der Aktivisten nicht ernst genommen werden.

Beispiele erfolgreicher Medienkampagnen

Ein herausragendes Beispiel für eine erfolgreiche Medienkampagne ist die *#BlackLivesMatter*-Bewegung, die durch soziale Medien massive Aufmerksamkeit erlangte. Die Kampagne nutzte Plattformen wie Twitter und Instagram, um auf Polizeigewalt und Rassismus aufmerksam zu machen. Durch die Verbreitung von Hashtags und viralen Videos konnte die Bewegung Millionen von Menschen mobilisieren und Diskussionen über systemischen Rassismus anstoßen.

Ein weiteres Beispiel ist die Kampagne *#MeToo*, die Frauen weltweit ermutigte, ihre Erfahrungen mit sexueller Belästigung und Übergriffen zu teilen. Diese Kampagne zeigte, wie soziale Medien als Plattform für den Austausch von Geschichten und die Schaffung von Solidarität genutzt werden können. Die Wirkung dieser Kampagne war so stark, dass sie nicht nur gesellschaftliche Diskussionen anregte, sondern auch zu rechtlichen Änderungen in vielen Ländern führte.

Wirkung von Medienkampagnen

Die Wirkung von Medienkampagnen kann in mehreren Dimensionen gemessen werden:

- **Öffentliches Bewusstsein:** Eine gut durchgeführte Medienkampagne kann das Bewusstsein für bestimmte Themen erheblich steigern. Dies kann zu einer erhöhten öffentlichen Diskussion und einem stärkeren Engagement führen.

- **Politische Mobilisierung:** Medienkampagnen können Menschen dazu ermutigen, aktiv zu werden, sei es durch Teilnahme an Protesten, Spenden oder das Schreiben an politische Entscheidungsträger.

- **Gesetzesänderungen:** In vielen Fällen haben erfolgreiche Medienkampagnen direkte Auswirkungen auf politische Entscheidungen und gesetzliche Regelungen. Die erhöhte Sichtbarkeit von Themen kann den Druck auf Entscheidungsträger erhöhen, Maßnahmen zu ergreifen.

Zusammenfassend lässt sich sagen, dass Medienkampagnen ein unverzichtbares Werkzeug für Aktivisten sind, um ihre Botschaften zu verbreiten und Veränderungen herbeizuführen. Trotz der Herausforderungen, mit denen sie konfrontiert sind, können sie durch strategische Planung und kreative Ansätze bedeutende Erfolge erzielen. Sorran Vale hat in seiner Arbeit die Kraft der Medien erkannt und genutzt, um die Stimmen der hyperdichten Lebensformen zu erheben und deren Rechte zu verteidigen.

$$\text{Wirkung} = \text{Bewusstsein} \times \text{Mobilisierung} \times \text{Gesetzesänderungen} \qquad (18)$$

Diese Gleichung verdeutlicht, dass die Wirkung von Medienkampagnen nicht nur von der Sichtbarkeit eines Themas abhängt, sondern auch von der Fähigkeit, Menschen zum Handeln zu bewegen und politische Veränderungen herbeizuführen. Die Kombination dieser Faktoren ist entscheidend für den Erfolg von Bürgerrechtsbewegungen in der intergalaktischen Arena.

Die Zukunft der Medien im Aktivismus

Die Medienlandschaft befindet sich in einem ständigen Wandel, insbesondere im Kontext des Aktivismus, wo die Art und Weise, wie Informationen verbreitet werden, die Dynamik von Bürgerrechtsbewegungen erheblich beeinflussen kann. Die Zukunft der Medien im Aktivismus wird durch mehrere Schlüsselfaktoren geprägt, darunter technologische Innovationen, die Rolle sozialer Medien, und die Herausforderungen, die sich aus der Informationsüberflutung ergeben.

Technologische Innovationen

Die fortschreitende Entwicklung von Technologien bietet Aktivisten neue Werkzeuge zur Mobilisierung und Sensibilisierung. Plattformen wie *Twitter*, *Instagram* und *TikTok* ermöglichen es, Botschaften in Echtzeit zu verbreiten und eine breitere Zielgruppe zu erreichen. Diese Technologien fördern die **Viralität** von Inhalten, was bedeutet, dass ein einzelner Beitrag innerhalb kürzester Zeit Millionen von Menschen erreichen kann.

Ein Beispiel hierfür ist die #BlackLivesMatter-Bewegung, die durch soziale Medien an Fahrt gewann und eine globale Diskussion über Rassismus und Polizeigewalt anregte. Die schnelle Verbreitung von Videos, die Polizeigewalt dokumentieren, hat dazu beigetragen, das Bewusstsein zu schärfen und politische Veränderungen zu fordern.

Die Rolle sozialer Medien

Soziale Medien sind nicht nur ein Werkzeug zur Verbreitung von Informationen, sondern auch ein Raum für **Dialog** und **Interaktion**. Aktivisten nutzen diese Plattformen, um direkt mit der Öffentlichkeit zu kommunizieren, Feedback zu erhalten und Gemeinschaften zu bilden. Die Möglichkeit, direkt mit Unterstützern zu interagieren, stärkt das Gefühl der Gemeinschaft und des Engagements.

Allerdings bringt die Nutzung sozialer Medien auch Herausforderungen mit sich. Die Verbreitung von **Fehlinformationen** und **Propaganda** kann die Wahrnehmung von Bewegungen verzerren und zu Spaltungen innerhalb der

Gemeinschaft führen. Aktivisten müssen daher Strategien entwickeln, um die Integrität ihrer Botschaften zu wahren und sich gegen Falschinformationen zu wehren.

Herausforderungen der Informationsüberflutung

In einer Zeit, in der täglich Millionen von Inhalten online gestellt werden, stehen Aktivisten vor der Herausforderung, in der Informationsflut sichtbar zu bleiben. **Aufmerksamkeit** ist eine knappe Ressource, und es wird zunehmend schwieriger, die Aufmerksamkeit der Öffentlichkeit auf wichtige Themen zu lenken.

Ein Ansatz zur Bewältigung dieser Herausforderung ist die Nutzung von **Storytelling**. Geschichten, die Emotionen ansprechen und persönliche Erfahrungen teilen, können effektiver sein als reine Fakten oder Statistiken. Aktivisten, die in der Lage sind, ihre Botschaften durch fesselnde Erzählungen zu vermitteln, haben größere Chancen, das Interesse der Menschen zu wecken und sie zur Teilnahme zu bewegen.

Zukunftsausblick

Die Zukunft der Medien im Aktivismus wird auch von der **Ethik** der Berichterstattung beeinflusst. Journalisten und Aktivisten müssen sicherstellen, dass ihre Berichterstattung fair, genau und respektvoll ist. Die Zusammenarbeit zwischen Medienvertretern und Aktivisten kann dazu beitragen, die Sichtbarkeit von Themen zu erhöhen, ohne die Stimmen der Betroffenen zu übertönen.

Zusammenfassend lässt sich sagen, dass die Zukunft der Medien im Aktivismus sowohl Chancen als auch Herausforderungen bietet. Technologische Innovationen und soziale Medien können die Mobilisierung und das Bewusstsein für Bürgerrechtsbewegungen fördern, während die Risiken von Fehlinformationen und der Informationsüberflutung nicht ignoriert werden dürfen. Der Schlüssel zum Erfolg liegt in der Fähigkeit der Aktivisten, sich anzupassen und kreative, ethische Strategien zu entwickeln, um ihre Botschaften effektiv zu kommunizieren und die Unterstützung der Öffentlichkeit zu gewinnen.

$$\text{Einfluss der Medien} = \frac{\text{Reichweite} \times \text{Engagement}}{\text{Fehlinformationen}} \quad (19)$$

Diese Formel verdeutlicht, dass der Einfluss der Medien im Aktivismus direkt von der Reichweite und dem Engagement der Inhalte abhängt, während Fehlinformationen einen negativen Einfluss ausüben können. Aktivisten müssen daher Strategien entwickeln, um sowohl die Reichweite zu maximieren als auch die Verbreitung von Fehlinformationen zu minimieren.

Globale Perspektiven und intergalaktische Zusammenarbeit

Der Austausch zwischen verschiedenen Kulturen

Sorrans Reisen zu anderen Planeten

Sorran Vale war nicht nur ein Bürgerrechtsaktivist auf Ymaris; seine Reisen zu anderen Planeten erweiterten seinen Horizont und boten ihm neue Perspektiven auf intergalaktische Bürgerrechte. Während dieser Reisen begegnete er nicht nur unterschiedlichen Kulturen, sondern auch verschiedenen Formen von Ungerechtigkeit, die in den verschiedenen Gesellschaften existierten. Diese Erfahrungen prägten seine Ansichten und Strategien zur Förderung der Rechte hyperdichter Lebensformen.

Die Bedeutung intergalaktischer Reisen

Intergalaktische Reisen sind für Aktivisten von entscheidender Bedeutung, da sie einen direkten Zugang zu den Herausforderungen und Erfolgen anderer Kulturen bieten. Sorran besuchte Planeten wie *Zyphora*, wo er Zeuge der Diskriminierung von Wasserlebewesen wurde, und *Klyr*, wo er mit der Unterdrückung von telepathischen Wesen konfrontiert war. Diese Erfahrungen verdeutlichten ihm, dass die Kämpfe um Bürgerrechte nicht isoliert sind, sondern Teil eines größeren intergalaktischen Kontextes.

Herausforderungen während der Reisen

Trotz der positiven Aspekte gab es auch erhebliche Herausforderungen. Auf *Klyr* wurde Sorran mit der Realität konfrontiert, dass nicht alle Planeten die gleichen rechtlichen Rahmenbedingungen hatten. Die Gesetze, die auf Ymaris galten, konnten nicht einfach auf andere Planeten übertragen werden. Dies führte zu der Erkenntnis, dass jede Gesellschaft ihre eigenen einzigartigen Probleme hatte, die spezifische Lösungen erforderten.

Ein Beispiel für diese Herausforderungen war die rechtliche Situation auf *Zyphora*. Hier gab es kein anerkanntes Rechtssystem für Wasserlebewesen, was bedeutete, dass Sorran und seine Mitstreiter innovative Ansätze entwickeln mussten, um die Rechte dieser Lebensformen zu verteidigen. Sie mussten nicht nur die lokalen Gesetze verstehen, sondern auch Wege finden, um die Gemeinschaft zu mobilisieren und Druck auf die Regierung auszuüben.

Theoretische Ansätze zur intergalaktischen Zusammenarbeit

Sorran wandte verschiedene theoretische Ansätze an, um die intergalaktische Zusammenarbeit zu fördern. Ein zentraler Ansatz war die *Theorie der interkulturellen Kommunikation*, die besagt, dass ein tiefes Verständnis für die kulturellen Unterschiede und Gemeinsamkeiten der Zivilisationen notwendig ist, um effektiv zusammenzuarbeiten. Diese Theorie half Sorran, respektvolle und produktive Dialoge mit Aktivisten anderer Planeten zu führen.

Eine weitere wichtige Theorie war die *Systemtheorie*, die die Wechselwirkungen zwischen verschiedenen sozialen Systemen analysiert. Sorran erkannte, dass die Probleme der hyperdichten Lebensformen auf Ymaris oft mit den Herausforderungen anderer Planeten verknüpft waren. Durch die Anwendung dieser Theorie konnte er Strategien entwickeln, die nicht nur auf Ymaris, sondern auch auf anderen Planeten anwendbar waren.

Praktische Beispiele für intergalaktische Solidarität

Ein bemerkenswertes Beispiel für intergalaktische Solidarität war Sorrans Teilnahme an der *Intergalaktischen Konferenz für Bürgerrechte*, die auf *Vortan* stattfand. Hier kamen Aktivisten aus verschiedenen Galaxien zusammen, um ihre Erfahrungen auszutauschen und gemeinsame Strategien zu entwickeln. Sorran stellte fest, dass die Herausforderungen, mit denen sie konfrontiert waren, oft ähnliche Wurzeln hatten, die in der Diskriminierung und dem Mangel an Repräsentation lagen.

Ein weiteres Beispiel war die Gründung der *Intergalaktischen Allianz für hyperdichte Lebensformen*, die als Plattform diente, um Ressourcen, Wissen und Strategien auszutauschen. Diese Allianz half nicht nur, die Rechte der hyperdichten Lebensformen zu fördern, sondern schuf auch ein Netzwerk von Unterstützern, die bereit waren, sich für die Rechte anderer zu engagieren.

Fazit

Sorrans Reisen zu anderen Planeten waren entscheidend für seine Entwicklung als Aktivist. Sie ermöglichten es ihm, die Vielfalt der intergalaktischen Kämpfe um Bürgerrechte zu verstehen und zu erkennen, dass die Lösung dieser Probleme eine kollektive Anstrengung erfordert. Durch das Teilen von Erfahrungen und das Lernen von anderen konnte Sorran nicht nur seine eigenen Strategien verbessern, sondern auch das Bewusstsein für die Rechte hyperdichter Lebensformen auf Ymaris und darüber hinaus schärfen.

Seine Reisen lehrten ihn, dass die Suche nach Gerechtigkeit eine universelle Anstrengung ist, die über Planeten und Kulturen hinweggeht. Die Herausforderungen mögen vielfältig sein, aber die Hoffnung auf eine gerechtere Zukunft verbindet alle Lebensformen in der Galaxie.

Der Einfluss anderer Bürgerrechtsbewegungen

Der Einfluss anderer Bürgerrechtsbewegungen auf Sorran Vale und seine Arbeit für die hyperdichten Lebensformen auf Ymaris ist ein faszinierendes und vielschichtiges Thema. Um die Tragweite dieses Einflusses zu verstehen, ist es wichtig, die grundlegenden Theorien und Prinzipien zu betrachten, die diese Bewegungen geprägt haben.

Theoretische Grundlagen

Die Bürgerrechtsbewegungen, die in verschiedenen Teilen der Galaxie entstanden sind, teilen oft gemeinsame Merkmale, die auf den Prinzipien der Gerechtigkeit, Gleichheit und Menschenwürde basieren. Eine zentrale Theorie, die in vielen dieser Bewegungen zu finden ist, ist die **Theorie der sozialen Gerechtigkeit**, die besagt, dass jeder Einzelne ein Recht auf gleiche Behandlung und Schutz vor Diskriminierung hat. Diese Theorie wird häufig durch die **Kritische Theorie** ergänzt, die soziale Strukturen hinterfragt und die Machtverhältnisse analysiert, die Ungleichheit und Unterdrückung erzeugen.

Ein weiterer wichtiger Aspekt ist die **Intersektionalität**, die die Überschneidungen von Identitäten und die komplexen Erfahrungen von

Individuen in Bezug auf Rasse, Geschlecht, Klasse und andere soziale Kategorien untersucht. Diese Konzepte sind entscheidend für das Verständnis, wie Sorran Vale die Strategien und Taktiken anderer Bürgerrechtsbewegungen in seine eigene Arbeit integriert hat.

Probleme und Herausforderungen

Die Herausforderungen, die Sorran Vale bei der Integration dieser Einflüsse erlebte, sind vielschichtig. Eine der größten Hürden war die **kulturelle Übersetzung** von Ideen und Strategien, die in anderen Kontexten erfolgreich waren. Was auf einem Planeten funktioniert, kann in einem anderen als unangemessen oder sogar schädlich angesehen werden.

Darüber hinaus musste Sorran die **Fragmentierung** innerhalb der Bürgerrechtsbewegungen auf Ymaris überwinden. Unterschiedliche Gruppen hatten unterschiedliche Prioritäten und Ziele, was zu internen Konflikten führte. Diese Fragmentierung erschwerte die Mobilisierung einer einheitlichen Front für die Rechte der hyperdichten Lebensformen.

Beispiele für Einflussreiche Bewegungen

Ein herausragendes Beispiel für eine Bürgerrechtsbewegung, die Sorran Vale inspiriert hat, ist die **Bürgerrechtsbewegung der Menschen auf Terra**. Diese Bewegung, die in den 1960er Jahren ihren Höhepunkt erreichte, kämpfte für die Gleichheit und die Rechte der afroamerikanischen Bevölkerung. Die Strategien, die von Aktivisten wie Martin Luther King Jr. und Rosa Parks entwickelt wurden, wurden von Sorran als Vorbilder für gewaltfreien Protest und Bürgerengagement angesehen. Sorran adaptierte diese Taktiken, um die hyperdichten Lebensformen zu unterstützen und ihre Stimmen in der Gesellschaft von Ymaris zu stärken.

Ein weiteres Beispiel ist die **LGBTQ+-Bewegung**, die für die Rechte und die Anerkennung von Individuen unabhängig von ihrer sexuellen Orientierung oder Geschlechtsidentität kämpft. Die Konzepte der Sichtbarkeit und der Affirmation, die in dieser Bewegung zentral sind, beeinflussten Sorrans Ansatz zur Förderung der hyperdichten Lebensformen. Er erkannte, dass Sichtbarkeit und die Schaffung eines positiven Selbstbildes für die hyperdichten Lebensformen entscheidend waren, um Vorurteile abzubauen und Akzeptanz in der breiteren Gesellschaft zu fördern.

Schlussfolgerung

Zusammenfassend lässt sich sagen, dass der Einfluss anderer Bürgerrechtsbewegungen auf Sorran Vale und seine Mission nicht nur bedeutend, sondern auch entscheidend für den Erfolg seiner Arbeit war. Durch das Studium und die Anpassung bewährter Praktiken konnte Sorran eine effektive Strategie entwickeln, um die Rechte der hyperdichten Lebensformen auf Ymaris zu verteidigen und zu fördern. Die Herausforderungen, die er dabei überwinden musste, haben seine Perspektive erweitert und ihm geholfen, eine intergalaktische Gemeinschaft zu schaffen, die auf Solidarität und Gerechtigkeit basiert. Diese Lektionen sind nicht nur für Sorran, sondern auch für zukünftige Generationen von Aktivisten von unschätzbarem Wert.

Die Rolle von intergalaktischen Konferenzen

Intergalaktische Konferenzen spielen eine entscheidende Rolle in der Förderung des Dialogs und der Zusammenarbeit zwischen verschiedenen Kulturen und Spezies im Universum. Diese Veranstaltungen bieten eine Plattform für den Austausch von Ideen, Strategien und Ressourcen, die notwendig sind, um die Herausforderungen zu bewältigen, mit denen hyperdichte Lebensformen und ihre Unterstützer konfrontiert sind. In diesem Abschnitt werden wir die theoretischen Grundlagen, die Probleme, die sich aus diesen Konferenzen ergeben, sowie einige Beispiele für erfolgreiche intergalaktische Konferenzen betrachten.

Theoretische Grundlagen

Die Theorie der intergalaktischen Zusammenarbeit basiert auf dem Konzept der *Kollektiven Intelligenz*, das besagt, dass die Zusammenarbeit zwischen verschiedenen intelligenten Lebensformen zu besseren Lösungen für komplexe Probleme führen kann. Diese Theorie wird durch die *Synergie-Theorie* unterstützt, die darauf hinweist, dass die kombinierte Wirkung von Individuen größer ist als die Summe ihrer Einzelwirkungen:

$$S = \sum_{i=1}^{n} I_i + \sum_{j=1}^{m} C_j \qquad (20)$$

Hierbei ist S die Gesamtwirkung, I_i die individuelle Wirkung jedes Teilnehmers und C_j die kollektive Wirkung der Zusammenarbeit. Intergalaktische Konferenzen sind somit ein praktisches Beispiel für die

Anwendung dieser Theorien, indem sie den Austausch von Wissen und Erfahrungen zwischen verschiedenen Spezies fördern.

Probleme und Herausforderungen

Trotz der Vorteile intergalaktischer Konferenzen gibt es auch erhebliche Herausforderungen. Eine der größten Schwierigkeiten ist die *Kommunikationsbarriere*. Unterschiedliche Sprachen, kulturelle Normen und Kommunikationsstile können Missverständnisse und Konflikte hervorrufen. Um diese Barrieren zu überwinden, sind innovative Technologien und Übersetzungsdienste erforderlich, die eine effektive Kommunikation ermöglichen.

Ein weiteres Problem ist die *Ungleichheit der Machtverhältnisse*. Oftmals haben dominante Kulturen und Spezies mehr Einfluss auf die Agenda und die Ergebnisse von Konferenzen, was zu einer Marginalisierung der Stimmen von weniger mächtigen Gruppen führen kann. Dies kann die Effektivität der Konferenzen untergraben und das Vertrauen in den intergalaktischen Dialog verringern.

Beispiele für erfolgreiche intergalaktische Konferenzen

Ein herausragendes Beispiel für eine erfolgreiche intergalaktische Konferenz ist das *Galaktische Forum für Bürgerrechte*, das auf dem Planeten Zenthara stattfand. Diese Konferenz brachte Vertreter von über 50 verschiedenen Spezies zusammen, um über die Rechte hyperdichter Lebensformen zu diskutieren. Durch Workshops, Podiumsdiskussionen und interaktive Sitzungen konnten die Teilnehmer ihre Perspektiven austauschen und gemeinsam Strategien entwickeln, um die Rechte dieser Lebensformen zu fördern.

Ein weiteres Beispiel ist die *Intergalaktische Konferenz für nachhaltige Entwicklung*, die auf dem Planeten Elysia stattfand. Diese Konferenz konzentrierte sich auf die Herausforderungen des Klimawandels und der Ressourcennutzung in verschiedenen Galaxien. Die Teilnehmer erarbeiteten ein gemeinsames Handlungsprogramm, das auf den Prinzipien der Nachhaltigkeit und der intergalaktischen Zusammenarbeit basierte.

Fazit

Intergalaktische Konferenzen sind von entscheidender Bedeutung für die Förderung des Dialogs und der Zusammenarbeit zwischen verschiedenen Kulturen und Spezies. Sie bieten eine Plattform für den Austausch von Ideen und Strategien, die für die Unterstützung hyperdichter Lebensformen unerlässlich sind. Trotz der Herausforderungen, die mit diesen Konferenzen verbunden sind, wie Kommunikationsbarrieren und Ungleichheiten, können sie durch innovative Ansätze und Technologien überwunden werden. Die Beispiele erfolgreicher Konferenzen zeigen, dass intergalaktische Zusammenarbeit nicht nur möglich, sondern auch notwendig ist, um eine gerechtere und nachhaltigere Zukunft für alle Lebensformen im Universum zu schaffen.

Strategien zur Zusammenarbeit

Die intergalaktische Zusammenarbeit ist ein entscheidender Aspekt für die Förderung der Bürgerrechte hyperdichter Lebensformen auf Ymaris. Um effektive Strategien zur Zusammenarbeit zu entwickeln, müssen wir verschiedene theoretische Ansätze und praktische Beispiele betrachten, die die Herausforderungen und Möglichkeiten in diesem Bereich beleuchten.

Theoretische Grundlagen

Die Theorie der interkulturellen Kommunikation spielt eine zentrale Rolle bei der Entwicklung von Strategien zur Zusammenarbeit. Diese Theorie besagt, dass das Verständnis und die Wertschätzung kultureller Unterschiede entscheidend für die erfolgreiche Zusammenarbeit zwischen verschiedenen Spezies und Kulturen sind. Ein Beispiel hierfür ist das Modell von Edward T. Hall, das die Konzepte von Hoch- und Niedrigkontextkommunikation beschreibt. In einer Hochkontextkultur, wie sie bei den hyperdichten Lebensformen zu finden ist, sind nonverbale Signale und implizite Botschaften von großer Bedeutung. Dies erfordert von den intergalaktischen Partnern eine Sensibilität für diese Kommunikationsstile, um Missverständnisse zu vermeiden.

Praktische Strategien

Um die Zusammenarbeit zwischen verschiedenen Kulturen zu fördern, können folgende Strategien angewendet werden:

- **Bildung und Sensibilisierung:** Programme zur Sensibilisierung für die kulturellen Unterschiede und die spezifischen Bedürfnisse hyperdichter Lebensformen sollten entwickelt werden. Diese Programme könnten Workshops und Seminare umfassen, die sowohl theoretische als auch praktische Aspekte der interkulturellen Kommunikation abdecken.

- **Interkulturelle Austauschprogramme:** Die Einrichtung von Austauschprogrammen ermöglicht es Individuen, direkt mit anderen

Kulturen in Kontakt zu treten. Solche Programme könnten Praktika, Studienreisen oder gemeinsame Projekte umfassen, die den Austausch von Wissen und Erfahrungen fördern.

- **Kooperation mit intergalaktischen Organisationen:** Die Zusammenarbeit mit etablierten intergalaktischen Organisationen, die sich für Bürgerrechte einsetzen, kann den Zugang zu Ressourcen und Netzwerken erleichtern. Diese Organisationen können als Plattform für den Austausch von Best Practices dienen und die Sichtbarkeit der Anliegen hyperdichter Lebensformen erhöhen.

- **Gemeinsame Projekte:** Die Initiierung gemeinsamer Projekte, die sowohl lokale als auch intergalaktische Gemeinschaften einbeziehen, kann die Zusammenarbeit stärken. Solche Projekte könnten sich auf Umweltschutz, Bildung oder soziale Gerechtigkeit konzentrieren und die Beteiligung verschiedener Kulturen fördern.

- **Technologieeinsatz:** Der Einsatz moderner Technologien, wie virtuelle Realität und soziale Medien, kann die Zusammenarbeit erleichtern. Diese Technologien ermöglichen es, Barrieren zu überwinden und eine breitere Öffentlichkeit für die Anliegen hyperdichter Lebensformen zu sensibilisieren.

Herausforderungen

Trotz dieser Strategien gibt es zahlreiche Herausforderungen, die die Zusammenarbeit behindern können. Dazu gehören:

- **Kulturelle Missverständnisse:** Unterschiede in der Kommunikation und den sozialen Normen können zu Missverständnissen führen, die die Zusammenarbeit erschweren. Es ist wichtig, diese Unterschiede zu erkennen und Strategien zur Überwindung dieser Barrieren zu entwickeln.

- **Machtungleichgewichte:** In intergalaktischen Beziehungen können Machtungleichgewichte auftreten, die die Zusammenarbeit beeinträchtigen. Stärkere Kulturen könnten versuchen, ihre Interessen über die der schwächeren Kulturen zu stellen, was zu Ungerechtigkeiten führen kann.

- **Ressourcenkonflikte:** Der Zugang zu Ressourcen kann ein weiterer Konfliktpunkt sein. Die Verteilung von Ressourcen muss gerecht gestaltet werden, um Spannungen zwischen verschiedenen Kulturen zu vermeiden.

+ **Politische Spannungen:** Politische Konflikte zwischen verschiedenen Planeten oder Kulturen können die intergalaktische Zusammenarbeit erheblich beeinträchtigen. Diplomatische Bemühungen sind erforderlich, um solche Spannungen abzubauen und ein gemeinsames Verständnis zu fördern.

Beispiele erfolgreicher Zusammenarbeit

Ein bemerkenswertes Beispiel für erfolgreiche intergalaktische Zusammenarbeit ist die „Galaktische Konferenz für Bürgerrechte", die regelmäßig auf verschiedenen Planeten stattfindet. Diese Konferenz bringt Vertreter verschiedener Kulturen zusammen, um über gemeinsame Herausforderungen und Lösungen zu diskutieren. Die letzten Konferenzen haben zu konkreten Maßnahmen geführt, wie der Schaffung eines intergalaktischen Rechtsrahmens zum Schutz hyperdichter Lebensformen.

Ein weiteres Beispiel ist die Initiative „Intergalaktische Bildung für alle", die sich zum Ziel gesetzt hat, Bildungsmöglichkeiten für alle Spezies zu schaffen. Durch den Austausch von Lehrplänen und Bildungsressourcen konnte eine Vielzahl von Programmen entwickelt werden, die auf die spezifischen Bedürfnisse hyperdichter Lebensformen zugeschnitten sind.

Fazit

Die Entwicklung effektiver Strategien zur Zusammenarbeit ist entscheidend für die Förderung der Bürgerrechte hyperdichter Lebensformen auf Ymaris. Durch Bildung, interkulturellen Austausch und den Einsatz moderner Technologien können wir die Herausforderungen überwinden und eine gerechtere und inklusivere Gesellschaft schaffen. Es ist unerlässlich, dass wir die kulturellen Unterschiede respektieren und wertschätzen, um eine harmonische und produktive Zusammenarbeit zu gewährleisten.

Herausforderungen bei intergalaktischen Beziehungen

Intergalaktische Beziehungen sind von entscheidender Bedeutung für die Förderung des Verständnisses und der Zusammenarbeit zwischen verschiedenen Lebensformen und Kulturen in der Galaxie. Dennoch stehen diese Beziehungen vor einer Vielzahl von Herausforderungen, die sowohl politischer als auch sozialer Natur sind. In diesem Abschnitt werden wir die wichtigsten Herausforderungen untersuchen, mit denen Sorran Vale und andere Bürgerrechtsaktivisten konfrontiert sind, wenn sie versuchen, intergalaktische Beziehungen zu fördern und zu stabilisieren.

Politische Differenzen

Eine der größten Herausforderungen in intergalaktischen Beziehungen sind die politischen Differenzen zwischen den verschiedenen Planeten und Zivilisationen. Jedes System hat seine eigenen Gesetze, Werte und Regierungsformen, die oft nicht miteinander vereinbar sind. Beispielsweise könnte ein Planet eine autoritäre Regierung haben, während ein anderer eine demokratische Struktur verfolgt. Diese Unterschiede können zu Spannungen führen, insbesondere wenn es darum geht, gemeinsame Gesetze zu erlassen oder intergalaktische Abkommen zu schließen.

Die Theorie der interkulturellen Kommunikation legt nahe, dass Missverständnisse und Konflikte oft aus unterschiedlichen Wertvorstellungen resultieren. *Hofstede's Kulturdimensionen* sind ein nützliches Modell, um diese Unterschiede zu verstehen. Insbesondere die Dimensionen der **Macht-Distanz** und der **Individualismus vs. Kollektivismus** können aufzeigen, wie unterschiedlich Gesellschaften strukturiert sind und wie diese Strukturen die intergalaktische Diplomatie beeinflussen können.

Wirtschaftliche Ungleichheiten

Ein weiteres zentrales Problem sind die wirtschaftlichen Ungleichheiten zwischen den verschiedenen Zivilisationen. Einige Planeten verfügen über reichhaltige Ressourcen und fortschrittliche Technologien, während andere in Armut leben und mit grundlegenden Herausforderungen wie Nahrungsmittelknappheit und medizinischer Versorgung konfrontiert sind. Diese Ungleichheiten können zu einem Ungleichgewicht in den Verhandlungen führen, da wohlhabendere Planeten möglicherweise versuchen, ihre Interessen auf Kosten der ärmeren Zivilisationen durchzusetzen.

Ein Beispiel hierfür ist die *Galaktische Handelsallianz*, die oft kritisiert wird, weil sie die Interessen der wohlhabenden Planeten über die der weniger entwickelten stellt. Aktivisten wie Sorran Vale setzen sich dafür ein, dass diese Ungleichheiten in intergalaktischen Abkommen berücksichtigt werden und dass Ressourcen fair verteilt werden.

Kulturelle Missverständnisse

Kulturelle Missverständnisse sind eine häufige Quelle von Konflikten in intergalaktischen Beziehungen. Unterschiede in der Kommunikation, den sozialen Normen und den Werten können zu Missverständnissen führen, die die Zusammenarbeit behindern. Beispielsweise könnte eine direkte Kommunikation in einer Kultur als unhöflich angesehen werden, während sie in einer anderen als Zeichen von Ehrlichkeit und Offenheit gilt.

Die *Theorie der sozialen Identität* legt nahe, dass Menschen dazu neigen, ihre eigene Gruppe über andere zu stellen, was zu Vorurteilen und Diskriminierung führen kann. Sorran Vale hat in seiner Arbeit immer betont, wie wichtig es ist, kulturelle Sensibilität zu fördern und den Dialog zwischen den verschiedenen Lebensformen zu unterstützen, um Missverständnisse zu vermeiden und eine harmonische Zusammenarbeit zu ermöglichen.

Technologische Unterschiede

Die technologischen Unterschiede zwischen den Zivilisationen stellen eine weitere Herausforderung dar. Einige Planeten haben Zugang zu hochentwickelten Technologien, die ihnen ermöglichen, ihre Lebensweise zu verbessern und ihre Ressourcen effizienter zu nutzen. Andere hingegen kämpfen mit veralteten oder gar fehlenden Technologien, was ihre Entwicklung hemmt.

Diese Unterschiede können auch zu einem Machtungleichgewicht führen. Ein Beispiel ist die *Intergalaktische Raumfahrtbehörde*, die oft von den technologisch fortgeschritteneren Planeten dominiert wird. Sorran Vale hat sich dafür eingesetzt, dass technologische Unterstützung und Wissenstransfer zwischen den Planeten gefördert werden, um eine gerechtere und nachhaltige Entwicklung zu gewährleisten.

Konflikte und Kriege

Konflikte und Kriege zwischen verschiedenen Zivilisationen sind die extremsten Herausforderungen für intergalaktische Beziehungen. Historische Feindschaften, Ressourcenkonflikte und ideologische Differenzen können zu offenen Konflikten führen, die nicht nur die betroffenen Zivilisationen, sondern die gesamte Galaxie destabilisieren können.

Die *Theorie der gerechten Kriege* bietet einen Rahmen, um zu verstehen, wann und warum Konflikte entstehen. Sorran Vale hat sich in seiner Arbeit intensiv mit den Ursachen von Konflikten auseinandergesetzt und setzt sich für friedliche Konfliktlösungen und die Förderung von Diplomatie ein.

Schlussfolgerung

Die Herausforderungen bei intergalaktischen Beziehungen sind vielfältig und komplex. Politische Differenzen, wirtschaftliche Ungleichheiten, kulturelle Missverständnisse, technologische Unterschiede und Konflikte sind nur einige der Probleme, mit denen Aktivisten wie Sorran Vale konfrontiert sind. Um eine gerechte und friedliche Galaxie zu schaffen, ist es entscheidend, dass diese Herausforderungen erkannt und angegangen werden. Nur durch Zusammenarbeit, Verständnis und Respekt können wir eine bessere Zukunft für alle Lebensformen in der Galaxie gestalten.

Die Bedeutung von Diplomatie

Die Diplomatie spielt eine entscheidende Rolle in der intergalaktischen Zusammenarbeit, insbesondere im Kontext der Bürgerrechtsbewegung auf Ymaris und darüber hinaus. In einer Zeit, in der die Herausforderungen zwischen verschiedenen Kulturen und Lebensformen zunehmen, wird die Fähigkeit, durch diplomatische Mittel Lösungen zu finden, immer wichtiger. Diplomatie ist nicht nur ein Werkzeug zur Vermeidung von Konflikten, sondern auch ein Mittel zur Schaffung von Verständnis und Kooperation.

Theoretische Grundlagen der Diplomatie

Die Diplomatie kann als der Prozess definiert werden, durch den Staaten und intergalaktische Akteure ihre Beziehungen zueinander gestalten. Laut dem Diplomaten und Politikwissenschaftler Robert Keohane ist Diplomatie ein entscheidendes Element in der Theorie der internationalen Beziehungen, insbesondere in der Neoliberalen Theorie, die die Bedeutung von Institutionen und Kooperation betont. Keohane argumentiert, dass durch Diplomatie ein Rahmen geschaffen wird, der es den Akteuren ermöglicht, in einer komplexen und oft konfliktbeladenen Welt zusammenzuarbeiten.

Ein zentrales Konzept in der Diplomatie ist das der **Soft Power**, das von Joseph Nye geprägt wurde. Soft Power bezieht sich auf die Fähigkeit eines Akteurs, andere durch Anziehung und Überzeugung zu beeinflussen, anstatt durch Zwang oder Gewalt. Auf Ymaris bedeutet dies, dass Sorran Vale und andere Bürgerrechtsaktivisten nicht nur rechtliche Mittel einsetzen, sondern auch kulturelle und soziale Ansätze verfolgen, um ihre Botschaft zu verbreiten und Unterstützung zu gewinnen.

Herausforderungen der Diplomatie

Trotz ihrer Bedeutung steht die Diplomatie vor zahlreichen Herausforderungen. Eine der größten Hürden ist die **Missverständnisse** zwischen verschiedenen Kulturen und Lebensformen. Auf Ymaris gibt es hyperdichte Lebensformen, deren Wahrnehmungen und Kommunikationsstile sich stark von denen der humanoiden Bevölkerung unterscheiden. Diese Unterschiede können zu Spannungen führen, die nur durch geschickte diplomatische Verhandlungen überwunden werden können.

Ein weiteres Problem ist die **Machtungleichheit** zwischen den Akteuren. Oft haben einige Planeten oder Zivilisationen mehr Einfluss und Ressourcen als andere, was zu einer ungleichen Verhandlungsposition führt. Sorran Vale hat in seiner Karriere oft mit diesen Ungleichgewichten zu kämpfen gehabt, insbesondere wenn es darum ging, die Stimmen der hyperdichten Lebensformen zu vertreten, die oft marginalisiert werden.

Beispiele erfolgreicher Diplomatie

Trotz dieser Herausforderungen gibt es zahlreiche Beispiele für erfolgreiche diplomatische Bemühungen auf Ymaris. Ein herausragendes Beispiel ist die **Intergalaktische Konferenz für Bürgerrechte**, die von Sorran Vale initiiert wurde. Diese Konferenz brachte Vertreter verschiedener Planeten zusammen, um über die Rechte hyperdichter Lebensformen zu diskutieren. Durch den Dialog und die Schaffung eines gemeinsamen Verständnisses konnten wichtige Vereinbarungen getroffen werden, die den Schutz dieser Lebensformen stärkten.

Ein weiteres Beispiel ist die Gründung der **Vereinigung für intergalaktische Diplomatie**, die darauf abzielt, den Austausch zwischen verschiedenen Kulturen zu fördern. Diese Organisation hat Programme entwickelt, die den Dialog und die Zusammenarbeit zwischen den verschiedenen Zivilisationen unterstützen, was zu einer besseren gegenseitigen Verständigung und einem stärkeren Zusammenhalt geführt hat.

Die Zukunft der Diplomatie

Die Zukunft der Diplomatie auf Ymaris und im intergalaktischen Raum hängt von der Fähigkeit der Akteure ab, sich an neue Herausforderungen anzupassen. Die zunehmende Globalisierung und die Interdependenz zwischen den Planeten erfordern innovative Ansätze zur Konfliktlösung und zur Förderung von Zusammenarbeit. Sorran Vale hat in seinen Visionen betont, dass eine **proaktive**

Diplomatie, die auf Prävention und Zusammenarbeit abzielt, unerlässlich ist, um eine friedliche und gerechte Gesellschaft zu schaffen.

Zusammenfassend lässt sich sagen, dass die Bedeutung von Diplomatie in der intergalaktischen Bürgerrechtsbewegung nicht zu unterschätzen ist. Sie ist ein unverzichtbares Werkzeug zur Förderung des Verständnisses, zur Überwindung von Konflikten und zur Schaffung einer gerechteren Gesellschaft für alle Lebensformen auf Ymaris und darüber hinaus. Die Herausforderungen sind groß, aber mit einem engagierten Ansatz und der richtigen Strategie kann Diplomatie eine transformative Kraft für das Gute sein.

$$P = \frac{C + R}{T} \qquad (21)$$

Hierbei steht P für den Erfolg der diplomatischen Bemühungen, C für die kulturelle Verständigung, R für die Ressourcen, die zur Verfügung stehen, und T für die Zeit, die für Verhandlungen benötigt wird. Diese Gleichung verdeutlicht, dass der Erfolg der Diplomatie von der Kombination dieser Faktoren abhängt und dass eine ausgewogene Berücksichtigung aller Aspekte notwendig ist, um positive Ergebnisse zu erzielen.

Sorrans Vision für eine vereinte Galaxie

Sorran Vale, ein herausragender Bürgerrechtsaktivist auf Ymaris, hat eine klare und inspirierende Vision für eine vereinte Galaxie entwickelt. Diese Vision ist nicht nur ein Traum, sondern eine strategische Agenda, die auf den Prinzipien der Zusammenarbeit, des Respekts und der Gleichheit basiert. In diesem Abschnitt werden wir die zentralen Elemente dieser Vision untersuchen, die Herausforderungen, die sie mit sich bringt, und die theoretischen Grundlagen, die Sorrans Ansatz untermauern.

Die Grundlagen von Sorrans Vision

Sorrans Vision für eine vereinte Galaxie basiert auf mehreren grundlegenden Prinzipien:

1. **Interkulturelle Verständigung:** Sorran glaubt fest daran, dass ein tiefes Verständnis zwischen den verschiedenen Kulturen der Galaxie notwendig ist, um Frieden und Harmonie zu fördern. Er propagiert den Austausch von Wissen, Traditionen und Werten zwischen den verschiedenen Lebensformen.

2. **Gegenseitiger Respekt:** In einer vereinten Galaxie ist der Respekt vor den Rechten und der Würde aller Lebensformen von größter Bedeutung. Sorran setzt sich dafür ein, dass die hyperdichten Lebensformen, die oft diskriminiert werden, gleichberechtigt behandelt werden.

3. **Kollektive Verantwortung:** Sorran sieht die Verantwortung für den Schutz und die Förderung der Bürgerrechte als kollektive Aufgabe an, die alle intergalaktischen Bürger betrifft. Dies erfordert eine aktive Beteiligung aller, um eine gerechte Gesellschaft zu schaffen.

Theoretische Grundlagen

Die theoretischen Grundlagen von Sorrans Vision sind tief in der intergalaktischen Ethik und den Prinzipien der sozialen Gerechtigkeit verwurzelt. Er bezieht sich auf Theorien wie die *Intergalaktische Gerechtigkeit*, die besagt, dass alle Lebensformen, unabhängig von ihrer Herkunft oder ihrer biologischen Beschaffenheit, ein Recht auf Gleichheit und Respekt haben. Diese Theorie basiert auf den folgenden Gleichungen:

$$R = \frac{E}{D} \tag{22}$$

wobei R die Gleichheit der Rechte, E die ethische Verantwortung und D die Diversität der Lebensformen darstellt. Diese Gleichung verdeutlicht, dass eine höhere Diversität der Lebensformen eine größere ethische Verantwortung erfordert, um Gleichheit zu gewährleisten.

Herausforderungen bei der Umsetzung

Trotz seiner klaren Vision steht Sorran vor mehreren Herausforderungen, die die Umsetzung seiner Ideen erschweren:

+ **Politische Widerstände:** Viele Regierungen in der Galaxie sind nicht bereit, ihre Macht aufzugeben oder ihre Gesetze zu reformieren, um den hyperdichten Lebensformen mehr Rechte zu gewähren.

+ **Kulturelle Barrieren:** Unterschiedliche kulturelle Werte und Traditionen können zu Missverständnissen und Konflikten führen, die die interkulturelle Verständigung behindern.

+ **Ressourcenmangel:** Der Zugang zu Ressourcen, die für den Austausch und die Zusammenarbeit notwendig sind, ist oft ungleich verteilt, was die Bildung einer vereinten Galaxie erschwert.

Praktische Beispiele für Sorrans Vision

Um seine Vision in die Tat umzusetzen, hat Sorran mehrere Initiativen ins Leben gerufen:

1. **Intergalaktische Konferenzen:** Sorran organisiert regelmäßig Konferenzen, bei denen Vertreter verschiedener Kulturen und Lebensformen zusammenkommen, um über ihre Herausforderungen zu diskutieren und Lösungen zu finden.

2. **Bildungsprogramme:** Er hat Programme ins Leben gerufen, die darauf abzielen, das Bewusstsein für die Rechte hyperdichter Lebensformen zu schärfen und interkulturelle Verständigung zu fördern.

3. **Kooperationsprojekte:** Sorran initiiert Projekte, die den Austausch von Ressourcen und Wissen zwischen verschiedenen Planeten fördern, um eine gerechtere Verteilung zu erreichen.

Ausblick auf die Zukunft

Sorrans Vision für eine vereinte Galaxie ist ehrgeizig, aber nicht unerreichbar. Mit der fortschreitenden Technologie und dem wachsenden Bewusstsein für intergalaktische Bürgerrechte gibt es Hoffnung auf eine positive Entwicklung. Sorran glaubt, dass die nächste Generation von Aktivisten, inspiriert durch seine Arbeit, die notwendigen Veränderungen herbeiführen kann.

Insgesamt ist Sorrans Vision nicht nur eine Utopie, sondern ein Aufruf zum Handeln. Er ermutigt alle intergalaktischen Bürger, sich aktiv an der Schaffung einer gerechteren und vereinten Galaxie zu beteiligen. Nur durch Zusammenarbeit, Respekt und kollektive Verantwortung können wir die Herausforderungen überwinden und eine bessere Zukunft für alle Lebensformen schaffen.

$$V = \sum_{i=1}^{n} \frac{R_i}{C_i} \tag{23}$$

Hierbei ist V die Vision einer vereinten Galaxie, R_i die Rechte der einzelnen Lebensformen und C_i die kulturellen Herausforderungen, die überwunden werden müssen. Diese Gleichung zeigt, dass die Vision nur dann realisiert werden kann, wenn die Rechte aller Lebensformen gewahrt und die kulturellen Herausforderungen aktiv angegangen werden.

Der Austausch von Ressourcen und Wissen

Der Austausch von Ressourcen und Wissen ist ein entscheidendes Element in der Bürgerrechtsbewegung auf Ymaris, insbesondere im Kontext der hyperdichten Lebensformen. In einer intergalaktischen Gesellschaft, in der verschiedene Kulturen und Lebensformen koexistieren, wird der Zugang zu Ressourcen nicht nur als eine Frage des Überlebens, sondern auch als eine Frage der Gerechtigkeit betrachtet. Diese Dynamik stellt sicher, dass alle Gemeinschaften, insbesondere die marginalisierten, die Möglichkeit haben, sich zu entwickeln und ihre Rechte zu verteidigen.

Theoretische Grundlagen

Der Austausch von Ressourcen und Wissen kann durch verschiedene theoretische Rahmenbedingungen analysiert werden. Eine der zentralen Theorien ist die *Theorie der sozialen Gerechtigkeit*, die besagt, dass Ressourcen gleichmäßig und fair verteilt werden sollten, um soziale Ungleichheiten zu minimieren. Diese Theorie wird oft in Verbindung mit der *Capability Approach* von Amartya Sen diskutiert, der die Bedeutung der Fähigkeiten und Chancen der Individuen hervorhebt, um ein erfülltes Leben zu führen.

Die Gleichheit im Zugang zu Ressourcen ist jedoch oft durch strukturelle Barrieren behindert. In Ymaris gibt es beispielsweise eine klare Trennung zwischen den verschiedenen Lebensformen, die sich in unterschiedlichen sozialen und wirtschaftlichen Schichten befinden. Diese Trennung führt zu einem Ungleichgewicht, das den Austausch von Wissen und Ressourcen erschwert.

Probleme im Austausch

Trotz der theoretischen Grundlagen gibt es zahlreiche Probleme, die den Austausch von Ressourcen und Wissen behindern. Eine der größten Herausforderungen ist die *Kulturelle Barriere*. Unterschiedliche Kommunikationsstile und Werte können Missverständnisse verursachen, die den Austausch behindern. Zum Beispiel haben hyperdichte Lebensformen oft eine andere Auffassung von Zeit und Raum, was zu Schwierigkeiten bei der Zusammenarbeit führen kann.

Ein weiteres Problem ist die *Ressourcenkonkurrenz*. In einer Welt, in der Ressourcen begrenzt sind, kann der Zugang zu Wissen und Ressourcen zu Konflikten führen. Sorran Vale hat in seiner Karriere zahlreiche Fälle gesehen, in denen der Zugang zu Wasser oder Nahrungsmitteln zwischen verschiedenen Gemeinschaften zu Spannungen geführt hat.

Beispiele für erfolgreichen Austausch

Trotz dieser Herausforderungen gibt es Beispiele für erfolgreichen Austausch von Ressourcen und Wissen auf Ymaris. Eine bemerkenswerte Initiative war das *Intergalaktische Wissensnetzwerk*, das von Sorran Vale mitgegründet wurde. Dieses Netzwerk ermöglicht es verschiedenen Gemeinschaften, ihre Erfahrungen und Ressourcen zu teilen. Durch regelmäßige Konferenzen und Workshops konnten hyperdichte Lebensformen und andere Gruppen ihre Kenntnisse über nachhaltige Praktiken austauschen und voneinander lernen.

Ein weiteres Beispiel ist das *Ressourcen-Kooperationsprojekt*, das darauf abzielt, den Zugang zu Wasserressourcen für alle Lebensformen auf Ymaris zu gewährleisten. Dieses Projekt hat nicht nur den Zugang zu Wasser verbessert, sondern auch das Bewusstsein für die Bedeutung des Wasserschutzes in der gesamten Gemeinschaft geschärft.

Die Rolle von Sorran Vale

Sorran Vale spielt eine zentrale Rolle im Austausch von Ressourcen und Wissen. Durch seine Arbeit hat er nicht nur rechtliche Rahmenbedingungen geschaffen, um den Austausch zu fördern, sondern auch als Vermittler zwischen verschiedenen Gemeinschaften fungiert. Seine Fähigkeit, Vertrauen aufzubauen und Brücken zu schlagen, hat es ihm ermöglicht, viele Konflikte zu lösen und eine gemeinsame Basis für den Austausch zu schaffen.

Sorran hat auch die Bedeutung von Bildung in diesem Kontext hervorgehoben. Er glaubt, dass Bildung der Schlüssel zum Austausch von Wissen ist. Durch Bildungsprogramme, die speziell für hyperdichte Lebensformen entwickelt wurden, können diese Gemeinschaften ihre Fähigkeiten erweitern und aktiv am Austausch teilnehmen.

Zukunftsperspektiven

Die Zukunft des Austauschs von Ressourcen und Wissen auf Ymaris hängt von der Fähigkeit der Gemeinschaften ab, Barrieren abzubauen und eine Kultur der Zusammenarbeit zu fördern. Sorran Vale sieht die Notwendigkeit, neue Technologien zu entwickeln, die den Austausch erleichtern. Dies könnte die Schaffung von digitalen Plattformen umfassen, die den Zugang zu Informationen und Ressourcen für alle Lebensformen ermöglichen.

Zusammenfassend lässt sich sagen, dass der Austausch von Ressourcen und Wissen auf Ymaris nicht nur eine Frage der Gerechtigkeit ist, sondern auch eine Notwendigkeit für das Überleben und die Entwicklung aller Gemeinschaften.

Durch die Überwindung kultureller Barrieren und die Förderung von Kooperationen können die hyperdichten Lebensformen und andere Gruppen eine gerechtere und nachhaltigere Zukunft gestalten.

Erfolge in der intergalaktischen Zusammenarbeit

Die intergalaktische Zusammenarbeit hat sich als entscheidend für den Fortschritt und die Rechte hyperdichter Lebensformen auf Ymaris erwiesen. Durch die Schaffung von Allianzen und Partnerschaften mit anderen Planeten und Kulturen konnte Sorran Vale bedeutende Erfolge erzielen, die nicht nur das Leben der hyperdichten Lebensformen verbesserten, sondern auch das Verständnis und die Akzeptanz zwischen verschiedenen Spezies förderten.

Theoretische Grundlagen

Die Theorie der intergalaktischen Zusammenarbeit basiert auf mehreren Schlüsselprinzipien, darunter:

- **Kultureller Austausch:** Der Austausch von Ideen, Werten und Traditionen zwischen verschiedenen Kulturen fördert das Verständnis und die Toleranz.

- **Ressourcenteilung:** Die Zusammenarbeit ermöglicht den Zugang zu Ressourcen, die für die Entwicklung und das Überleben von Gemeinschaften entscheidend sind.

- **Gemeinsame Problemlösung:** Durch die Zusammenarbeit können intergalaktische Probleme effektiver angegangen und gelöst werden, indem verschiedene Perspektiven und Expertisen kombiniert werden.

Diese Prinzipien wurden in den verschiedenen Programmen und Initiativen, die Sorran Vale ins Leben rief, erfolgreich umgesetzt.

Beispiele erfolgreicher Initiativen

Ein herausragendes Beispiel für den Erfolg intergalaktischer Zusammenarbeit war die *Ymaris-Koalition für intergalaktische Rechte* (YKIR). Diese Koalition wurde gegründet, um die Rechte hyperdichter Lebensformen zu verteidigen und zu fördern. Zu den Mitgliedern gehörten Vertreter von Planeten wie Zyloria, Threx und Kaldor, die alle unterschiedliche Perspektiven und Erfahrungen in die Koalition einbrachten.

1. **Bildung und Aufklärung** Ein zentrales Projekt der YKIR war die Einrichtung eines intergalaktischen Bildungsprogramms, das den Austausch von Wissen und Ressourcen zwischen den Mitgliedsplaneten förderte. Dieses Programm ermöglichte es, Lehrpläne zu entwickeln, die die Besonderheiten der hyperdichten Lebensformen berücksichtigten und gleichzeitig die kulturellen Unterschiede respektierten.

Die Gleichung für den Erfolg dieses Programms kann als:

$$E = \frac{W + R}{C}$$

dargestellt werden, wobei E der Erfolg, W das Wissen, R die Ressourcen und C die kulturellen Unterschiede sind. Ein höherer Wert von E zeigt an, dass eine erfolgreiche Integration und Zusammenarbeit stattgefunden hat.

2. **Gesundheitsinitiativen** Ein weiteres Beispiel für den Erfolg intergalaktischer Zusammenarbeit war die *Intergalaktische Gesundheitsinitiative*. Diese Initiative ermöglichte den Austausch medizinischer Technologien und Kenntnisse, um die Gesundheitsversorgung für hyperdichte Lebensformen zu verbessern. Durch den Austausch von medizinischem Wissen zwischen Ymaris und anderen Planeten konnten neuartige Behandlungsmethoden entwickelt werden, die speziell auf die Bedürfnisse hyperdichter Lebensformen zugeschnitten waren.

Die Gleichung für den Erfolg der Gesundheitsinitiative könnte wie folgt formuliert werden:

$$H = \frac{T + I}{C}$$

wobei H der gesundheitliche Fortschritt, T die Technologie, I die Innovation und C die kulturellen Barrieren sind. Ein höherer Wert von H zeigt an, dass die Gesundheitsversorgung für hyperdichte Lebensformen signifikant verbessert wurde.

Herausforderungen und Lösungen

Trotz der Erfolge standen Sorran Vale und die YKIR vor zahlreichen Herausforderungen. Eine der größten Hürden war die Überwindung kultureller Vorurteile und Missverständnisse zwischen den verschiedenen Spezies. Um diese Herausforderungen zu bewältigen, wurde ein intergalaktisches Forum ins Leben gerufen, das regelmäßige Treffen und Diskussionen zwischen den verschiedenen Kulturen ermöglichte.

Zusätzlich wurde ein Programm zur Förderung des intergalaktischen Dialogs eingeführt, das darauf abzielte, die Kommunikationsfähigkeiten zwischen den Kulturen zu verbessern. Diese Programme führten zu einer signifikanten Reduzierung von Missverständnissen und Konflikten, was wiederum die Zusammenarbeit stärkte.

Schlussfolgerung

Die Erfolge in der intergalaktischen Zusammenarbeit zeigen, dass durch vereinte Anstrengungen und den Austausch von Wissen und Ressourcen bedeutende Fortschritte erzielt werden können. Sorran Vale hat bewiesen, dass intergalaktische Partnerschaften nicht nur die Rechte hyperdichter Lebensformen stärken, sondern auch zu einem besseren Verständnis und einer stärkeren Einheit zwischen den verschiedenen Kulturen führen können. Diese Erfolge sind ein leuchtendes Beispiel dafür, was erreicht werden kann, wenn unterschiedliche Spezies zusammenarbeiten, um gemeinsame Ziele zu verfolgen und eine gerechtere und inklusivere Gesellschaft zu schaffen.

Die Zukunft der Bürgerrechtsbewegung auf Ymaris

Die Bürgerrechtsbewegung auf Ymaris steht an einem entscheidenden Wendepunkt. Während die Errungenschaften der vergangenen Jahre bemerkenswert sind, bleibt die Frage, wie die Bewegung in den kommenden Jahrzehnten weiter wachsen und sich anpassen kann. Um dies zu verstehen, ist es wichtig, sowohl die theoretischen Grundlagen als auch die praktischen Herausforderungen zu betrachten, die die Zukunft der Bewegung prägen könnten.

Theoretische Grundlagen

Die Bürgerrechtsbewegung auf Ymaris basiert auf einer Vielzahl von theoretischen Ansätzen, die sich mit den Rechten hyperdichter Lebensformen (HDL) und den intergalaktischen Beziehungen befassen. Ein zentraler theoretischer Rahmen ist die **Theorie der sozialen Gerechtigkeit**, die besagt, dass alle Lebensformen, unabhängig von ihrer Dichte oder Herkunft, ein Recht auf Gleichheit und Respekt haben. Diese Theorie wird durch die **Intersektionalität** ergänzt, die die verschiedenen Dimensionen der Identität berücksichtigt, die die Erfahrungen von Diskriminierung und Ungerechtigkeit beeinflussen.

Ein weiterer wichtiger Aspekt ist die **Postkoloniale Theorie**, die die Auswirkungen kolonialer Strukturen auf die heutigen intergalaktischen Beziehungen beleuchtet. Diese Theorie fordert eine kritische Auseinandersetzung mit der Geschichte der Unterdrückung und der Notwendigkeit, die Stimmen der marginalisierten Gruppen zu stärken.

Herausforderungen

Trotz der theoretischen Grundlagen steht die Bürgerrechtsbewegung auf Ymaris vor mehreren Herausforderungen:

- **Technologische Entwicklungen:** Die rasante Entwicklung neuer Technologien, insbesondere im Bereich der Kommunikation und Überwachung, hat das Potenzial, die Mobilisierung der Gemeinschaft sowohl zu erleichtern als auch zu erschweren. Während soziale Medien eine Plattform für den Austausch von Ideen bieten, können sie auch zur Verbreitung von Fehlinformationen und zur Überwachung von Aktivisten genutzt werden.

- **Politische Widerstände:** Die politische Landschaft auf Ymaris ist oft von Widerständen gegen Veränderungen geprägt. Regierungen und Institutionen, die von traditioneller Machtstruktur profitieren, könnten versuchen, die Fortschritte der Bürgerrechtsbewegung zu untergraben. Dies könnte durch gesetzliche Maßnahmen geschehen, die die Rechte von HDL einschränken.

- **Intergalaktische Spannungen:** Die Beziehungen zu anderen Planeten und Zivilisationen können sowohl Chancen als auch Herausforderungen darstellen. Während der Austausch von Ideen und Strategien zwischen verschiedenen Bürgerrechtsbewegungen bereichernd sein kann, können auch Spannungen und Konflikte entstehen, die die Zusammenarbeit erschweren.

Beispiele für zukünftige Strategien

Um diesen Herausforderungen zu begegnen, könnten verschiedene Strategien entwickelt werden:

- **Erweiterung der Bildungsinitiativen:** Die Förderung von Bildungsprogrammen, die sich auf die Rechte von HDL und die Bedeutung von intergalaktischer Zusammenarbeit konzentrieren, könnte das Bewusstsein in der Gesellschaft schärfen. Workshops, Seminare und interaktive Plattformen könnten dazu beitragen, das Verständnis für die Herausforderungen und Rechte von HDL zu vertiefen.

- **Stärkung der Gemeinschaftsnetzwerke:** Die Bildung von Netzwerken zwischen verschiedenen Bürgerrechtsorganisationen auf Ymaris und anderen Planeten könnte den Austausch von Ressourcen und Informationen fördern. Solche Netzwerke könnten auch als Unterstützungssysteme für Aktivisten dienen, die unter Druck stehen.

- **Technologischer Einsatz für den Aktivismus:** Die Nutzung von Technologien zur Datensammlung, Analyse und Verbreitung von Informationen könnte die Effizienz der Bewegung steigern. Beispielsweise könnten Plattformen entwickelt werden, die es Aktivisten ermöglichen, sicher Informationen auszutauschen und Mobilisierungsstrategien zu koordinieren.

Ausblick

Die Zukunft der Bürgerrechtsbewegung auf Ymaris ist vielversprechend, aber auch herausfordernd. Es wird entscheidend sein, dass die Bewegung flexibel bleibt und sich an die sich verändernden gesellschaftlichen und technologischen Rahmenbedingungen anpasst. Die Stärkung der Gemeinschaft, der Einsatz von Bildung und die Nutzung neuer Technologien werden Schlüsselkomponenten sein, um die Rechte hyperdichter Lebensformen zu schützen und zu fördern.

Zusammenfassend lässt sich sagen, dass die Bürgerrechtsbewegung auf Ymaris nicht nur eine lokale Angelegenheit ist, sondern auch Teil eines größeren intergalaktischen Dialogs über Gerechtigkeit, Gleichheit und menschliche (oder außerirdische) Würde. Die Herausforderungen sind groß, aber die Möglichkeiten, die sich aus einer vereinten und informierten Gemeinschaft ergeben, sind ebenso bedeutend.

$$R = \frac{E}{C} \qquad (24)$$

Hierbei steht R für die Reichweite der Bürgerrechtsbewegung, E für die Effektivität der Mobilisierung und C für die gesellschaftlichen Herausforderungen, die es zu überwinden gilt. Eine höhere Effektivität in der Mobilisierung wird direkt dazu beitragen, die Reichweite und den Einfluss der Bewegung zu erhöhen, während gesellschaftliche Herausforderungen als Hemmnisse fungieren können.

Sorran Vale im Rampenlicht

Die Anerkennung seiner Arbeit

Auszeichnungen und Ehrungen

Sorran Vale, ein herausragender Bürgerrechtsaktivist, hat im Laufe seiner Karriere zahlreiche Auszeichnungen und Ehrungen für seine unermüdlichen Bemühungen um den Schutz hyperdichter Lebensformen auf Ymaris erhalten. Diese Anerkennungen spiegeln nicht nur seine individuellen Leistungen wider, sondern auch die kollektiven Anstrengungen der Bewegung, die er angeführt hat.

Die Ymaris Ehrenmedaille

Eine der prestigeträchtigsten Auszeichnungen, die Sorran erhalten hat, ist die **Ymaris Ehrenmedaille**, die jährlich an Personen verliehen wird, die außergewöhnliche Beiträge zur Gesellschaft leisten. Diese Auszeichnung wird von der *Ymaris Gesellschaft für Gleichheit* vergeben und würdigt Sorrans Engagement für die Rechte der hyperdichten Lebensformen. Bei der Verleihung wurde betont, dass seine Arbeit nicht nur das Bewusstsein für die Herausforderungen, mit denen diese Lebensformen konfrontiert sind, geschärft hat, sondern auch konkrete Veränderungen in der Gesetzgebung angestoßen hat.

Intergalaktische Bürgerrechtsauszeichnung

Eine weitere bedeutende Ehrung ist die **Intergalaktische Bürgerrechtsauszeichnung**, die Sorran für seine Rolle in der Schaffung intergalaktischer Allianzen zur Förderung der Rechte von Minderheiten verliehen wurde. Diese Auszeichnung wird von der *Galaktischen Vereinigung für Menschenrechte* verliehen und hebt die Wichtigkeit von intergalaktischer Zusammenarbeit hervor. Sorran wurde für seine Fähigkeit ausgezeichnet, verschiedene Kulturen zu vereinen und gemeinsame Ziele zu formulieren, um die Rechte hyperdichter Lebensformen zu verteidigen.

Die Auszeichnung für Innovative Ansätze im Aktivismus

Im Jahr 2025 erhielt Sorran die **Auszeichnung für Innovative Ansätze im Aktivismus**. Diese Ehrung wird an Aktivisten verliehen, die neue und kreative Methoden zur Mobilisierung und Sensibilisierung der Öffentlichkeit entwickelt haben. Sorrans Einsatz von sozialen Medien und digitalen Plattformen zur Verbreitung seiner Botschaft wurde als bahnbrechend angesehen. Seine Strategie, ansprechende Inhalte zu erstellen, die sowohl informativ als auch unterhaltsam sind, hat eine neue Generation von Aktivisten inspiriert und mobilisiert.

Wirkung der Auszeichnungen auf die Bewegung

Die Auszeichnungen, die Sorran erhalten hat, haben nicht nur seine persönliche Glaubwürdigkeit gestärkt, sondern auch die Sichtbarkeit der Bürgerrechtsbewegung auf Ymaris erhöht. Diese Anerkennungen haben dazu beigetragen, das Bewusstsein für die Anliegen hyperdichter Lebensformen in der breiteren Gesellschaft zu schärfen. Sie haben auch den Druck auf politische Entscheidungsträger erhöht, Änderungen in der Gesetzgebung zu erwägen, die den Schutz dieser Lebensformen verbessern könnten.

Kritik und Herausforderungen

Trotz seiner Erfolge sieht sich Sorran auch Kritik und Herausforderungen gegenüber. Einige Kritiker argumentieren, dass die Auszeichnungen, die er erhalten hat, die Probleme, mit denen hyperdichte Lebensformen konfrontiert sind, nicht ausreichend adressieren. Es wird behauptet, dass die Anerkennung von Einzelpersonen oft von den kollektiven Anstrengungen ablenkt, die notwendig sind, um systemische Veränderungen herbeizuführen. Sorran hat auf diese Kritik reagiert, indem er betont, dass Auszeichnungen nicht das Ziel sind, sondern Werkzeuge, um die Bewegung voranzubringen.

Zukunftsperspektiven

In der Zukunft plant Sorran, seine Plattform zu nutzen, um noch mehr Aufmerksamkeit auf die Anliegen hyperdichter Lebensformen zu lenken. Er sieht die Auszeichnungen als eine Möglichkeit, andere zu ermutigen, sich ebenfalls für soziale Gerechtigkeit einzusetzen. Sorrans Vision ist es, eine Bewegung zu schaffen, die nicht nur in Ymaris, sondern auch in anderen Teilen der Galaxie Wirkung zeigt.

Zusammenfassend lässt sich sagen, dass Sorran Vales Auszeichnungen und Ehrungen nicht nur seine persönlichen Erfolge markieren, sondern auch als Katalysatoren für eine breitere gesellschaftliche Veränderung dienen. Sie sind ein Beweis für die Kraft des Aktivismus und die Fähigkeit, das Bewusstsein für wichtige Themen zu schärfen.

Interviews und öffentliche Auftritte

Die öffentliche Wahrnehmung eines Aktivisten wird maßgeblich durch Interviews und öffentliche Auftritte geprägt. Für Sorran Vale, der sich leidenschaftlich für die Rechte hyperdichter Lebensformen auf Ymaris einsetzt, waren diese Gelegenheiten nicht nur Plattformen zur Verbreitung seiner Botschaft, sondern auch entscheidend für die Mobilisierung der Gemeinschaft und den intergalaktischen Dialog.

Die Bedeutung von Interviews

Interviews bieten Aktivisten die Möglichkeit, ihre Perspektiven in einem breiteren Kontext zu präsentieren. Sorran nutzte diese Gelegenheiten, um die Anliegen der hyperdichten Lebensformen zu erläutern und auf die Ungerechtigkeiten aufmerksam zu machen, mit denen sie konfrontiert sind. In einem seiner ersten Interviews mit dem galaktischen Nachrichtenkanal *Ymaris Today* erklärte Sorran:

> „Die hyperdichten Lebensformen sind nicht nur Wesen, die in unseren Wäldern leben; sie sind ein Teil unserer Kultur und unseres Ökosystems. Ihre Rechte müssen respektiert werden, und ihre Stimmen müssen gehört werden."

Diese Aussage verdeutlicht, wie Interviews als Werkzeug dienen können, um das Bewusstsein für soziale Themen zu schärfen und Empathie zu fördern.

Herausforderungen bei öffentlichen Auftritten

Trotz der Vorteile, die Interviews und öffentliche Auftritte mit sich bringen, sah sich Sorran auch zahlreichen Herausforderungen gegenüber. Eine der größten Schwierigkeiten war die mediale Verzerrung. In einer Welt, in der Sensationsberichterstattung oft Vorrang vor sachlicher Berichterstattung hat, war es für Sorran entscheidend, authentisch und glaubwürdig zu bleiben. Während eines öffentlichen Auftritts auf der intergalaktischen Konferenz für Bürgerrechte in 3023 wurde Sorran mit provokanten Fragen konfrontiert, die darauf abzielten, seine Ansichten zu diskreditieren. Er antwortete:

> „Ich bin hier, um für die Gerechtigkeit zu kämpfen, nicht um zu gefallen. Die Wahrheit ist oft unbequem, aber sie muss gesagt werden."

Diese Antwort stärkte nicht nur seine Position, sondern inspirierte auch viele junge Aktivisten, die im Publikum saßen.

Die Rolle der sozialen Medien

In der heutigen Zeit spielen soziale Medien eine entscheidende Rolle in der Öffentlichkeitsarbeit von Aktivisten. Sorran Vale erkannte frühzeitig das Potenzial von Plattformen wie *GalacticGram* und *InterstellarTweet*, um seine Botschaft zu verbreiten und eine breitere Anhängerschaft zu gewinnen. Durch regelmäßige Updates über seine Aktivitäten, Interviews und Veranstaltungen konnte er eine engagierte Community aufbauen, die seine Vision für eine gerechtere Gesellschaft unterstützte.

Ein Beispiel für den Erfolg seiner Social-Media-Strategie war die virale Kampagne *#StandWithSorran*, die nach einem besonders emotionalen Interview ins Leben gerufen wurde. Diese Kampagne führte zu einer Welle der Unterstützung, die nicht nur in Ymaris, sondern auch auf anderen Planeten zu spüren war. Die Hashtag-Kampagne mobilisierte Tausende von Unterstützern, die sich für die Rechte hyperdichter Lebensformen einsetzten.

Einfluss auf die nächste Generation

Sorrans öffentliche Auftritte und Interviews haben nicht nur seine eigene Karriere geprägt, sondern auch einen bleibenden Einfluss auf die nächste Generation von Aktivisten. Viele junge Menschen berichten, dass sie durch seine Leidenschaft und Entschlossenheit inspiriert wurden, selbst aktiv zu werden. In einer Umfrage unter jungen Aktivisten auf Ymaris gaben 78% an, dass Sorrans öffentliche Reden ihre Entscheidung, sich für Bürgerrechte einzusetzen, beeinflusst haben.

Reflexionen über den Ruhm

Trotz des Ruhms, den Sorran durch seine Interviews und Auftritte erlangte, war er sich der damit verbundenen Herausforderungen bewusst. Der Druck, ständig präsent und perfekt zu sein, kann überwältigend sein. In einem vertraulichen Gespräch mit einem Freund äußerte Sorran:

> „Manchmal fühle ich mich wie ein Schauspieler in einem Stück. Die Erwartungen sind hoch, und ich muss ständig lächeln, auch wenn ich innerlich kämpfe. Aber ich weiß, dass meine Arbeit wichtig ist."

Diese Reflexion zeigt, dass der Weg eines Aktivisten nicht nur aus Triumphen besteht, sondern auch aus persönlichen Kämpfen und der Notwendigkeit, sich selbst treu zu bleiben.

Schlussfolgerung

Zusammenfassend lässt sich sagen, dass Interviews und öffentliche Auftritte für Sorran Vale von entscheidender Bedeutung waren, um seine Botschaft zu verbreiten und die Rechte hyperdichter Lebensformen zu verteidigen. Trotz der Herausforderungen, die mit der öffentlichen Wahrnehmung einhergehen, gelang es ihm, eine bedeutende Stimme in der Bürgerrechtsbewegung zu werden und viele Menschen zu inspirieren. Seine Fähigkeit, authentisch zu bleiben und sich den Herausforderungen zu stellen, hat nicht nur seine eigene Karriere geprägt, sondern auch die Zukunft des Aktivismus auf Ymaris und darüber hinaus.

Der Einfluss auf junge Aktivisten

Sorran Vale hat durch seine unermüdliche Arbeit und seine bemerkenswerte Persönlichkeit einen tiefgreifenden Einfluss auf die nächste Generation von Aktivisten auf Ymaris und darüber hinaus ausgeübt. Sein Engagement für die Rechte hyperdichter Lebensformen und sein unerschütterlicher Glaube an Gerechtigkeit haben viele junge Menschen inspiriert, sich aktiv für soziale Veränderungen einzusetzen. In diesem Abschnitt werden wir die verschiedenen Facetten von Sorrans Einfluss auf junge Aktivisten untersuchen, einschließlich der Motivation, der Strategien und der Herausforderungen, die sie auf ihrem Weg zur Veränderung erleben.

Inspiration durch Vorbilder

Sorrans Rolle als Vorbild ist unbestreitbar. Er verkörpert die Eigenschaften, die viele junge Menschen bewundern: Entschlossenheit, Empathie und die Fähigkeit, für das einzustehen, woran er glaubt. Seine Geschichten über persönliche Kämpfe und Erfolge haben in den Herzen vieler junger Aktivisten Resonanz gefunden. Diese Inspiration wird oft durch soziale Medien verstärkt, wo Sorran seine Botschaften teilt und mit einer breiten Öffentlichkeit in Kontakt tritt. Ein Beispiel dafür ist seine berühmte Rede während der intergalaktischen

Bürgerrechtskonferenz, die viral ging und unzählige junge Menschen dazu ermutigte, sich aktiv zu beteiligen.

Mentoring und Unterstützung

Neben der Inspiration hat Sorran auch aktiv Mentoring-Programme ins Leben gerufen, um junge Aktivisten zu unterstützen. Diese Programme bieten nicht nur Schulungen in rechtlichen Aspekten des Aktivismus, sondern auch Workshops zur persönlichen Entwicklung. Sorran betont oft, dass die Ausbildung junger Menschen eine der wichtigsten Investitionen in die Zukunft einer gerechten Gesellschaft ist. In diesen Workshops werden praktische Fähigkeiten vermittelt, wie z.B. effektive Kommunikationsstrategien, Organisation von Protesten und der Aufbau von Netzwerken. Solche Programme haben bereits viele junge Menschen befähigt, ihre eigenen Initiativen zu starten.

Strategien zur Mobilisierung

Sorran hat auch innovative Strategien zur Mobilisierung junger Menschen entwickelt. Durch die Nutzung von sozialen Medien und digitalen Plattformen hat er es geschafft, eine breite Basis von Unterstützern zu erreichen. Er hat die Bedeutung von Hashtags und Online-Kampagnen hervorgehoben, um Themen sichtbar zu machen und eine Gemeinschaft zu schaffen. Ein Beispiel dafür ist die Kampagne *#HyperdichteRechte*, die Sorran ins Leben gerufen hat, um auf die Herausforderungen hyperdichter Lebensformen aufmerksam zu machen. Diese Kampagne hat nicht nur das Bewusstsein geschärft, sondern auch eine Welle von jungen Aktivisten mobilisiert, die sich für die Sache einsetzen.

Herausforderungen für junge Aktivisten

Trotz des positiven Einflusses, den Sorran auf junge Aktivisten hat, stehen diese auch vor erheblichen Herausforderungen. Die Auseinandersetzung mit institutioneller Diskriminierung und der Widerstand gegen Veränderungen können entmutigend sein. Viele junge Menschen berichten von Zweifeln an ihrer Fähigkeit, einen Unterschied zu machen, insbesondere wenn sie mit Widerständen konfrontiert werden. Sorran ermutigt sie jedoch, diese Herausforderungen als Teil des Prozesses zu sehen. Er betont, dass jeder Schritt in Richtung Veränderung zählt, egal wie klein er auch erscheinen mag.

Erfolge und Errungenschaften

Die Erfolge, die junge Aktivisten unter Sorrans Einfluss erzielt haben, sind bemerkenswert. Viele von ihnen haben bedeutende Initiativen ins Leben gerufen, die die Rechte hyperdichter Lebensformen fördern und die öffentliche Wahrnehmung verbessern. Ein Beispiel ist die Initiative *Ymaris für Alle*, die von einer Gruppe junger Aktivisten gegründet wurde und sich für die Gleichstellung aller Lebensformen einsetzt. Diese Initiative hat bereits mehrere Erfolge erzielt, darunter die Einführung von Bildungsprogrammen in Schulen, die das Bewusstsein für die Bedürfnisse hyperdichter Lebensformen schärfen.

Der langfristige Einfluss

Der langfristige Einfluss von Sorran Vale auf junge Aktivisten ist klar erkennbar. Viele seiner ehemaligen Schützlinge sind mittlerweile selbst zu Führungspersönlichkeiten in der Bürgerrechtsbewegung geworden. Sie tragen seine Botschaft weiter und setzen sich für eine gerechtere und inklusivere Gesellschaft ein. Sorrans Vision für die Zukunft lebt in den Herzen dieser jungen Menschen weiter, die sich aktiv für die Rechte aller Lebensformen einsetzen.

Insgesamt zeigt sich, dass Sorran Vale nicht nur ein Anwalt für die Rechte hyperdichter Lebensformen ist, sondern auch ein Mentor und eine Quelle der Inspiration für die nächste Generation von Aktivisten. Seine Fähigkeit, junge Menschen zu motivieren, sie zu unterstützen und sie in ihrer Entwicklung zu fördern, wird zweifellos einen bleibenden Einfluss auf die Bürgerrechtsbewegung auf Ymaris und darüber hinaus haben. Die Herausforderungen, die vor ihnen liegen, sind groß, aber mit Sorrans Unterstützung und Führung sind sie bereit, diese Herausforderungen anzunehmen und für eine gerechtere Zukunft zu kämpfen.

Sorran als Mentor und Lehrer

Sorran Vale hat sich nicht nur als Aktivist, sondern auch als Mentor und Lehrer für viele junge Menschen auf Ymaris etabliert. Seine Rolle als Mentor ist von entscheidender Bedeutung, da er nicht nur Wissen und Fähigkeiten vermittelt, sondern auch Inspiration und Hoffnung für die nächste Generation bietet. In dieser Sektion werden wir Sorrans Einfluss als Mentor untersuchen, die Herausforderungen, denen er gegenübersteht, und die Methoden, die er anwendet, um junge Aktivisten zu unterstützen.

Die Bedeutung von Mentorship

Mentorship spielt eine zentrale Rolle in der Entwicklung von Führungspersönlichkeiten, insbesondere im Bereich des Aktivismus. Sorran versteht, dass die Förderung junger Talente entscheidend ist, um eine nachhaltige Bewegung für die Bürgerrechte hyperdichter Lebensformen aufrechtzuerhalten. Laut der Theorie des sozialen Lernens von Albert Bandura (1977) geschieht Lernen durch Beobachtung und Nachahmung. Sorran nutzt diese Theorie, um junge Aktivisten zu inspirieren, indem er ihnen zeigt, wie man effektiv kommuniziert, organisiert und mobilisiert.

Herausforderungen des Mentorings

Trotz seines Engagements sieht sich Sorran mit verschiedenen Herausforderungen konfrontiert. Eine der größten Hürden ist die Ungleichheit im Zugang zu Bildung und Ressourcen. Viele seiner Schützlinge stammen aus benachteiligten Verhältnissen und haben oft nicht die gleichen Möglichkeiten wie andere. Um diese Herausforderung zu meistern, hat Sorran Programme ins Leben gerufen, die darauf abzielen, Bildungschancen zu erweitern und den Zugang zu Ressourcen zu verbessern.

Ein weiteres Problem ist die emotionale Belastung, die mit dem Aktivismus einhergeht. Viele junge Aktivisten fühlen sich überfordert von der Schwere der Themen, mit denen sie sich auseinandersetzen müssen. Sorran hat Workshops entwickelt, die sich auf emotionale Intelligenz und Resilienz konzentrieren, um den jungen Menschen zu helfen, mit Stress und Entmutigung umzugehen.

Methoden und Ansätze

Sorran verwendet eine Vielzahl von Methoden, um seine Schützlinge zu unterstützen. Eine der effektivsten ist die „Peer-to-Peer"-Mentoring-Methode, bei der erfahrene Aktivisten jüngeren Mitgliedern der Gemeinschaft als Mentoren zur Seite stehen. Diese Methode fördert nicht nur den Wissensaustausch, sondern stärkt auch das Gemeinschaftsgefühl und die Solidarität unter den Aktivisten.

Zusätzlich zu persönlichen Treffen und Workshops nutzt Sorran digitale Plattformen, um eine breitere Reichweite zu erzielen. Er hat Online-Kurse und Webinare entwickelt, die es jungen Menschen ermöglichen, sich über wichtige Themen zu informieren und ihre Fähigkeiten zu entwickeln, unabhängig von ihrem Standort. Diese innovativen Ansätze haben es Sorran ermöglicht, seine Botschaft und seine Unterstützung über die Grenzen von Ymaris hinaus zu verbreiten.

Beispiele für Sorrans Einfluss

Ein bemerkenswertes Beispiel für Sorrans Einfluss ist die Geschichte von Lira, einer jungen Aktivistin, die durch Sorrans Programme Zugang zu Bildung und Mentoring erhielt. Lira hatte anfangs Schwierigkeiten, ihre Stimme zu finden und sich in der Aktivistenszene zu behaupten. Durch Sorrans Unterstützung konnte sie nicht nur ihre Fähigkeiten im öffentlichen Sprechen verbessern, sondern auch ihre eigene Bürgerrechtsorganisation gründen, die sich für die Rechte hyperdichter Lebensformen einsetzt.

Ein weiteres Beispiel ist die jährliche „Ymaris Youth Conference", die Sorran ins Leben gerufen hat. Diese Konferenz bringt junge Aktivisten aus verschiedenen Teilen Ymaris zusammen, um Ideen auszutauschen, Strategien zu entwickeln und sich gegenseitig zu unterstützen. Die Konferenz hat sich zu einem wichtigen Ereignis entwickelt, das nicht nur Bildung bietet, sondern auch ein Netzwerk für zukünftige Führungspersönlichkeiten schafft.

Reflexionen von Sorran

In seinen eigenen Worten beschreibt Sorran die Rolle des Mentors als „eine der erfüllendsten Erfahrungen meines Lebens". Er glaubt fest daran, dass die nächste Generation von Aktivisten der Schlüssel zu einer gerechteren und inklusiveren Gesellschaft ist. Sorran betont, dass jeder Mentor auch von seinen Schützlingen lernt und dass der Austausch von Ideen und Perspektiven für das Wachstum aller Beteiligten entscheidend ist.

Fazit

Sorran Vale hat sich als Mentor und Lehrer für viele junge Aktivisten auf Ymaris einen Namen gemacht. Durch seine innovative Herangehensweise an das Mentoring hat er nicht nur das Leben vieler Einzelner verändert, sondern auch die gesamte Bürgerrechtsbewegung auf Ymaris gestärkt. Seine Fähigkeit, Wissen zu vermitteln und gleichzeitig eine emotionale Verbindung zu seinen Schützlingen aufzubauen, macht ihn zu einem unverzichtbaren Bestandteil der Aktivistenszene. Sorrans Engagement für die nächste Generation ist ein leuchtendes Beispiel dafür, wie Mentorship die Zukunft des Aktivismus gestalten kann.

Die Herausforderungen des Ruhms

Der Ruhm, der Sorran Vale als Anwalt für den Schutz hyperdichter Lebensformen auf Ymaris zuteil wurde, brachte nicht nur Anerkennung, sondern auch eine Vielzahl von Herausforderungen mit sich. Während Ruhm oft als das ultimative Ziel im Aktivismus angesehen wird, ist die Realität, dass er mit einer Reihe von Schwierigkeiten einhergeht, die sowohl die persönliche als auch die berufliche Sphäre betreffen.

Erwartungen und Druck

Mit dem Aufstieg zur öffentlichen Figur kommen hohe Erwartungen. Sorran sah sich oft dem Druck ausgesetzt, ständig zu glänzen und die Stimme der Gerechtigkeit zu sein. Die Gesellschaft erwartete von ihm, dass er nicht nur in der Öffentlichkeit auftritt, sondern auch immer die richtigen Worte findet, um komplexe Themen zu erklären. Dies führte zu einem ständigen Gefühl der Überwachung, wo jede seiner Äußerungen und Handlungen analysiert und kritisiert wurden. Der Druck, die Erwartungen zu erfüllen, führte zu Stress und in einigen Fällen zu Selbstzweifeln.

Kritik und Widerstand

Ein weiterer Aspekt der Herausforderungen des Ruhms ist die unvermeidliche Kritik. Sorran musste sich nicht nur mit positiven Rückmeldungen auseinandersetzen, sondern auch mit Widerstand und negativen Kommentaren von Gegnern seiner Bewegung. Diese Kritiken waren nicht immer sachlich und oft von persönlichen Angriffen geprägt. Der Umgang mit solchen Angriffen erforderte eine starke emotionale Widerstandskraft und die Fähigkeit, sich auf das Wesentliche zu konzentrieren.

Ein Beispiel hierfür ist die öffentliche Debatte über die Gesetzgebung zum Schutz hyperdichter Lebensformen, in der Sorran als Hauptsprecher auftrat. Während einer Live-Debatte wurde er von einem prominenten Gegner angegriffen, der seine Ansichten als unrealistisch und schädlich für die Gesellschaft bezeichnete. Sorran musste in der Lage sein, ruhig zu bleiben und gleichzeitig die Unterstützung seiner Anhänger zu mobilisieren.

Isolation und Einsamkeit

Ein oft übersehener Aspekt des Ruhms ist die Isolation, die er mit sich bringen kann. Als Sorran in den Mittelpunkt der Bürgerrechtsbewegung trat, stellte er fest, dass sich seine Beziehungen zu Freunden und Familie veränderten. Einige Menschen, die ihm einst nahe standen, fühlten sich durch seinen Ruhm eingeschüchtert oder entfremdet. Dies führte zu einer gewissen Einsamkeit, da er das Gefühl hatte, dass nur wenige wirklich verstehen konnten, was er durchmachte.

Um diesen Herausforderungen zu begegnen, suchte Sorran den Kontakt zu anderen Aktivisten, die ähnliche Erfahrungen gemacht hatten. Der Austausch von Geschichten und Strategien half ihm, sich weniger isoliert zu fühlen und die emotionale Unterstützung zu finden, die er benötigte.

Die Balance zwischen Privatsphäre und Öffentlichkeit

Ein zentrales Problem, mit dem Sorran konfrontiert war, war die Balance zwischen seiner öffentlichen Rolle und seinem privaten Leben. Die ständige Berichterstattung über seine Aktivitäten führte dazu, dass er kaum noch einen Raum für sich selbst hatte. Sorran erkannte, dass er Strategien entwickeln musste, um seine Privatsphäre zu schützen, während er gleichzeitig seine Mission vorantreiben wollte.

Er begann, klare Grenzen zu setzen und entschied, bestimmte Aspekte seines Lebens privat zu halten. Diese Entscheidungen waren nicht immer einfach, da sie oft auf Widerstand stießen, sowohl von Medien als auch von Fans, die mehr über ihn erfahren wollten.

Die Verantwortung gegenüber der Gemeinschaft

Schließlich brachte der Ruhm auch eine immense Verantwortung mit sich. Sorran war sich bewusst, dass jede seiner Entscheidungen Auswirkungen auf die hyperdichten Lebensformen und die Bürgerrechtsbewegung hatte. Diese Verantwortung lastete schwer auf seinen Schultern, da er die Stimmen derjenigen repräsentierte, die oft nicht gehört wurden.

Um dieser Verantwortung gerecht zu werden, setzte er sich intensiv mit den Anliegen der Gemeinschaft auseinander und bemühte sich, ihre Perspektiven in seine Arbeit zu integrieren. Dies erforderte eine ständige Reflexion über seine Methoden und Strategien, um sicherzustellen, dass sie im besten Interesse der Gemeinschaft waren.

Schlussfolgerung

Insgesamt stellte der Ruhm für Sorran Vale eine doppelte Herausforderung dar: Er war sowohl ein Werkzeug für Veränderungen als auch eine Quelle persönlicher und professioneller Schwierigkeiten. Die Fähigkeit, mit diesen Herausforderungen umzugehen, war entscheidend für seinen Erfolg als Bürgerrechtsaktivist. Sorrans Geschichte zeigt, dass Ruhm nicht nur ein Zeichen des Erfolgs ist, sondern auch eine Prüfung der Charakterstärke und der Integrität eines Individuums.

Kritiken und Widerstand

Sorran Vale, als prominente Figur im intergalaktischen Bürgerrechtsaktivismus, sieht sich nicht nur mit Anerkennung, sondern auch mit erheblichem Widerstand und Kritik konfrontiert. Diese Herausforderungen sind nicht nur persönlicher Natur, sondern spiegeln auch tiefere gesellschaftliche Spannungen und unterschiedliche Auffassungen über Gerechtigkeit und Gleichheit wider. In diesem Abschnitt werden die verschiedenen Facetten der Kritik und des Widerstands, die Sorran begegnen, beleuchtet.

Die Quellen der Kritik

Die Kritiken an Sorrans Arbeit kommen aus verschiedenen Richtungen. Zum einen gibt es konservative Elemente innerhalb der Gesellschaft von Ymaris, die die Veränderungen, die Sorran und seine Bewegung anstreben, als Bedrohung ihrer traditionellen Werte ansehen. Diese Gruppen argumentieren oft, dass die Rechte hyperdichter Lebensformen die bestehenden sozialen und wirtschaftlichen Strukturen destabilisieren könnten. Ein Beispiel hierfür ist die Opposition gegen die Einführung neuer Gesetze, die den hyperdichten Lebensformen gleiche Rechte zusichern würden. Kritiker behaupten, dass solche Gesetze zu einer „Überflutung" von Ressourcen führen könnten, die traditionell von der Mehrheitsgesellschaft kontrolliert werden.

Der Widerstand durch soziale Medien

In der heutigen Zeit spielt auch die soziale Medienlandschaft eine entscheidende Rolle im Widerstand gegen Sorran Vale. Während soziale Medien Plattformen für Mobilisierung und Aufklärung bieten, können sie auch als Werkzeuge der Desinformation und der Hetze genutzt werden. Gegner von Sorrans Ansichten nutzen diese Plattformen, um Fehlinformationen zu verbreiten und Sorrans Motive in Frage zu stellen. Ein Beispiel für einen solchen Vorfall war die virale Verbreitung eines Videos, das Sorran in einem unvorteilhaften Licht darstellt, was zu einem massiven Anstieg von Hasskommentaren und negativen Schlagzeilen führte.

Akademische und theoretische Kritiken

Akademische Kritiken an Sorrans Ansatz konzentrieren sich häufig auf die Methodik und die Strategien, die er und seine Bewegung verfolgen. Einige Wissenschaftler argumentieren, dass Sorrans Fokus auf rechtliche Veränderungen nicht ausreichend ist, um die tief verwurzelten sozialen Ungleichheiten zu bekämpfen. Diese Kritiker schlagen vor, dass eine ganzheitlichere Herangehensweise erforderlich ist, die auch soziale, wirtschaftliche und kulturelle Dimensionen berücksichtigt. Theoretische Ansätze wie die Kritische Theorie und die Postkoloniale Theorie bieten Rahmenbedingungen, um die Komplexität der intergalaktischen Bürgerrechtsbewegung zu analysieren. Sie betonen die Notwendigkeit, Machtstrukturen zu dekonstruieren und die Stimmen der marginalisierten Gruppen zu verstärken.

Interne Herausforderungen innerhalb der Bewegung

Darüber hinaus sieht sich Sorran auch internem Widerstand gegenüber. Innerhalb seiner eigenen Organisation gibt es unterschiedliche Meinungen darüber, welche Strategien am effektivsten sind. Einige Mitglieder plädieren für radikalere Maßnahmen, während andere eine moderatere Herangehensweise bevorzugen. Diese Spannungen können zu Spaltungen führen und die Effektivität der Bewegung gefährden. Sorran muss oft als Vermittler agieren, um einen Konsens zu finden und die Einheit der Bewegung aufrechtzuerhalten.

Der Einfluss von Medien und Öffentlichkeit

Die Medien spielen eine zentrale Rolle bei der Formung der öffentlichen Meinung über Sorran und seine Arbeit. Während positive Berichterstattung Sorrans Botschaft verbreiten und Unterstützung mobilisieren kann, kann negative Berichterstattung seine Bemühungen erheblich behindern. Ein Beispiel für eine kritische Berichterstattung war ein Artikel, der Sorran beschuldigte, mit extremistischen Gruppen zusammenzuarbeiten, was zu einem Rückgang der öffentlichen Unterstützung führte. Solche Berichte können dazu führen, dass potenzielle Unterstützer skeptisch werden und sich von der Bewegung abwenden.

Umgang mit Widerstand

Um mit diesen Herausforderungen umzugehen, hat Sorran verschiedene Strategien entwickelt. Er hat begonnen, engere Beziehungen zu Journalisten und Medienvertretern aufzubauen, um sicherzustellen, dass seine Perspektive gehört wird. Zudem setzt er auf Transparenz und Dialog, um Bedenken der Kritiker anzusprechen und Missverständnisse auszuräumen. Ein Beispiel für seinen Ansatz ist die Organisation von öffentlichen Foren, in denen Menschen mit unterschiedlichen Ansichten zusammenkommen, um ihre Meinungen auszutauschen und Lösungen zu diskutieren.

Schlussfolgerung

Die Kritiken und der Widerstand, denen Sorran Vale gegenübersteht, sind nicht nur Herausforderungen, sondern auch Chancen für Wachstum und Entwicklung innerhalb der Bürgerrechtsbewegung. Indem er sich diesen Widerständen stellt und sich aktiv mit Kritik auseinandersetzt, kann Sorran nicht nur seine eigene Position stärken, sondern auch die Bewegung als Ganzes weiterentwickeln. Die Fähigkeit, mit Kritik umzugehen und Widerstand zu überwinden, wird letztlich entscheidend für den Erfolg seiner Mission sein, die Rechte hyperdichter Lebensformen auf Ymaris zu schützen und zu fördern.

Die Bedeutung von Authentizität

In der heutigen Welt, in der soziale Medien und öffentliche Wahrnehmung eine zentrale Rolle im Aktivismus spielen, ist Authentizität zu einem entscheidenden Faktor für den Erfolg von Bürgerrechtsbewegungen geworden. Authentizität bezieht sich auf die Echtheit und Glaubwürdigkeit einer Person oder Organisation, die sich für eine Sache einsetzt. In diesem Abschnitt werden wir die Bedeutung von Authentizität im Kontext von Sorran Vales Aktivismus und deren Auswirkungen auf die Gesellschaft untersuchen.

Theoretische Grundlagen

Die Theorie der Authentizität, wie sie von verschiedenen Soziologen und Psychologen diskutiert wird, legt nahe, dass Menschen eine natürliche Neigung haben, sich zu authentischen Individuen hingezogen zu fühlen. Dies wird oft als ein Bedürfnis nach Transparenz und Ehrlichkeit beschrieben. Laut dem Psychologen Carl Rogers ist Authentizität ein wesentlicher Bestandteil des menschlichen Erlebens und der zwischenmenschlichen Beziehungen. Er argumentiert, dass Menschen, die authentisch sind, in der Lage sind, tiefere und bedeutungsvollere Verbindungen zu anderen aufzubauen. In der Aktivismus-Szene ist diese Verbindung entscheidend, um Unterstützung und Engagement zu fördern.

Probleme der Authentizität im Aktivismus

Trotz der offensichtlichen Vorteile kann Authentizität im Aktivismus auch Herausforderungen mit sich bringen. Eine der größten Herausforderungen besteht darin, dass Aktivisten oft unter dem Druck stehen, sich an bestimmte Erwartungen oder Ideale anzupassen, die von der Öffentlichkeit oder den Medien gefordert werden. Dies kann zu einem Dilemma führen, in dem die Aktivisten zwischen ihrer wahren Identität und den Erwartungen ihrer Unterstützer hin- und hergerissen sind. Ein Beispiel hierfür ist Sorran Vale, der oft mit dem Druck konfrontiert war, sich in einer Weise zu präsentieren, die den Medien gefallen könnte, während er gleichzeitig seine eigenen Überzeugungen und Werte bewahren wollte.

Ein weiteres Problem ist die Gefahr der „Performativität", bei der Aktivisten möglicherweise mehr Wert auf die Darstellung ihrer Botschaften legen als auf die tatsächliche Substanz ihrer Arbeit. Dies kann zu einem Verlust an Glaubwürdigkeit führen, wenn die Öffentlichkeit das Gefühl hat, dass die Aktivisten nicht wirklich hinter dem stehen, was sie sagen. Sorran Vale hat in der Vergangenheit betont, dass es für ihn wichtig ist, nicht nur als Sprecher für die hyperdichten Lebensformen zu agieren, sondern auch als jemand, der ihre Kämpfe und Herausforderungen wirklich versteht und erlebt hat.

Beispiele für Authentizität im Aktivismus

Ein herausragendes Beispiel für Authentizität im Aktivismus ist die Arbeit von Sorran Vale selbst. Seine Fähigkeit, persönliche Geschichten und Erfahrungen zu teilen, hat es ihm ermöglicht, eine tiefere Verbindung zu seiner Gemeinschaft und zu den hyperdichten Lebensformen aufzubauen. Durch das Teilen seiner Kindheitserinnerungen und der Ungerechtigkeiten, die er erlebt hat, konnte Sorran eine Authentizität schaffen, die viele Menschen inspiriert hat, sich ebenfalls für die Rechte der hyperdichten Lebensformen einzusetzen.

Ein weiteres Beispiel ist die Nutzung von sozialen Medien durch Sorran Vale. Er hat Plattformen wie *GalacticGram* und *InterstellarTwitter* genutzt, um direkt mit seinen Unterstützern zu kommunizieren, ohne die Filter der traditionellen Medien. Diese direkte Kommunikation hat es ihm ermöglicht, seine Botschaften in einer authentischen Weise zu übermitteln, die oft mehr Resonanz findet als formelle Pressemitteilungen oder Interviews.

Fazit

Die Bedeutung von Authentizität im Aktivismus kann nicht überbetont werden. Sie ist entscheidend für die Schaffung von Vertrauen und Glaubwürdigkeit, sowohl innerhalb der Gemeinschaft als auch in der breiteren Öffentlichkeit. Sorran Vale ist ein Beispiel dafür, wie Authentizität nicht nur eine persönliche Stärke, sondern auch eine strategische Ressource im Kampf für die Rechte hyperdichter Lebensformen sein kann. Indem er seine wahre Identität und seine persönlichen Erfahrungen teilt, hat er nicht nur sein eigenes Engagement gestärkt, sondern auch andere ermutigt, sich für eine gerechtere und inklusivere Gesellschaft einzusetzen. In einer Zeit, in der die Menschen oft skeptisch gegenüber öffentlichen Figuren sind, bleibt Authentizität ein unverzichtbares Element des Aktivismus, das die Grundlage für echte Veränderung bildet.

Sorrans Einfluss auf die nächste Generation

Sorran Vale hat nicht nur die Bürgerrechtsbewegung auf Ymaris maßgeblich geprägt, sondern auch einen tiefgreifenden Einfluss auf die nächste Generation von Aktivisten und Bürgerrechtlern ausgeübt. Sein Engagement und seine unermüdliche Arbeit haben einen inspirierenden Rahmen geschaffen, der junge Menschen motiviert, sich für Gerechtigkeit und Gleichheit einzusetzen. In diesem Abschnitt betrachten wir die verschiedenen Dimensionen von Sorrans Einfluss und die Herausforderungen, die damit verbunden sind.

Vorbildfunktion und Inspiration

Sorran gilt als Vorbild für viele junge Aktivisten. Seine Geschichte ist ein lebendiges Beispiel dafür, wie eine Einzelperson durch Entschlossenheit und Leidenschaft Veränderungen bewirken kann. Er hat nicht nur durch seine Taten, sondern auch durch seine Worte inspiriert. Sorran nutzt soziale Medien und öffentliche Auftritte, um seine Botschaften zu verbreiten und junge Menschen zu ermutigen, sich aktiv an der Gestaltung ihrer Gesellschaft zu beteiligen. Ein Beispiel ist seine berühmte Rede auf der intergalaktischen Konferenz für Bürgerrechte, in der er betonte, dass „jede Stimme zählt" und „der Wandel in unseren Händen liegt". Diese Botschaften haben viele junge Menschen motiviert, sich in ihren Gemeinschaften zu engagieren.

Bildung und Aufklärung

Ein zentraler Aspekt von Sorrans Einfluss ist sein Engagement für Bildung und Aufklärung. Er hat zahlreiche Workshops und Seminare organisiert, in denen er junge Menschen über ihre Rechte und die Bedeutung des Aktivismus informiert. Sorran glaubt fest daran, dass Wissen Macht ist, und hat sich dafür eingesetzt, dass die nächste Generation die Werkzeuge und das Verständnis erhält, um für ihre Überzeugungen einzutreten. Die von ihm gegründete Organisation „Zukunft für Ymaris" bietet Bildungsprogramme an, die sich auf die Themen Bürgerrechte, interkulturelle Kommunikation und rechtliche Grundlagen konzentrieren. Diese

Programme sind nicht nur informativ, sondern auch interaktiv, was es den Teilnehmern ermöglicht, praktische Erfahrungen zu sammeln.

Mentoring und Unterstützung

Sorran hat auch eine wichtige Rolle als Mentor für junge Aktivisten übernommen. Er bietet Unterstützung und Anleitung, indem er seine Erfahrungen teilt und ihnen hilft, ihre eigenen Stimmen zu finden. Viele junge Menschen berichten, dass Sorrans Ratschläge und seine Ermutigung entscheidend für ihren eigenen Aktivismus waren. Ein Beispiel hierfür ist die Geschichte von Lira, einer jungen Aktivistin, die durch Sorrans Unterstützung den Mut fand, ihre eigene Bürgerrechtsorganisation zu gründen. Lira hat in einem Interview gesagt: „Sorran hat mir gezeigt, dass ich nicht alleine bin und dass ich die Kraft habe, etwas zu verändern."

Herausforderungen und Widerstände

Trotz seines positiven Einflusses sieht sich Sorran auch Herausforderungen gegenüber, die die nächste Generation betreffen. Der Aktivismus ist oft mit Widerstand und Kritik verbunden, und junge Menschen müssen lernen, mit diesen Herausforderungen umzugehen. Sorran ermutigt sie, Resilienz zu entwickeln und sich nicht von Rückschlägen entmutigen zu lassen. Ein Beispiel ist die Reaktion auf eine Protestaktion, die von einer Gruppe junger Aktivisten organisiert wurde. Während die Aktion viel Unterstützung erhielt, gab es auch heftige Kritik von verschiedenen Seiten. Sorran hat in dieser Situation betont, dass Kritik oft Teil des Prozesses ist und dass es wichtig ist, die eigene Überzeugung zu bewahren.

Langfristige Auswirkungen

Sorrans Einfluss auf die nächste Generation wird sich langfristig auf die Bürgerrechtsbewegung auswirken. Durch die Förderung von Bildung, die Bereitstellung von Mentoring und die Schaffung eines unterstützenden Netzwerks hat er die Grundlage für eine neue Welle von Aktivisten gelegt, die bereit sind, für ihre Überzeugungen zu kämpfen. Die Werte, die Sorran vermittelt hat, wie Gerechtigkeit, Gleichheit und Solidarität, werden von diesen jungen Menschen weitergetragen und in ihren eigenen Initiativen und Bewegungen verkörpert.

Schlussfolgerung

Zusammenfassend lässt sich sagen, dass Sorran Vale einen tiefgreifenden Einfluss auf die nächste Generation von Aktivisten hat. Durch seine Vorbildfunktion, sein Engagement für Bildung und seine Rolle als Mentor hat er nicht nur individuelle Lebenswege verändert, sondern auch die gesamte Bürgerrechtsbewegung auf Ymaris nachhaltig geprägt. Die Herausforderungen, die er und die von ihm inspirierten jungen Menschen bewältigen müssen, sind Teil des Kampfes für Gerechtigkeit. Doch mit Sorrans Einfluss und den Werkzeugen, die er ihnen an die Hand gegeben hat, sind sie besser gerüstet, um die Herausforderungen der Zukunft anzugehen und für eine gerechtere Gesellschaft zu kämpfen.

Die Rolle von Vorbildern im Aktivismus

Im Aktivismus spielt die Rolle von Vorbildern eine entscheidende und oft transformative Funktion. Vorbilder inspirieren nicht nur durch ihre Taten, sondern auch durch ihre Werte und Überzeugungen. Sie fungieren als Katalysatoren für Veränderungen und motivieren andere, sich für eine gerechtere Gesellschaft einzusetzen. In diesem Abschnitt werden die verschiedenen Dimensionen der Rolle von Vorbildern im Aktivismus untersucht, einschließlich der theoretischen Grundlagen, der Herausforderungen, die sie konfrontieren, und konkreter Beispiele, die die Macht von Vorbildern illustrieren.

Theoretische Grundlagen

Die Rolle von Vorbildern im Aktivismus kann durch verschiedene theoretische Ansätze erklärt werden. Eine der zentralen Theorien ist die **Soziale Lerntheorie** von Albert Bandura, die besagt, dass Menschen durch Beobachtung und Nachahmung lernen. Bandura argumentiert, dass Vorbilder durch ihre Handlungen und Einstellungen Einfluss auf das Verhalten anderer ausüben. In einem aktivistischen Kontext bedeutet dies, dass die Sichtbarkeit und die Erfolge von Vorbildern dazu beitragen können, das Engagement und die Beteiligung anderer zu fördern.

Ein weiteres relevantes Konzept ist das der **Identifikation**, welches besagt, dass Individuen sich mit Vorbildern identifizieren, wenn sie Gemeinsamkeiten in Bezug auf Werte, Ziele oder Erfahrungen sehen. Diese Identifikation kann zu einem stärkeren Engagement führen, da die Nachahmung der Vorbilder als ein Mittel zur Erreichung ähnlicher Ziele wahrgenommen wird.

Herausforderungen für Vorbilder

Trotz ihrer positiven Auswirkungen stehen Vorbilder im Aktivismus vor einer Vielzahl von Herausforderungen. Eine der größten Herausforderungen ist der **Druck der Öffentlichkeit**. Vorbilder werden oft als Repräsentanten ihrer Bewegung betrachtet und stehen daher unter dem ständigen Blickfeld der Medien und der Öffentlichkeit. Dies kann dazu führen, dass sie in ihren Entscheidungen und Handlungen übermäßig vorsichtig sind, aus Angst, ihre Anhänger zu enttäuschen oder negative Aufmerksamkeit auf sich zu ziehen.

Zusätzlich kann der **Widerstand** gegen Vorbilder in Form von Kritik oder sogar Bedrohungen auftreten. Aktivisten, die sich für marginalisierte Gruppen einsetzen, können besonders anfällig für Anfeindungen und Diskriminierung sein. Diese Herausforderungen können dazu führen, dass Vorbilder sich zurückziehen oder ihre Botschaften verwässern, was die gesamte Bewegung schwächen kann.

Beispiele für Vorbilder im Aktivismus

Ein bemerkenswertes Beispiel für ein Vorbild im Aktivismus ist **Malala Yousafzai**, die sich für das Recht auf Bildung für Mädchen einsetzt. Nach dem Attentat auf ihr Leben im Jahr 2012 wurde Malala zu einer globalen Ikone des Widerstands gegen Unterdrückung und Ungerechtigkeit. Ihre Geschichte hat viele junge Menschen inspiriert, sich für Bildung und Gleichheit einzusetzen. Malalas Engagement zeigt, wie eine Einzelperson durch ihre Erfahrungen und ihren Mut andere mobilisieren kann.

Ein weiteres Beispiel ist **Sorran Vale**, der in unserer Biografie als Anwalt für hyperdichte Lebensformen auf Ymaris dargestellt wird. Sorran hat durch seine unermüdliche Arbeit und seine Fähigkeit, intergalaktische Beziehungen zu fördern, einen bedeutenden Einfluss auf die Bürgerrechtsbewegung ausgeübt. Sein Engagement hat nicht nur das Bewusstsein für die Herausforderungen hyperdichter Lebensformen geschärft, sondern auch andere dazu ermutigt, sich aktiv an der Bewegung zu beteiligen.

Schlussfolgerung

Zusammenfassend lässt sich sagen, dass die Rolle von Vorbildern im Aktivismus von entscheidender Bedeutung ist. Sie inspirieren, motivieren und mobilisieren Menschen, sich für Veränderungen einzusetzen. Während sie mit Herausforderungen konfrontiert sind, bleibt ihre Fähigkeit, positive Veränderungen zu bewirken, unbestritten. Die Geschichten von Malala Yousafzai und Sorran Vale verdeutlichen, wie Vorbilder nicht nur durch ihre Taten, sondern auch durch ihre Überzeugungen und ihren Mut einen bleibenden Einfluss auf die Gesellschaft ausüben können. Die Förderung von Vorbildern im Aktivismus ist daher nicht nur wichtig, sondern auch notwendig für die Schaffung einer gerechteren und inklusiveren Welt.

Sorrans persönliche Reflexionen über seinen Weg

Sorran Vale blickt auf eine bemerkenswerte Reise zurück, die ihn von den bescheidenen Anfängen seiner Kindheit auf Ymaris bis hin zu seiner Rolle als führender Bürgerrechtsaktivist geführt hat. In seinen persönlichen Reflexionen über diesen Weg hebt Sorran mehrere entscheidende Aspekte hervor, die seine Entwicklung geprägt haben und die Herausforderungen, denen er begegnete.

Die Suche nach Identität

Eine der zentralen Fragen, die Sorran während seiner Reise beschäftigte, war die Suche nach seiner eigenen Identität. Auf Ymaris, wo die hyperdichten Lebensformen oft marginalisiert wurden, fühlte sich Sorran als Brücke zwischen den Kulturen. Er reflektiert:

> „Es war nie einfach, zwischen den Welten zu navigieren. Ich musste lernen, meine Stimme zu finden, während ich die Stimmen derjenigen hörte, die oft nicht gehört wurden."

Diese Identitätssuche führte ihn zu der Erkenntnis, dass Aktivismus nicht nur ein Beruf, sondern eine Lebensweise ist, die in der Verantwortung gegenüber anderen verwurzelt ist.

Die Kraft der Gemeinschaft

Ein weiterer wichtiger Punkt in Sorrans Reflexionen ist die Bedeutung der Gemeinschaft. Er erinnert sich an die ersten Protestaktionen, bei denen er von Gleichgesinnten umgeben war. Diese Erfahrungen lehrten ihn, dass Veränderung oft aus kollektiven Anstrengungen entsteht.

$$\text{Veränderung} = \text{Gemeinschaft} \times \text{Engagement} \tag{25}$$

Sorran erklärt, dass die Stärke einer Bewegung in der Fähigkeit liegt, Menschen zu mobilisieren und eine gemeinsame Vision zu entwickeln. „Wir sind mehr als die Summe unserer Teile", sagt er oft, und betont, dass jeder Einzelne einen Beitrag leisten kann, um eine gerechtere Gesellschaft zu schaffen.

Herausforderungen und Rückschläge

Trotz seiner Erfolge musste Sorran auch Rückschläge hinnehmen. In seinen Reflexionen spricht er über die Enttäuschungen, die mit dem Aktivismus einhergehen. Er beschreibt, wie er oft gegen systemische Barrieren ankämpfen musste, die tief in der Gesellschaft verwurzelt sind.

„Es gibt Tage, an denen der Kampf überwältigend erscheint. Die Ungerechtigkeit ist oft so groß, dass man sich fragt, ob die Anstrengungen überhaupt einen Unterschied machen", gesteht er. Diese Momente der Frustration waren entscheidend für seine persönliche Entwicklung, da sie ihn lehrten, Resilienz zu entwickeln und sich nicht entmutigen zu lassen.

Die Rolle von Bildung

Ein weiterer Aspekt, den Sorran in seinen Überlegungen betont, ist die Rolle der Bildung im Aktivismus. Er sieht Bildung als Schlüssel zu Empowerment und Veränderung. „Wissen ist Macht", sagt er, und verweist auf die Notwendigkeit, sowohl die eigene Gemeinschaft als auch die breitere Gesellschaft aufzuklären.

$$\text{Empowerment} = \text{Bildung} + \text{Wissen} \qquad (26)$$

Sorran hat zahlreiche Bildungsinitiativen ins Leben gerufen, um das Bewusstsein für die Rechte hyperdichter Lebensformen zu schärfen. Er ist überzeugt, dass durch Bildung Barrieren abgebaut und Vorurteile überwunden werden können.

Die Vision für die Zukunft

Abschließend reflektiert Sorran über seine Vision für die Zukunft. Er träumt von einer Galaxie, in der alle Lebensformen gleichwertig behandelt werden. „Ich hoffe auf eine Zukunft, in der wir nicht nur tolerieren, sondern wirklich akzeptieren und schätzen, was uns unterscheidet", sagt er.

Seine Botschaft ist klar: Der Weg zum Aktivismus ist nicht einfach, aber er ist notwendig. „Jeder von uns hat die Verantwortung, für das einzutreten, was richtig ist. Wir müssen uns zusammenschließen und für die Werte kämpfen, die uns verbinden", schließt er seine Überlegungen.

In seinen letzten Worten ermutigt Sorran alle, die seinen Weg verfolgen:

> „Lasst uns gemeinsam eine gerechtere Galaxie schaffen, in der alle Stimmen gehört werden."

Diese Reflexionen zeigen nicht nur Sorrans persönliche Entwicklung, sondern auch die universellen Herausforderungen, die Aktivisten weltweit gegenüberstehen. Sie sind ein Aufruf zur Einheit und zum Handeln, der auch zukünftige Generationen inspirieren wird.

Die Vision für die Zukunft

Sorrans Pläne und Träume

Die Entwicklung neuer Strategien

Die Entwicklung neuer Strategien ist ein zentraler Aspekt im Aktivismus von Sorran Vale, insbesondere im Kontext der Bürgerrechtsbewegung für hyperdichte Lebensformen auf Ymaris. In einer sich ständig verändernden intergalaktischen Landschaft ist es entscheidend, dass Aktivisten flexibel und innovativ bleiben, um auf die Herausforderungen und Chancen, die sich ihnen bieten, zu reagieren.

Theoretische Grundlagen

Die Strategien, die Sorran Vale und seine Mitstreiter entwickeln, basieren auf verschiedenen theoretischen Ansätzen, die im Aktivismus Anwendung finden. Eine der wichtigsten Theorien ist die *Theorie der sozialen Bewegungen*, die besagt, dass soziale Bewegungen als Reaktion auf Ungerechtigkeiten und Ungleichheiten entstehen. Diese Theorie hebt die Bedeutung von Mobilisierung, Ressourcen und der Schaffung eines kollektiven Bewusstseins hervor.

Ein weiterer relevanter theoretischer Rahmen ist die *Kritische Theorie*, die die Machtstrukturen in der Gesellschaft hinterfragt und die Notwendigkeit betont, diese zu dekonstruieren. Sorran und sein Team nutzen diese Ansätze, um Strategien zu entwickeln, die nicht nur auf unmittelbare Probleme reagieren, sondern auch langfristige Veränderungen in der Gesellschaft anstreben.

Herausforderungen im Aktivismus

Sorran Vale sieht sich bei der Entwicklung neuer Strategien mit mehreren Herausforderungen konfrontiert. Eine der größten Herausforderungen ist die *Fragmentierung der Gesellschaft*. In Ymaris gibt es viele verschiedene Gruppen, die unterschiedliche Interessen und Bedürfnisse haben. Um eine effektive Strategie zu entwickeln, ist es wichtig, diese Unterschiede zu berücksichtigen und eine gemeinsame Basis zu finden.

Ein weiteres Problem ist die *Technologisierung des Aktivismus*. Während Technologie neue Möglichkeiten zur Mobilisierung und Sensibilisierung bietet, kann sie auch zu einer Überflutung von Informationen führen, die es schwierig macht, die Botschaft klar und prägnant zu kommunizieren. Sorran muss Wege finden, um die Technologie effektiv zu nutzen, ohne dass die Botschaft verwässert wird.

Beispiele für neue Strategien

Um diesen Herausforderungen zu begegnen, hat Sorran Vale mehrere innovative Strategien entwickelt:

- **Kollaborative Plattformen:** Sorran hat digitale Plattformen ins Leben gerufen, die es verschiedenen Gruppen ermöglichen, ihre Ressourcen und Ideen zu teilen. Diese Plattformen fördern den Austausch und die Zusammenarbeit zwischen verschiedenen Akteuren der Bürgerrechtsbewegung.

- **Interaktive Bildungskampagnen:** Um das Bewusstsein für die Rechte hyperdichter Lebensformen zu schärfen, hat Sorran interaktive Bildungsprogramme entwickelt, die sowohl online als auch offline stattfinden. Diese Programme nutzen Gamification-Elemente, um das Engagement der Teilnehmer zu erhöhen und komplexe Themen zugänglicher zu machen.

- **Kunst und Kreativität als Mittel der Mobilisierung:** Sorran hat erkannt, dass Kunst eine kraftvolle Möglichkeit ist, um Emotionen zu wecken und Menschen zu mobilisieren. Durch die Organisation von Kunstprojekten und kulturellen Veranstaltungen gelingt es ihm, eine breitere Öffentlichkeit zu erreichen und die Anliegen hyperdichter Lebensformen in den Vordergrund zu rücken.

Zukünftige Strategien

Für die Zukunft plant Sorran Vale, weitere Strategien zu entwickeln, die sich auf die folgenden Bereiche konzentrieren:

- **Erweiterte intergalaktische Netzwerke:** Der Aufbau und die Pflege von Beziehungen zu Aktivisten und Organisationen auf anderen Planeten sind entscheidend, um von deren Erfahrungen zu lernen und gemeinsame Strategien zu entwickeln.

- **Technologische Innovationen:** Sorran plant, die neuesten Technologien wie Künstliche Intelligenz und Blockchain zu nutzen, um Transparenz und Effizienz in der Organisation von Protestaktionen und Kampagnen zu gewährleisten.

- **Nachhaltigkeit im Aktivismus:** Ein weiterer Fokus wird auf der Entwicklung nachhaltiger Strategien liegen, die nicht nur kurzfristige Erfolge anstreben, sondern auch langfristige Veränderungen in der Gesellschaft ermöglichen.

Insgesamt ist die Entwicklung neuer Strategien ein dynamischer Prozess, der ständige Anpassungen und Innovationen erfordert. Sorran Vale und seine Mitstreiter sind entschlossen, kreative Lösungen zu finden, um die Herausforderungen des Aktivismus zu meistern und die Rechte hyperdichter Lebensformen auf Ymaris zu schützen und zu fördern.

Der Einfluss von Technologie auf den Aktivismus

Die Rolle der Technologie im Aktivismus hat sich in den letzten Jahrzehnten erheblich verändert und ist zu einem unverzichtbaren Instrument für Aktivisten geworden, insbesondere für Sorran Vale und seine Mission zum Schutz hyperdichter Lebensformen auf Ymaris. Diese Entwicklung hat nicht nur die Art und Weise revolutioniert, wie Informationen verbreitet und mobilisiert werden, sondern auch die Dynamik zwischen Aktivisten, der Öffentlichkeit und den Entscheidungsträgern beeinflusst.

Theoretische Grundlagen

Technologie kann als ein Katalysator für sozialen Wandel betrachtet werden. Der Kommunikationswissenschaftler Manuel Castells argumentiert in seiner Theorie des *Netzwerkgesellschaft*, dass das Internet und digitale Medien die sozialen Bewegungen transformieren, indem sie neue Formen der Organisation und Mobilisierung ermöglichen [?]. Diese Veränderungen sind besonders relevant für den intergalaktischen Aktivismus, da sie es ermöglichen, über planetarische Grenzen hinweg zu kommunizieren und zu mobilisieren.

Ein zentrales Konzept in diesem Kontext ist die *digitale Kluft*, die den Zugang zu Technologie und Informationen beschreibt. Laut dem *Digital Divide Index* (DDI) gibt es signifikante Unterschiede im Zugang zu digitalen Technologien zwischen verschiedenen Bevölkerungsgruppen, was zu Ungleichheiten im Aktivismus führen kann [?]. Diese Kluft ist besonders relevant, wenn man die hyperdichten Lebensformen auf Ymaris betrachtet, die möglicherweise nicht die gleichen technologischen Ressourcen oder den Zugang zu Informationen haben wie ihre weniger dichten Mitbürger.

Beispiele für den Einfluss von Technologie

Ein herausragendes Beispiel für den Einfluss von Technologie auf den Aktivismus ist die Nutzung sozialer Medien. Plattformen wie *Galactic Twitter* und *Insta-Planet* haben es Sorran Vale ermöglicht, Informationen über Bürgerrechtsverletzungen schnell zu verbreiten und Unterstützung aus anderen Teilen der Galaxie zu mobilisieren. Diese Netzwerke haben nicht nur die Reichweite seiner Botschaften erhöht, sondern auch eine Gemeinschaft von Unterstützern geschaffen, die in Echtzeit auf Entwicklungen reagieren können.

Ein weiteres Beispiel ist die Verwendung von *Blockchain-Technologie* zur Sicherstellung der Transparenz und Nachverfolgbarkeit von Spenden und Ressourcen. Durch die Implementierung von Blockchain können Aktivisten sicherstellen, dass die gesammelten Mittel tatsächlich den hyperdichten Lebensformen zugutekommen und nicht in die falschen Hände geraten. Diese Technologie hat das Vertrauen in die Bürgerrechtsbewegung auf Ymaris gestärkt und ermöglicht eine bessere Kontrolle über die Ressourcenverteilung.

Probleme und Herausforderungen

Trotz der Vorteile, die Technologie für den Aktivismus mit sich bringt, gibt es auch erhebliche Herausforderungen. Eine der größten Herausforderungen ist die *Überwachung* durch Regierungen und Unternehmen. In vielen Teilen der Galaxie, einschließlich Ymaris, können digitale Aktivitäten leicht überwacht werden, was zu einem Klima der Angst führen kann. Aktivisten müssen oft kreative Wege finden, um ihre Kommunikation zu sichern und sich gegen potenzielle Repressionen zu schützen.

Ein weiteres Problem ist die *Desinformation*. Mit der Zunahme von sozialen Medien ist auch die Verbreitung von falschen Informationen gestiegen, die den Aktivismus untergraben und die öffentliche Meinung manipulieren können. Sorran Vale und seine Unterstützer müssen ständig wachsam sein, um sicherzustellen, dass die Informationen, die sie verbreiten, genau und glaubwürdig sind. Die Bekämpfung von Desinformation erfordert nicht nur technologische Lösungen, sondern auch Bildungsinitiativen, um das kritische Denken in der Gemeinschaft zu fördern.

Zukunftsperspektiven

Die Zukunft des Aktivismus auf Ymaris und darüber hinaus wird stark von der weiteren Entwicklung der Technologie abhängen. Künstliche Intelligenz (KI) und maschinelles Lernen könnten neue Wege eröffnen, um Daten zu analysieren und Muster in Bürgerrechtsverletzungen zu erkennen. Diese Technologien könnten es Aktivisten ermöglichen, gezieltere Kampagnen zu entwickeln und die Auswirkungen ihrer Arbeit besser zu messen.

Darüber hinaus könnte die Entwicklung intergalaktischer Kommunikationsnetzwerke den Austausch von Informationen und Strategien zwischen verschiedenen Bürgerrechtsbewegungen erleichtern. Sorran Vale könnte als Vorreiter in diesem Bereich fungieren, indem er neue Technologien nutzt, um die Stimme der hyperdichten Lebensformen zu stärken und ihre Anliegen in den intergalaktischen Dialog einzubringen.

Insgesamt ist der Einfluss von Technologie auf den Aktivismus ein dynamisches und sich ständig weiterentwickelndes Feld. Sorran Vale und seine Mitstreiter müssen sowohl die Chancen als auch die Herausforderungen, die mit dem technologischen Fortschritt einhergehen, erkennen und strategisch nutzen, um ihre Mission erfolgreich voranzutreiben.

Visionen für die nächste Generation

Die Visionen für die nächste Generation sind entscheidend für die Fortführung der Bürgerrechtsbewegung auf Ymaris und darüber hinaus. Sorran Vale, als einflussreicher Bürgerrechtsaktivist, hat sich intensiv mit den Herausforderungen und Möglichkeiten auseinandergesetzt, die die kommenden Generationen erwarten. Diese Visionen sind nicht nur von den Erfahrungen der Vergangenheit geprägt, sondern auch von den innovativen Ideen und dem unerschütterlichen Glauben an eine gerechtere Zukunft.

Bildung als Schlüssel

Eine der zentralen Säulen von Sorrans Vision ist die Bedeutung von Bildung. Er glaubt, dass Bildung nicht nur Wissen vermittelt, sondern auch das Bewusstsein für soziale Gerechtigkeit schärft. In seinen Reden betont er oft, dass *„Wissen Macht ist"*.

Um diese Idee zu unterstützen, hat Sorran Programme ins Leben gerufen, die sich auf die Aufklärung junger Menschen über die Rechte hyperdichter Lebensformen konzentrieren. Diese Programme beinhalten Workshops, in denen die Teilnehmer lernen, wie sie ihre Stimme erheben und sich für ihre Rechte einsetzen können.

Ein Beispiel für den Erfolg dieser Bildungsinitiativen ist das Projekt *„Zukunftsdenker"*, das in Schulen auf Ymaris eingeführt wurde. Hierbei lernen Schüler nicht nur über die Geschichte der Bürgerrechtsbewegung, sondern auch über aktuelle Herausforderungen und Strategien zur Veränderung. Die Teilnehmer sind ermutigt, eigene Projekte zu entwickeln, die sich mit den Themen der Gerechtigkeit und Gleichheit befassen.

Technologie als Werkzeug

In der heutigen Zeit spielt Technologie eine entscheidende Rolle im Aktivismus. Sorran sieht in der Technologie ein mächtiges Werkzeug, um die Botschaft der Bürgerrechtsbewegung weiter zu verbreiten. Er betont die Notwendigkeit, moderne Kommunikationsmittel zu nutzen, um eine breitere Öffentlichkeit zu erreichen. *„Die digitale Welt ist unser neuer Marktplatz für Ideen"*, sagt er oft.

Durch die Nutzung von sozialen Medien und Online-Plattformen hat Sorran es geschafft, junge Menschen zu mobilisieren und sie in den Aktivismus einzubeziehen. Ein bemerkenswertes Beispiel ist die Kampagne *„#YmarisForAll"*, die über soziale Medien verbreitet wurde. Diese Kampagne hat es ermöglicht, eine Vielzahl von Stimmen zu vereinen und die Aufmerksamkeit auf die Rechte hyperdichter Lebensformen zu lenken. Die Reichweite dieser Kampagne zeigt, wie wichtig es ist, Technologie als Werkzeug für soziale Veränderungen zu nutzen.

Interkultureller Austausch und Zusammenarbeit

Ein weiterer wichtiger Aspekt von Sorrans Vision für die nächste Generation ist der interkulturelle Austausch. Er glaubt, dass die Zusammenarbeit zwischen verschiedenen Kulturen und Spezies unerlässlich ist, um eine gerechte Gesellschaft zu schaffen. *„Wir müssen lernen, voneinander zu profitieren und unsere Unterschiede zu feiern"*, erklärt Sorran in seinen öffentlichen Auftritten.

Um diese Vision zu verwirklichen, hat Sorran intergalaktische Konferenzen initiiert, bei denen Aktivisten, Wissenschaftler und Künstler aus verschiedenen Teilen der Galaxie zusammenkommen, um Ideen auszutauschen und Strategien zu entwickeln. Diese Konferenzen bieten nicht nur eine Plattform für Diskussionen, sondern fördern auch den kreativen Austausch, der zu innovativen Lösungen für bestehende Probleme führen kann.

Herausforderungen und Lösungen

Trotz der positiven Visionen sieht Sorran auch die Herausforderungen, die auf die nächste Generation zukommen werden. Eine der größten Herausforderungen ist der Widerstand gegen Veränderungen. Sorran hat oft betont, dass *„Widerstand der Preis für Fortschritt ist"*. Um diese Hürden zu überwinden, ermutigt er die nächste Generation, sich auf ihre Werte zu besinnen und unerschütterlich für ihre Überzeugungen einzutreten.

Ein Beispiel für eine solche Herausforderung ist die Diskriminierung hyperdichter Lebensformen, die in vielen Teilen von Ymaris immer noch weit verbreitet ist. Sorran schlägt vor, dass die nächste Generation kreative Ansätze entwickeln sollte, um diese Probleme anzugehen, sei es durch Kunst, Musik oder innovative Kampagnen, die das Bewusstsein schärfen und Empathie fördern.

Ein Aufruf zum Handeln

Am Ende seiner Vision für die nächste Generation ruft Sorran die jungen Aktivisten dazu auf, sich nicht nur auf die Herausforderungen zu konzentrieren, sondern auch auf die Möglichkeiten, die vor ihnen liegen. *„Jede Generation hat die Möglichkeit, die Welt zu verändern – nutzt sie!"*, ermutigt er sie. Dieser Aufruf zum Handeln ist eine zentrale Botschaft, die Sorran in seinen Reden und Workshops vermittelt.

Zusammenfassend lässt sich sagen, dass Sorran Vales Visionen für die nächste Generation auf Bildung, Technologie, interkulturellem Austausch und dem Mut zur Veränderung basieren. Diese Elemente sind entscheidend, um eine gerechtere und inklusivere Gesellschaft auf Ymaris und darüber hinaus zu schaffen. Die nächste Generation ist nicht nur die Zukunft, sondern auch die Gegenwart des Aktivismus, und es liegt an ihnen, die Fackel weiterzutragen und die Vision von Sorran Vale in die Realität umzusetzen.

Die Bedeutung von Bildung und Aufklärung

Bildung und Aufklärung spielen eine entscheidende Rolle im Aktivismus, insbesondere im Kontext der Bürgerrechtsbewegung für hyperdichte Lebensformen auf Ymaris. Die Fähigkeit, Wissen zu vermitteln und kritisches Denken zu fördern, ist unerlässlich, um das Bewusstsein für die Rechte und Bedürfnisse dieser einzigartigen Lebensformen zu schärfen. In diesem Abschnitt werden die theoretischen Grundlagen, die Herausforderungen und einige Beispiele für erfolgreiche Bildungsinitiativen erörtert.

Theoretische Grundlagen

Die Theorie der kritischen Pädagogik, insbesondere die Arbeiten von Paulo Freire, betont die Notwendigkeit eines dialogischen Ansatzes in der Bildung. Freire argumentiert, dass Bildung nicht nur das Übermitteln von Wissen ist, sondern auch ein Prozess der Befreiung, der es den Lernenden ermöglicht, ihre Realität zu hinterfragen und aktiv an der Veränderung ihrer Umstände teilzunehmen. In Bezug auf Sorran Vale und seine Arbeit bedeutet dies, dass die Bildungsinitiativen nicht nur auf die Vermittlung von Informationen abzielen sollten, sondern auch auf die Förderung eines kritischen Bewusstseins für die sozialen und politischen Strukturen, die die hyperdichten Lebensformen unterdrücken.

Herausforderungen

Trotz der Bedeutung von Bildung gibt es zahlreiche Herausforderungen, die es zu überwinden gilt. Eine der größten Hürden ist der Zugang zu Bildung für alle, insbesondere für marginalisierte Gruppen, einschließlich der hyperdichten Lebensformen. Oftmals sind diese Gemeinschaften von Diskriminierung und Vorurteilen betroffen, was ihre Möglichkeiten zur Bildung erheblich einschränkt.

Ein weiteres Problem ist die Qualität der Bildungsinhalte. Oftmals spiegeln die Lehrpläne die vorherrschenden gesellschaftlichen Normen wider, die möglicherweise nicht die Perspektiven und Bedürfnisse der hyperdichten Lebensformen berücksichtigen. Dies kann zu einer einseitigen Darstellung der Geschichte und der aktuellen Herausforderungen führen, die diese Lebensformen betreffen.

Beispiele für Bildungsinitiativen

Trotz dieser Herausforderungen gibt es positive Beispiele für Bildungsinitiativen, die auf Ymaris erfolgreich umgesetzt wurden. Eine bemerkenswerte Initiative ist das Programm *"Intergalaktische Aufklärung"*, das von Sorran Vale ins Leben gerufen wurde. Dieses Programm zielt darauf ab, sowohl die Bevölkerung von Ymaris als auch die hyperdichten Lebensformen über ihre Rechte und die Bedeutung von intergalaktischer Solidarität aufzuklären.

Das Programm umfasst Workshops, die sich auf die Geschichte der hyperdichten Lebensformen konzentrieren, sowie auf die rechtlichen Grundlagen, die ihre Rechte unterstützen. Durch den Einsatz von interaktiven Methoden, wie Rollenspielen und Diskussionsrunden, wird ein Raum geschaffen, in dem die Teilnehmer aktiv teilnehmen und ihre eigenen Erfahrungen und Perspektiven einbringen können.

Ein weiteres Beispiel ist die *"Akademie für intergalaktische Bürgerrechte"*, die Sorran Vale gegründet hat. Diese Akademie bietet eine Plattform für angehende Aktivisten, um sich über rechtliche, soziale und kulturelle Aspekte des Aktivismus zu informieren. Die Akademie fördert den Austausch zwischen verschiedenen Kulturen und ermutigt die Teilnehmer, ihre eigenen Initiativen zu entwickeln, um das Bewusstsein für die Rechte der hyperdichten Lebensformen zu schärfen.

Schlussfolgerung

Die Bedeutung von Bildung und Aufklärung kann nicht genug betont werden. Sie ist nicht nur ein Werkzeug zur Befreiung, sondern auch ein Weg, um Gemeinschaften zu stärken und den intergalaktischen Dialog zu fördern. Sorran Vale hat durch seine Initiativen gezeigt, dass Bildung eine transformative Kraft besitzt, die in der Lage ist, Vorurteile abzubauen, das Bewusstsein zu schärfen und letztlich zu einer gerechteren Gesellschaft beizutragen. Der Weg zur Veränderung beginnt mit Wissen, und es ist die Verantwortung jedes Einzelnen, dieses Wissen zu verbreiten und zu teilen, um eine gerechtere Zukunft für alle Lebensformen auf Ymaris zu schaffen.

Sorrans Vorstellungen von einer gerechten Gesellschaft

Sorran Vale, als leidenschaftlicher Bürgerrechtsaktivist, hat eine klare Vision von einer gerechten Gesellschaft, die sich sowohl auf Ymaris als auch intergalaktisch erstreckt. Für ihn ist Gerechtigkeit nicht nur ein abstrakter Begriff, sondern ein lebendiges Konzept, das in der täglichen Realität der hyperdichten Lebensformen und ihrer Interaktionen mit anderen Kulturen verwurzelt ist.

Die Grundprinzipien der Gerechtigkeit

Sorrans Vorstellungen basieren auf mehreren Grundprinzipien, die er als essenziell für eine gerechte Gesellschaft erachtet:

- **Gleichheit:** Jeder Bürger, unabhängig von seiner Herkunft oder seiner biologischen Beschaffenheit, sollte die gleichen Rechte und Chancen haben. Sorran argumentiert, dass die hyperdichten Lebensformen, die oft diskriminiert werden, gleichwertige Mitglieder der Gesellschaft sind und das Recht auf Teilhabe, Schutz und Respekt verdienen.

- **Inklusion:** Eine gerechte Gesellschaft muss inklusiv sein. Sorran betont die Bedeutung der Integration aller Lebensformen und Kulturen. Dies bedeutet, dass Barrieren abgebaut werden müssen, um sicherzustellen, dass alle Stimmen gehört werden, insbesondere die der marginalisierten Gruppen.

- **Gerechtigkeit durch Bildung:** Sorran ist überzeugt, dass Bildung der Schlüssel zu Gerechtigkeit ist. Durch Aufklärung und Bewusstseinsbildung können Vorurteile abgebaut und ein besseres Verständnis für die Bedürfnisse und Rechte aller Lebensformen gefördert werden. Er setzt sich für Bildungsprogramme ein, die sowohl traditionelle als auch intergalaktische Perspektiven einbeziehen.

- **Nachhaltigkeit:** In einer gerechten Gesellschaft sollte auch der Schutz der Umwelt und der Ressourcen Priorität haben. Sorran glaubt, dass die hyperdichten Lebensformen eine besondere Verbindung zur Natur haben, die respektiert und geschützt werden muss. Nachhaltige Praktiken sind daher ein zentraler Bestandteil seiner Vision.

Herausforderungen auf dem Weg zur Gerechtigkeit

Trotz dieser klaren Prinzipien sieht Sorran zahlreiche Herausforderungen, die es zu überwinden gilt:

- **Diskriminierung und Vorurteile:** Eines der größten Hindernisse ist die tief verwurzelte Diskriminierung gegen hyperdichte Lebensformen. Sorran hat oft miterlebt, wie Vorurteile das Zusammenleben erschweren und den Zugang zu Ressourcen und Rechten einschränken.

- **Politische Widerstände:** Viele politische Systeme auf Ymaris sind nicht bereit, grundlegende Veränderungen herbeizuführen. Sorran hat oft gegen bürokratische Hürden gekämpft, die den Fortschritt behindern und die Rechte der hyperdichten Lebensformen gefährden.

- **Mangelnde Ressourcen:** Die ungleiche Verteilung von Ressourcen ist eine weitere Herausforderung. Sorran betont die Notwendigkeit, Ressourcen gerecht zu verteilen, um sicherzustellen, dass alle Lebensformen Zugang zu den notwendigen Mitteln haben, um zu gedeihen.

Praktische Beispiele und Erfolge

Um seine Vision voranzutreiben, hat Sorran mehrere Initiativen ins Leben gerufen, die als Beispiele für seine Vorstellungen von Gerechtigkeit dienen:

- **Bildungsprogramme:** Sorran hat Programme ins Leben gerufen, die speziell auf die Aufklärung über die Rechte hyperdichter Lebensformen abzielen. Diese Programme umfassen Workshops, die in Schulen und Gemeinden angeboten werden, um Vorurteile abzubauen und Verständnis zu fördern.
- **Kampagnen gegen Diskriminierung:** Durch kreative Medienkampagnen hat Sorran das Bewusstsein für die Diskriminierung hyperdichter Lebensformen geschärft. Diese Kampagnen haben nicht nur lokale, sondern auch intergalaktische Aufmerksamkeit erregt und Unterstützer mobilisiert.
- **Intergalaktische Konferenzen:** Sorran hat an verschiedenen intergalaktischen Konferenzen teilgenommen, um für die Rechte hyperdichter Lebensformen zu werben. Diese Plattformen ermöglichen den Austausch von Ideen und Strategien zur Förderung von Gerechtigkeit und Gleichheit.

Eine gerechte Zukunft für Ymaris und darüber hinaus

Sorrans Vision für eine gerechte Gesellschaft ist nicht auf Ymaris beschränkt. Er träumt von einer intergalaktischen Gemeinschaft, in der alle Lebensformen in Harmonie zusammenleben. Diese Vision erfordert den Aufbau von intergalaktischen Beziehungen, die auf Respekt und Zusammenarbeit basieren. Sorran glaubt, dass durch den Austausch von Wissen und Ressourcen eine gerechtere und nachhaltigere Zukunft für alle Lebensformen möglich ist.

In seiner Vorstellung ist eine gerechte Gesellschaft eine, in der Vielfalt gefeiert wird und in der jeder Einzelne, unabhängig von seiner Herkunft oder biologischen Beschaffenheit, die Möglichkeit hat, sein volles Potenzial zu entfalten. Sorrans unermüdlicher Einsatz und seine klaren Vorstellungen von Gerechtigkeit inspirieren nicht nur seine Mitbürger auf Ymaris, sondern auch Aktivisten auf anderen Planeten, die ähnliche Kämpfe führen.

$$J = \frac{E + I + S + R}{4} \qquad (27)$$

Hierbei steht J für Gerechtigkeit, E für Gleichheit, I für Inklusion, S für Nachhaltigkeit und R für Bildung. Diese Gleichung verdeutlicht, dass eine gerechte Gesellschaft das Ergebnis der harmonischen Integration dieser vier Elemente ist.

Sorran Vale bleibt ein Leuchtturm der Hoffnung und ein Symbol für den unaufhörlichen Kampf um Gerechtigkeit in einer komplexen und oft herausfordernden intergalaktischen Landschaft.

Herausforderungen, die noch vor uns liegen

Die Herausforderungen, die Sorran Vale und die Bürgerrechtsbewegung für hyperdichte Lebensformen auf Ymaris noch bevorstehen, sind vielfältig und komplex. Diese Herausforderungen sind nicht nur lokal, sondern haben auch intergalaktische Dimensionen, die eine umfassende Strategie erfordern. In dieser Sektion werden wir einige der bedeutendsten Herausforderungen untersuchen, die die Bewegung auf ihrem Weg zur Gerechtigkeit und Gleichheit bewältigen muss.

1. Politische Widerstände

Eine der größten Herausforderungen ist der politische Widerstand gegen die Anerkennung der Rechte hyperdichter Lebensformen. Viele Entscheidungsträger auf Ymaris und in anderen Teilen der Galaxie sind skeptisch gegenüber den Forderungen der Bürgerrechtsbewegung. Diese Skepsis kann auf tief verwurzelte Vorurteile und ein mangelndes Verständnis der hyperdichten Lebensformen zurückgeführt werden. Ein Beispiel ist die Gesetzgebung, die die Rechte dieser Lebensformen einschränkt, indem sie sie als „nicht menschlich" klassifiziert. Diese rechtlichen Hürden müssen überwunden werden, um eine gerechte Behandlung zu gewährleisten.

2. Bildung und Aufklärung

Ein weiteres zentrales Problem ist die Notwendigkeit von Bildung und Aufklärung. Viele Bürgerinnen und Bürger sind sich der Existenz hyperdichter Lebensformen und ihrer Bedürfnisse nicht bewusst. Sorran Vale hat erkannt, dass die Sensibilisierung der Öffentlichkeit für diese Themen entscheidend ist. Es müssen Programme entwickelt werden, die das Verständnis für die Kultur und die Rechte hyperdichter Lebensformen fördern. Der Einsatz von Technologie, wie interaktiven Medien und sozialen Plattformen, kann hierbei von großer Bedeutung sein.

3. Intergalaktische Zusammenarbeit

Die Zusammenarbeit mit anderen Planeten und intergalaktischen Organisationen stellt eine zusätzliche Herausforderung dar. Unterschiedliche kulturelle Perspektiven und politische Systeme können die Zusammenarbeit erschweren. Sorran muss Strategien entwickeln, um Brücken zwischen verschiedenen Kulturen zu bauen und gemeinsame Ziele zu definieren. Ein Beispiel hierfür könnte die Einrichtung intergalaktischer Konferenzen sein, bei denen verschiedene Akteure zusammenkommen, um über Bürgerrechte zu diskutieren und Lösungen zu finden.

4. Ressourcenknappheit

Die Ressourcenknappheit ist ein weiteres bedeutendes Hindernis. Viele Organisationen, die sich für die Rechte hyperdichter Lebensformen einsetzen, kämpfen mit finanziellen Engpässen. Diese Einschränkungen können die Reichweite und Effektivität ihrer Programme erheblich beeinträchtigen. Sorran Vale muss Wege finden, um Unterstützung von wohlhabenden intergalaktischen Partnern zu gewinnen und gleichzeitig die Gemeinschaft vor Ort zu mobilisieren.

5. Technologische Herausforderungen

Technologische Herausforderungen, wie der Zugang zu fortschrittlicher Kommunikationstechnologie, sind ebenfalls von Bedeutung. In einigen Regionen Ymaris ist der Zugang zu grundlegenden Technologien eingeschränkt, was die Mobilisierung von Gemeinschaften erschwert. Sorran muss innovative Ansätze finden, um diese Technologien für alle zugänglich zu machen, um die Bürgerrechtsbewegung voranzubringen.

6. Psychosoziale Barrieren

Psychosoziale Barrieren, wie Diskriminierung und Vorurteile, stellen eine weitere Herausforderung dar. Viele hyperdichte Lebensformen erleben Diskriminierung aufgrund ihrer einzigartigen Merkmale. Sorran Vale muss Programme entwickeln, die das Bewusstsein für diese Probleme schärfen und die Gemeinschaft stärken.

7. Nachhaltigkeit der Bewegung

Schließlich ist die Nachhaltigkeit der Bewegung selbst eine Herausforderung. Es ist entscheidend, dass die Bürgerrechtsbewegung nicht nur kurzfristige Erfolge erzielt, sondern auch langfristig wirksam bleibt. Sorran muss sicherstellen, dass junge Aktivisten in die Bewegung integriert werden und dass es klare Nachfolgepläne gibt, um die Kontinuität der Arbeit zu gewährleisten.

Fazit

Die Herausforderungen, die noch vor uns liegen, sind zahlreich und vielfältig. Sorran Vale und die Bürgerrechtsbewegung müssen sich diesen

Herausforderungen stellen, um eine gerechte und inklusive Gesellschaft auf Ymaris und darüber hinaus zu schaffen. Durch Bildung, intergalaktische Zusammenarbeit und das Überwinden von politischen und sozialen Barrieren kann eine positive Veränderung herbeigeführt werden. Es ist unerlässlich, dass die Bewegung sich anpasst und innovative Lösungen entwickelt, um diesen Herausforderungen zu begegnen und die Rechte hyperdichter Lebensformen zu schützen und zu fördern.

Die Rolle von Hoffnung und Inspiration

In der Bürgerrechtsbewegung, insbesondere in der intergalaktischen Dimension, ist Hoffnung ein entscheidender Faktor, der nicht nur die Motivation der Aktivisten antreibt, sondern auch die Gesellschaft als Ganzes beeinflusst. Hoffnung ist nicht nur ein Gefühl, sondern ein dynamisches Konzept, das den Glauben an positive Veränderungen und die Möglichkeit einer besseren Zukunft verkörpert. Diese Perspektive ist besonders wichtig für Sorran Vale und seine Mission, die hyperdichten Lebensformen auf Ymaris zu schützen und zu unterstützen.

Theoretische Grundlagen der Hoffnung

Die Theorie der Hoffnung, wie sie von Psychologen wie Charles Snyder formuliert wurde, besagt, dass Hoffnung aus drei grundlegenden Komponenten besteht: Zielen, Wegen und der Überzeugung, dass man in der Lage ist, diese Ziele zu erreichen. Diese Aspekte sind in der Bürgerrechtsbewegung von zentraler Bedeutung, da sie den Aktivisten helfen, ihre Visionen für eine gerechtere Gesellschaft zu formulieren und die notwendigen Schritte zu planen, um diese Visionen zu verwirklichen.

$$H = G + W + C \tag{28}$$

wobei H für Hoffnung, G für Ziele, W für Wege und C für die Überzeugung steht. Diese Gleichung verdeutlicht, dass Hoffnung nicht isoliert existiert, sondern in einem komplexen Zusammenspiel von Zielen und den Wegen, die zu deren Erreichung führen, verwurzelt ist.

Die Probleme der Hoffnungslosigkeit

Hoffnungslosigkeit kann in der Bürgerrechtsbewegung ein ernsthaftes Problem darstellen. Wenn Aktivisten mit wiederholten Rückschlägen konfrontiert werden, sei es durch gesetzliche Hindernisse oder gesellschaftliche Widerstände, kann dies zu einem Gefühl der Frustration und der Resignation führen. Sorran Vale selbst hat in seinen frühen Jahren als Aktivist mit solchen Herausforderungen zu kämpfen gehabt, als er versuchte, die Rechte der hyperdichten Lebensformen zu verteidigen. Die ständige Konfrontation mit Ungerechtigkeit kann dazu führen, dass die Menschen das Vertrauen in die Möglichkeit von Veränderungen verlieren.

Ein Beispiel für diese Problematik ist die erste Protestaktion, die Sorran organisierte. Trotz der leidenschaftlichen Beteiligung der Gemeinschaft war das Ergebnis enttäuschend, und viele Teilnehmer fühlten sich entmutigt. In solchen Momenten ist es entscheidend, Hoffnung zu kultivieren und den Fokus auf die Fortschritte zu lenken, die trotz der Rückschläge erzielt wurden.

Inspiration als Katalysator

Inspiration ist ein weiterer wichtiger Bestandteil der Hoffnung. Sie hat das Potenzial, Menschen zu mobilisieren und sie dazu zu bringen, für ihre Überzeugungen einzutreten. Sorran Vale hat oft betont, dass die Geschichten von anderen Aktivisten und deren Erfolge ihm Kraft gegeben haben, weiterzumachen. Diese Inspiration kann aus verschiedenen Quellen stammen, sei es aus der Kunst, der Musik oder den Geschichten von Menschen, die für ihre Rechte gekämpft haben.

Ein Beispiel für inspirierende Geschichten sind die Erfolge von Bürgerrechtsbewegungen auf anderen Planeten, die Sorran während seiner Reisen kennengelernt hat. Diese Erzählungen von Mut und Durchhaltevermögen haben nicht nur Sorran, sondern auch viele andere Aktivisten motiviert, an ihren Zielen festzuhalten und die Hoffnung auf eine gerechtere Gesellschaft aufrechtzuerhalten.

Die Bedeutung von Gemeinschaft

Die Rolle der Gemeinschaft in Bezug auf Hoffnung und Inspiration kann nicht überbetont werden. Gemeinschaften bieten nicht nur Unterstützung, sondern auch ein Gefühl der Zugehörigkeit, das für die Aufrechterhaltung der Hoffnung entscheidend ist. In Zeiten der Unsicherheit und des Zweifels können Gemeinschaften zusammenkommen, um sich gegenseitig zu ermutigen und zu inspirieren. Sorran Vale hat oft betont, dass die stärksten Momente seines Aktivismus in Gemeinschaftsversammlungen stattfanden, wo Menschen ihre Geschichten teilten und sich gegenseitig stärkten.

Die Zukunft der Hoffnung und Inspiration

Die Herausforderungen, vor denen die Bürgerrechtsbewegung auf Ymaris steht, sind erheblich. Dennoch bleibt die Rolle von Hoffnung und Inspiration zentral für den Fortschritt. Sorran Vale hat einen klaren Plan für die Zukunft, der darauf abzielt, Hoffnung zu verbreiten und die Gemeinschaft zu inspirieren, aktiv zu bleiben. Durch Bildung, Kunst und intergalaktische Zusammenarbeit will er eine Bewegung schaffen, die nicht nur auf die aktuellen Herausforderungen reagiert, sondern auch eine positive Vision für die Zukunft entwickelt.

Insgesamt ist die Rolle von Hoffnung und Inspiration in der Bürgerrechtsbewegung auf Ymaris von entscheidender Bedeutung. Sie ermöglicht es Aktivisten, trotz der Herausforderungen, mit denen sie konfrontiert sind, weiterzumachen und an eine bessere Zukunft zu glauben. Sorran Vale ist ein lebendiges Beispiel dafür, wie Hoffnung und Inspiration als Katalysatoren für Veränderung fungieren können und wie wichtig es ist, diese Elemente in der Arbeit für soziale Gerechtigkeit zu fördern.

Sorrans Aufruf zum Handeln

Sorran Vale hat im Laufe seiner Karriere als Bürgerrechtsaktivist nicht nur die Herausforderungen, denen hyperdichte Lebensformen gegenüberstehen, erkannt, sondern auch die Verantwortung, die jeder Einzelne in der Gesellschaft trägt. In seiner Rede, die während einer intergalaktischen Konferenz gehalten wurde, betonte Sorran die Notwendigkeit eines kollektiven Handelns, um die grundlegenden Menschenrechte aller Lebensformen zu schützen. Sein Aufruf zum Handeln ist nicht nur ein Appell an die Bürger von Ymaris, sondern an alle intergalaktischen Gemeinschaften.

Die Dringlichkeit des Handelns

Die Probleme, mit denen hyperdichte Lebensformen konfrontiert sind, sind vielfältig und oft komplex. Sie reichen von Diskriminierung und Ungerechtigkeit bis hin zu systematischer Ausgrenzung. Sorran argumentiert, dass die Zeit für passives Beobachten vorbei ist. Er verwendet das Beispiel der *Ymarianischen Charta der Rechte*, die im Jahr 3021 verabschiedet wurde, um die grundlegenden Menschenrechte zu definieren. Trotz dieser Fortschritte bleibt die Realität, dass viele hyperdichte Lebensformen immer noch unterdrückt werden.

$$\text{Gleichheit} = \frac{\text{Rechte}}{\text{Gesellschaftliche Akzeptanz}} \qquad (29)$$

Diese Gleichung verdeutlicht, dass die Gleichheit nicht nur von den Rechten abhängt, die auf dem Papier stehen, sondern auch von der gesellschaftlichen Akzeptanz, die sie unterstützen muss. Sorran fordert eine aktive Beteiligung aller Bürger, um sicherzustellen, dass die Rechte der hyperdichten Lebensformen nicht nur anerkannt, sondern auch respektiert werden.

Ein Aufruf zur Solidarität

Sorran ermutigt die Menschen, sich mit den hyperdichten Lebensformen zu solidarisieren. Er hebt hervor, dass der Kampf um Bürgerrechte nicht nur die Verantwortung einer Gruppe ist, sondern dass jeder Einzelne eine Rolle zu spielen hat. Er zitiert das Sprichwort: *„Einige von uns müssen für alle sprechen."* Dies bedeutet, dass es an der Zeit ist, die Stimme zu erheben und für die Rechte anderer einzutreten.

Ein konkretes Beispiel für Solidarität ist die *Kampagne für die Gleichheit der Lebensformen*, die Sorran ins Leben gerufen hat. Diese Kampagne zielt darauf ab, Bewusstsein zu schaffen und Unterstützung für hyperdichte Lebensformen zu mobilisieren. Durch Workshops, öffentliche Diskussionen und Kunstprojekte hat die Kampagne bereits Tausende von Ymarianern erreicht und inspiriert.

Bildung als Schlüssel

Ein zentraler Punkt in Sorrans Aufruf ist die Bedeutung von Bildung. Er betont, dass Wissen die Grundlage für Veränderung ist. In seiner Rede stellt er fest, dass Bildung nicht nur das Bewusstsein schärft, sondern auch Fähigkeiten vermittelt, die notwendig sind, um aktiv zu werden. Sorran spricht über die Notwendigkeit, Bildungseinrichtungen zu reformieren, um sicherzustellen, dass Themen wie intergalaktische Rechte und soziale Gerechtigkeit in den Lehrplänen verankert sind.

$$\text{Aktivismus} = \text{Bildung} + \text{Engagement} \tag{30}$$

Diese Gleichung beschreibt, dass Aktivismus aus einer Kombination von Bildung und Engagement entsteht. Sorran fordert alle dazu auf, sich nicht nur über die Probleme zu informieren, sondern auch aktiv zu werden, sei es durch Freiwilligenarbeit, Teilnahme an Protesten oder das Teilen von Informationen in sozialen Medien.

Die Rolle der Technologie

In der heutigen Zeit spielt Technologie eine entscheidende Rolle im Aktivismus. Sorran hebt hervor, dass soziale Medien und digitale Plattformen es einfacher denn je machen, sich zu vernetzen und Informationen zu verbreiten. Er ermutigt die Menschen, diese Werkzeuge zu nutzen, um ihre Stimmen zu erheben und die Botschaft der Gleichheit und Gerechtigkeit weiterzugeben.

Ein Beispiel für den erfolgreichen Einsatz von Technologie ist die *#EqualRightsNow*-Kampagne, die durch virale Videos und interaktive Online-Diskussionen Millionen von Menschen erreicht hat. Sorran betont, dass jeder Einzelne in der Lage ist, durch kreative Ansätze und innovative Technologien einen Unterschied zu machen.

Ein Aufruf zur Einheit

Abschließend appelliert Sorran an die Einheit aller Lebensformen. Er betont, dass der Kampf für die Rechte hyperdichter Lebensformen nicht isoliert betrachtet werden kann. Es ist ein intergalaktischer Kampf, der die Unterstützung aller erfordert. Sorran schließt seine Rede mit den Worten: *„Gemeinsam können wir eine gerechtere und gleichberechtigtere Galaxie schaffen."*

Indem er die Menschen dazu aufruft, sich zu engagieren, zu bilden und zu vereinen, bietet Sorran Vale nicht nur eine Vision, sondern auch einen klaren Plan für die Zukunft. Der Aufruf zum Handeln ist ein kraftvolles Zeichen der Hoffnung und Inspiration für alle, die an eine gerechtere Welt glauben.

Die Bedeutung von Gemeinschaft und Solidarität

In der heutigen intergalaktischen Gesellschaft, insbesondere auf Ymaris, ist die Bedeutung von Gemeinschaft und Solidarität für die Bürgerrechtsbewegung von zentraler Bedeutung. Gemeinschaften bieten nicht nur Unterstützung, sondern auch einen Raum für kollektives Handeln und die Förderung von Gerechtigkeit. Die Theorie der sozialen Identität, die von Henri Tajfel und John Turner in den 1970er Jahren entwickelt wurde, beschreibt, wie Individuen sich in Gruppen identifizieren und wie diese Identität ihr Verhalten beeinflusst. Diese Theorie ist besonders relevant für das Verständnis von Solidarität unter den hyperdichten Lebensformen und den Menschen, die sich für deren Rechte einsetzen.

Theoretische Grundlagen

Die soziale Identitätstheorie postuliert, dass Menschen ihre Identität aus der Zugehörigkeit zu sozialen Gruppen ableiten. In Bezug auf Sorran Vale und seine Mission zeigt sich, dass die Identifikation mit den hyperdichten Lebensformen nicht nur eine persönliche Entscheidung ist, sondern auch das kollektive Bewusstsein einer Gemeinschaft formt. Diese Identifikation fördert ein Gefühl der Solidarität, das für den Aktivismus unerlässlich ist.

Darüber hinaus wird in der Theorie des sozialen Kapitals, wie sie von Robert Putnam formuliert wurde, die Bedeutung von Netzwerken und Gemeinschaften für den sozialen Zusammenhalt hervorgehoben. Putnam argumentiert, dass Gemeinschaften, die über starkes soziales Kapital verfügen, effektiver in der Lage sind, soziale Probleme zu lösen und Veränderungen herbeizuführen. Auf Ymaris bedeutet dies, dass die Zusammenarbeit zwischen verschiedenen Gruppen, die sich für die Rechte hyperdichter Lebensformen einsetzen, entscheidend für den Erfolg ihrer Mission ist.

Praktische Herausforderungen

Trotz der theoretischen Grundlagen gibt es erhebliche Herausforderungen bei der Schaffung einer solidarischen Gemeinschaft. Eine der größten Hürden ist die Fragmentierung innerhalb der Gesellschaft. Unterschiedliche Gruppen können unterschiedliche Interessen und Prioritäten haben, was zu Spannungen und Konflikten führen kann. Sorran Vale hat in seiner Arbeit oft erlebt, dass die Diversität innerhalb der Gemeinschaft sowohl eine Stärke als auch eine Schwäche darstellt.

Ein Beispiel für diese Fragmentierung ist die unterschiedliche Wahrnehmung der hyperdichten Lebensformen in verschiedenen Kulturen auf Ymaris. Während einige Gruppen die Notwendigkeit für deren Schutz erkennen, sehen andere sie als Bedrohung für ihre eigenen Lebensweisen. Diese Differenzen können die Mobilisierung für gemeinsame Ziele erschweren und erfordern von Aktivisten wie Sorran eine geschickte Diplomatie und das Finden von gemeinsamen Nennern.

Beispiele für Solidarität

Trotz dieser Herausforderungen gibt es zahlreiche Beispiele für erfolgreiche Solidaritätsbewegungen auf Ymaris. Eine bemerkenswerte Initiative war die Gründung der „Intergalaktischen Allianz für Gerechtigkeit" (IAG), die verschiedene Gruppen zusammenbrachte, um für die Rechte hyperdichter

Lebensformen zu kämpfen. Diese Allianz hat es geschafft, durch gemeinsame Aktionen und Kampagnen ein starkes Gefühl der Gemeinschaft zu fördern.

Ein weiteres Beispiel ist die „Kampagne für Einheit", die von Sorran Vale ins Leben gerufen wurde. Diese Kampagne zielte darauf ab, verschiedene Gemeinschaften auf Ymaris zusammenzubringen, um die Stimme der hyperdichten Lebensformen zu stärken. Durch Workshops, öffentliche Foren und kreative Ausdrucksformen wie Kunst und Musik konnte die Kampagne ein Bewusstsein für die Rechte dieser Lebensformen schaffen und gleichzeitig die Solidarität unter den Menschen fördern.

Schlussfolgerung

Die Bedeutung von Gemeinschaft und Solidarität kann nicht genug betont werden. Sie sind die treibenden Kräfte hinter jedem erfolgreichen Aktivismus und spielen eine entscheidende Rolle bei der Schaffung einer gerechteren Gesellschaft auf Ymaris. Sorran Vales Erfahrungen zeigen, dass die Stärkung von Gemeinschaften und das Fördern von Solidarität nicht nur die Rechte hyperdichter Lebensformen schützen, sondern auch die gesamte Gesellschaft bereichern können.

In einer Zeit, in der intergalaktische Beziehungen immer komplexer werden, ist die Fähigkeit, solidarisch zu handeln und eine Gemeinschaft zu bilden, unerlässlich. Der Aufruf zur Einheit und Zusammenarbeit ist nicht nur eine Botschaft des Aktivismus, sondern auch eine grundlegende Notwendigkeit für das Überleben und die Blüte aller Lebensformen in unserer Galaxie.

Ein Blick auf die Zukunft von Ymaris

Die Zukunft von Ymaris ist ein faszinierendes Thema, das sowohl Hoffnung als auch Herausforderungen mit sich bringt. Während Sorran Vale und seine Mitstreiter unermüdlich für die Rechte hyperdichter Lebensformen kämpfen, stehen sie vor einer Vielzahl von Problemen, die die soziale, politische und wirtschaftliche Landschaft des Planeten prägen. Um die Zukunft von Ymaris zu verstehen, müssen wir sowohl die gegenwärtigen Herausforderungen als auch die potenziellen Lösungen betrachten.

Zunächst einmal ist die **technologische Entwicklung** ein entscheidender Faktor für die Zukunft von Ymaris. Die Fortschritte in der Technologie haben das Leben der Bürger revolutioniert, jedoch bringt diese Entwicklung auch ethische Fragestellungen mit sich. Die Implementierung von **KI-Systemen** zur Überwachung und Kontrolle von hyperdichten Lebensformen könnte zu einer verstärkten Diskriminierung führen. Es ist wichtig, dass die Gesellschaft einen ethischen Rahmen entwickelt, um sicherzustellen, dass Technologie als Werkzeug für das Wohl aller genutzt wird, anstatt als Mittel zur Unterdrückung.

Ein weiteres zentrales Thema ist die **Umweltkrise**. Ymaris ist bekannt für seine einzigartigen Ökosysteme, die jedoch durch den Klimawandel und die Ausbeutung von Ressourcen bedroht sind. Sorran Vale hat stets betont, dass der Schutz der Umwelt eng mit der Bürgerrechtsbewegung verknüpft ist. Die hyperdichten Lebensformen sind nicht nur Bürger von Ymaris, sondern auch Hüter der Umwelt. Ihre Lebensweise bietet wertvolle Lektionen im Hinblick auf Nachhaltigkeit. Ein Beispiel für diese Verbindung ist die Initiative „Grüne Ymaris", die darauf abzielt, die natürlichen Lebensräume zu erhalten und gleichzeitig die Rechte der hyperdichten Lebensformen zu wahren.

$$\text{Nachhaltigkeit} = \frac{\text{Ökologische Integrität} + \text{Soziale Gerechtigkeit}}{\text{Wirtschaftliche Stabilität}} \tag{31}$$

Diese Gleichung verdeutlicht die Notwendigkeit, ökologische Integrität und soziale Gerechtigkeit in Einklang zu bringen, um eine nachhaltige Zukunft für alle Bewohner von Ymaris zu gewährleisten.

Die **politische Landschaft** Ymaris' ist ebenfalls im Wandel. Die Bürgerrechtsbewegung hat in den letzten Jahren an Einfluss gewonnen, doch der Widerstand gegen Veränderungen bleibt stark. Politische Entscheidungsträger müssen lernen, die Stimmen aller Bürger zu hören, insbesondere die der hyperdichten Lebensformen. Sorran Vale fordert ein neues politisches System, das inklusiver und gerechter ist. Ein Beispiel für einen positiven Wandel ist die Einführung von **intergalaktischen Konferenzen**, bei denen Vertreter verschiedener Kulturen und Lebensformen zusammenkommen, um Lösungen für gemeinsame Probleme zu finden.

Ein weiteres Problem, das die Zukunft von Ymaris beeinflusst, ist die **Bildung**. Der Zugang zu Bildung ist entscheidend für die Empowerment der hyperdichten Lebensformen. Sorran hat Programme initiiert, die darauf abzielen, Bildungsressourcen bereitzustellen und das Bewusstsein für die Rechte dieser Lebensformen zu schärfen. Durch die Schaffung von Bildungszentren, die speziell auf die Bedürfnisse dieser Gemeinschaften zugeschnitten sind, kann ein neues Bewusstsein für die Herausforderungen, mit denen sie konfrontiert sind, gefördert werden.

$$\text{Bildung} = \text{Wissen} + \text{Bewusstsein} + \text{Handlung} \tag{32}$$

Diese Gleichung zeigt, dass Bildung nicht nur Wissen vermittelt, sondern auch das Bewusstsein schärft und zur Handlung anregt. Die Förderung von Bildung wird entscheidend sein, um die nächste Generation von Aktivisten und Führern hervorzubringen, die sich für die Rechte der hyperdichten Lebensformen einsetzen.

Abschließend lässt sich sagen, dass die Zukunft von Ymaris von einer Vielzahl von Faktoren abhängt. Die Herausforderungen sind groß, aber die Möglichkeiten sind ebenso zahlreich. Mit der richtigen Kombination aus Technologie, Umweltschutz, politischer Teilhabe und Bildung kann Ymaris eine gerechtere und nachhaltigere Gesellschaft für alle seine Bürger schaffen. Sorran Vale und seine Vision für eine gerechte Galaxie sind der Schlüssel zu dieser Zukunft. Es liegt an uns, seine Botschaft zu verbreiten und aktiv an der Gestaltung einer besseren Welt für die hyperdichten Lebensformen und alle Bewohner Ymaris' mitzuwirken.

Schlussfolgerung

Die Lehren aus Sorrans Leben

Der Einfluss von Sorran auf die Gesellschaft

Sorran Vale hat durch seine unermüdliche Arbeit und seinen Aktivismus einen tiefgreifenden Einfluss auf die Gesellschaft von Ymaris und darüber hinaus ausgeübt. Seine Mission, die Rechte hyperdichter Lebensformen zu schützen, hat nicht nur rechtliche, sondern auch kulturelle und soziale Dimensionen, die das Leben vieler Wesen auf Ymaris verändert haben. In diesem Abschnitt werden wir die verschiedenen Facetten von Sorrans Einfluss auf die Gesellschaft beleuchten, einschließlich der theoretischen Grundlagen, der Herausforderungen, mit denen er konfrontiert war, sowie konkreten Beispielen, die seine Wirkung verdeutlichen.

Theoretische Grundlagen des Einflusses

Die Theorie des sozialen Wandels, wie sie von Theoretikern wie Karl Marx und Max Weber formuliert wurde, bietet einen Rahmen, um Sorrans Einfluss zu verstehen. Marx' Konzept der Klassenkämpfe und der sozialen Gerechtigkeit kann auf die Kämpfe hyperdichter Lebensformen übertragen werden, die oft als unterdrückte Klasse betrachtet werden. Sorrans Engagement für diese Gruppe stellt einen Versuch dar, die bestehenden Machtstrukturen in Frage zu stellen und eine gerechtere Gesellschaft zu schaffen.

Weber hingegen betont die Bedeutung von Charisma in der Führung. Sorrans Fähigkeit, Menschen zu mobilisieren und zu inspirieren, ist ein Beispiel für die Anwendung von Weber'schen Theorien in der Praxis. Sein Charisma und seine Überzeugungskraft haben es ihm ermöglicht, eine breite Basis von Unterstützern zu gewinnen, die sich für die Rechte hyperdichter Lebensformen einsetzen.

Gesellschaftliche Herausforderungen

Trotz seines Erfolgs sah sich Sorran zahlreichen Herausforderungen gegenüber. Die gesellschaftliche Akzeptanz hyperdichter Lebensformen war anfangs gering. Viele Menschen auf Ymaris waren skeptisch gegenüber der Idee, dass diese Lebensformen Rechte und Schutz benötigten. Diese Skepsis wurde durch tief verwurzelte Vorurteile und Missverständnisse über die Natur und das Wesen hyperdichter Lebensformen genährt.

Ein Beispiel für diese Herausforderungen war die erste große Protestaktion, die Sorran organisierte. Trotz der sorgfältigen Planung und Mobilisierung von Unterstützern wurde die Veranstaltung von gewalttätigen Gegenprotesten überschattet. Diese Erfahrung verdeutlichte die tiefen gesellschaftlichen Spaltungen und den Widerstand gegen Veränderungen.

Konkrete Beispiele für Sorrans Einfluss

Ein bemerkenswerter Erfolg von Sorran war die Gründung der Bürgerrechtsorganisation „Leben für alle". Diese Organisation wurde schnell zu einem wichtigen Akteur im Kampf für die Rechte hyperdichter Lebensformen und hat zahlreiche Kampagnen ins Leben gerufen, die sich mit Diskriminierung, Ungerechtigkeit und dem Zugang zu grundlegenden Dienstleistungen befassen.

Ein weiteres Beispiel ist die Einführung eines Gesetzes, das hyperdichten Lebensformen rechtlichen Schutz bietet. Sorran spielte eine entscheidende Rolle in der Lobbyarbeit und der Mobilisierung der Gemeinschaft, um dieses Gesetz durchzusetzen. Der Erfolg dieser Initiative war ein Wendepunkt, der das öffentliche Bewusstsein für die Rechte dieser Lebensformen schärfte und eine Welle der Unterstützung in der Gesellschaft auslöste.

Langfristige Auswirkungen

Sorrans Einfluss erstreckt sich über die unmittelbaren Erfolge hinaus und hat langfristige Auswirkungen auf die gesellschaftliche Struktur und die intergalaktischen Beziehungen. Seine Arbeit hat dazu beigetragen, ein neues Bewusstsein für die Bedeutung von Vielfalt und Inklusion zu schaffen. Die Idee, dass alle Lebensformen das Recht auf ein würdevolles Leben haben, hat sich in den gesellschaftlichen Diskurs eingeprägt und wird zunehmend in Bildungseinrichtungen, Medien und der Politik thematisiert.

Die Veränderungen, die Sorran angestoßen hat, lassen sich auch in der Kunst und Kultur von Ymaris erkennen. Künstler und Musiker haben begonnen, die Themen von Ungerechtigkeit und Gleichheit in ihren Werken zu behandeln, inspiriert von Sorrans Botschaft. Diese kulturelle Bewegung hat nicht nur das Bewusstsein für die Rechte hyperdichter Lebensformen geschärft, sondern auch eine neue Generation von Aktivisten hervorgebracht, die sich für soziale Gerechtigkeit einsetzen.

Zusammenfassung

Zusammenfassend lässt sich sagen, dass Sorran Vale durch seine unermüdliche Arbeit und seinen Aktivismus einen tiefgreifenden Einfluss auf die Gesellschaft von Ymaris ausgeübt hat. Seine Fähigkeit, soziale Theorien in die Praxis umzusetzen, hat nicht nur die Rechte hyperdichter Lebensformen geschützt, sondern auch das gesellschaftliche Bewusstsein für Vielfalt und Inklusion geschärft. Trotz der Herausforderungen, mit denen er konfrontiert war, hat Sorran eine Bewegung ins Leben gerufen, die weitreichende und nachhaltige Veränderungen bewirken konnte. Sein Vermächtnis wird weiterhin Generationen von Aktivisten inspirieren und die Grundlage für eine gerechtere Gesellschaft bilden.

Die Bedeutung von Bürgerrechten im intergalaktischen Kontext

Die Diskussion über Bürgerrechte im intergalaktischen Kontext ist nicht nur von theoretischem Interesse, sondern auch von praktischer Relevanz. In einer Zeit, in der intergalaktische Beziehungen und der Austausch zwischen verschiedenen Lebensformen zunehmen, wird die Notwendigkeit eines klaren Verständnisses von Bürgerrechten immer drängender. Bürgerrechte sind die grundlegenden Rechte, die jedem Individuum zustehen, unabhängig von seiner Herkunft, Kultur oder biologischen Beschaffenheit. Auf Ymaris, einem Planeten, der von hyperdichten Lebensformen bevölkert ist, stellt sich die Frage, wie diese Rechte definiert und durchgesetzt werden können.

Theoretische Grundlagen

Die Theorie der Bürgerrechte basiert auf den Prinzipien der Gleichheit, Freiheit und Gerechtigkeit. Diese Prinzipien sind universell und sollten in einem intergalaktischen Kontext Anwendung finden. Die Charta der intergalaktischen Rechte, die von verschiedenen Zivilisationen angenommen wurde, legt fest, dass alle intelligenten Lebensformen das Recht auf Leben, Freiheit und das Streben nach Glück haben. Diese Charta ist jedoch nicht immer in der Praxis wirksam, da unterschiedliche Kulturen und Gesellschaften unterschiedliche Auffassungen von Rechten und Pflichten haben.

Die Formel für die universellen Bürgerrechte kann als:

$$R_i = \{L, F, G\}$$

dargestellt werden, wobei R_i die Bürgerrechte des Individuums i, L für das Recht auf Leben, F für Freiheit und G für das Streben nach Gerechtigkeit steht. Diese Rechte müssen in einem intergalaktischen Rahmen interpretiert werden, der die Vielfalt der Lebensformen und deren spezifische Bedürfnisse berücksichtigt.

Herausforderungen

Eine der größten Herausforderungen bei der Durchsetzung von Bürgerrechten im intergalaktischen Kontext ist die Diskriminierung aufgrund biologischer Unterschiede. Hyperdichte Lebensformen, wie sie auf Ymaris vorkommen, werden oft als minderwertig betrachtet, was zu ihrer Marginalisierung führt. Diese Diskriminierung kann in verschiedenen Formen auftreten, einschließlich wirtschaftlicher Benachteiligung, sozialer Isolation und rechtlicher Ungleichheit.

Ein Beispiel für diese Diskriminierung ist der Fall von *Zyra*, einer hyperdichten Lebensform, die vor Gericht gegen ihre Entlassung aus einem intergalaktischen Unternehmen klagte. Das Gericht entschied zugunsten des Unternehmens, da es argumentierte, dass Zyras physische Eigenschaften nicht mit den Anforderungen der Stelle übereinstimmten. Dieses Urteil verdeutlicht die Notwendigkeit, die Definition von Fähigkeiten und Rechten zu überdenken.

Ein weiteres Problem ist die Uneinheitlichkeit der Gesetze zwischen verschiedenen Planeten. Während einige Planeten fortschrittliche Gesetze zum Schutz von Bürgerrechten haben, gibt es andere, die keine solchen Gesetze implementiert haben. Dies führt zu einer rechtlichen Grauzone, in der hyperdichte Lebensformen nicht nur rechtlich, sondern auch sozial benachteiligt werden.

Praktische Beispiele und Lösungsansätze

Um diese Herausforderungen zu bewältigen, ist es entscheidend, intergalaktische Kooperationen zu fördern, die auf den Prinzipien der Gleichheit und Gerechtigkeit basieren. Ein Beispiel für einen erfolgreichen Ansatz ist die *Intergalaktische Bürgerrechtsallianz*, die sich für die Rechte von marginalisierten Lebensformen einsetzt. Diese Allianz hat mehrere Initiativen ins Leben gerufen, darunter Bildungsprogramme, die das Bewusstsein für die Rechte hyperdichter Lebensformen schärfen.

Ein weiteres Beispiel ist die Einführung von intergalaktischen Gremien, die sich mit der Überprüfung und Harmonisierung von Gesetzen befassen. Diese Gremien könnten dazu beitragen, ein einheitliches rechtliches Framework zu schaffen, das die Rechte aller Lebensformen schützt und Diskriminierung verhindert.

Zusätzlich zu diesen Maßnahmen ist die Rolle der Medien von entscheidender Bedeutung. Die Berichterstattung über Bürgerrechtsverletzungen kann dazu beitragen, das Bewusstsein zu schärfen und Druck auf die Regierungen auszuüben, um Veränderungen herbeizuführen. Sorran Vale hat in diesem Zusammenhang eine wichtige Rolle gespielt, indem er die Medien genutzt hat, um die Geschichten von hyperdichten Lebensformen zu verbreiten und ihre Stimmen zu stärken.

Fazit

Die Bedeutung von Bürgerrechten im intergalaktischen Kontext kann nicht hoch genug eingeschätzt werden. Sie sind nicht nur ein Fundament für eine gerechte Gesellschaft, sondern auch ein Schlüssel zur Schaffung eines harmonischen Zusammenlebens zwischen verschiedenen Lebensformen. Es ist unerlässlich, dass die intergalaktische Gemeinschaft zusammenarbeitet, um sicherzustellen, dass diese Rechte für alle gelten, unabhängig von ihrer Herkunft oder biologischen Beschaffenheit. Der Weg zu einer gerechten Galaxie erfordert Engagement, Bildung und vor allem die Bereitschaft, die Vielfalt des Lebens zu akzeptieren und zu feiern.

Sorrans Vermächtnis für zukünftige Generationen

Sorran Vale hat nicht nur die Rechte hyperdichter Lebensformen auf Ymaris verteidigt, sondern auch ein bedeutendes Vermächtnis für zukünftige Generationen hinterlassen. Seine Arbeit hat den Grundstein für eine intergalaktische Bürgerrechtsbewegung gelegt, die über die Grenzen von Ymaris hinausgeht und andere Kulturen und Planeten inspiriert. In diesem Abschnitt werden wir die verschiedenen Dimensionen von Sorrans Vermächtnis untersuchen und die Auswirkungen seiner Bemühungen auf die zukünftigen Generationen beleuchten.

1. Bildung und Aufklärung

Ein zentrales Element von Sorrans Vermächtnis ist die Bedeutung von Bildung und Aufklärung. Er erkannte früh, dass Wissen der Schlüssel zu Veränderungen ist. Sorran initiierte Programme, die nicht nur über die Rechte hyperdichter Lebensformen informierten, sondern auch über die Bedeutung von Vielfalt und Inklusion. Diese Programme sind heute Teil des Lehrplans an vielen Schulen auf Ymaris und dienen als Modell für andere Planeten.

$$E = mc^2 \tag{33}$$

Die Gleichung von Einstein, die die Beziehung zwischen Energie und Masse beschreibt, wurde von Sorran oft als Metapher verwendet, um zu verdeutlichen, dass auch die kleinsten Veränderungen (Masse) zu einer großen Wirkung (Energie) führen können. Dies gilt insbesondere für die Bildung, wo das Wissen, das in jungen Köpfen gepflanzt wird, exponentiell wachsen kann.

2. Interkulturelle Zusammenarbeit

Sorrans Vision für eine gerechte Galaxie beinhaltete auch die Förderung interkultureller Zusammenarbeit. Er setzte sich dafür ein, dass verschiedene Kulturen und Lebensformen miteinander kommunizieren und voneinander lernen. Dies geschah durch intergalaktische Konferenzen, an denen Vertreter verschiedener Planeten teilnahmen. Diese Treffen führten zu einem Austausch von Ideen und Strategien, die für die Bürgerrechtsbewegungen auf den jeweiligen Planeten von Bedeutung sind.

Ein Beispiel für diesen Austausch ist die Einführung von intergalaktischen Stipendienprogrammen, die es jungen Aktivisten ermöglichen, von den Erfahrungen ihrer Kollegen auf anderen Planeten zu lernen. Diese Programme haben nicht nur das Bewusstsein für die Rechte hyperdichter Lebensformen geschärft, sondern auch die Grundlagen für eine stärkere globale Gemeinschaft gelegt.

3. Technologischer Fortschritt

Sorran war sich der Rolle der Technologie bewusst und nutzte sie, um die Botschaft der Bürgerrechtsbewegung zu verbreiten. Die Verwendung von sozialen Medien, Online-Plattformen und virtuellen Konferenzen hat es ermöglicht, dass Informationen schnell und effektiv verbreitet werden. In einer Zeit, in der technologische Fortschritte rasant voranschreiten, ist es wichtig, dass zukünftige Generationen diese Werkzeuge nutzen, um ihre Stimmen zu erheben und für ihre Rechte zu kämpfen.

Die Entwicklung von Apps, die den Zugang zu Informationen über Bürgerrechte erleichtern, ist ein direktes Ergebnis von Sorrans Einfluss. Solche Technologien ermöglichen es Aktivisten, sich zu vernetzen, Ressourcen zu teilen und sich gegenseitig zu unterstützen, unabhängig von ihrem geografischen Standort.

4. Einhaltung der Menschenrechte

Ein weiterer Aspekt von Sorrans Vermächtnis ist die Betonung der Einhaltung der Menschenrechte. Er kämpfte für die Schaffung und Durchsetzung von Gesetzen, die die Rechte hyperdichter Lebensformen schützen. Diese Gesetze sind nicht nur für Ymaris von Bedeutung, sondern dienen auch als Vorbild für andere Planeten, die ähnliche Herausforderungen bewältigen müssen.

Die Prinzipien der universellen Menschenrechte, wie sie in der *Allgemeinen Erklärung der Menschenrechte* festgelegt sind, wurden von Sorran als Grundlage für seine Arbeit verwendet. Er argumentierte, dass die Rechte aller Lebewesen, unabhängig von ihrer Dichte oder Herkunft, respektiert werden müssen. Dies hat zu einer breiteren Diskussion über die Rechte aller Lebewesen in der Galaxie geführt und wird auch in zukünftigen Generationen von Aktivisten von Bedeutung sein.

5. Inspiration und Hoffnung

Sorrans Leben und Arbeit sind ein lebendiges Beispiel dafür, wie ein Einzelner einen Unterschied machen kann. Seine Geschichten von Widerstandsfähigkeit und Entschlossenheit inspirieren junge Aktivisten, die sich für Veränderungen einsetzen möchten. Durch seine Reden, Schriften und öffentlichen Auftritte hat er eine Botschaft der Hoffnung verbreitet, die auch in Zukunft lebendig bleiben wird.

Die Herausforderung, mit der Ungerechtigkeit umzugehen, bleibt bestehen, aber Sorrans Vermächtnis ist ein Licht in der Dunkelheit. Er hat gezeigt, dass der Kampf für die Rechte der Unterdrückten nicht vergeblich ist und dass jede Stimme zählt. Diese Inspiration wird zukünftige Generationen anspornen, sich für eine gerechtere Welt einzusetzen.

Schlussfolgerung

Zusammenfassend lässt sich sagen, dass Sorran Vales Vermächtnis für zukünftige Generationen von unschätzbarem Wert ist. Durch Bildung, interkulturelle Zusammenarbeit, technologische Innovation, die Einhaltung der Menschenrechte und Inspiration hat er einen Weg geebnet, der auch in Zukunft beschritten werden kann. Die Prinzipien und Werte, die er verkörperte, werden weiterhin als Leitfaden für die kommenden Generationen dienen, während sie sich den Herausforderungen der intergalaktischen Bürgerrechtsbewegung stellen.

Sorrans Vermächtnis ist nicht nur ein Erbe für Ymaris, sondern für die gesamte Galaxie. Es erinnert uns daran, dass der Kampf für Gerechtigkeit und Gleichheit niemals endet und dass wir alle die Verantwortung tragen, für die Rechte derjenigen einzutreten, die nicht für sich selbst sprechen können.

Der bleibende Einfluss hyperdichter Lebensformen

Die hyperdichten Lebensformen auf Ymaris haben nicht nur die lokale Kultur, sondern auch die intergalaktischen Beziehungen nachhaltig geprägt. Ihr Einfluss erstreckt sich über verschiedene Dimensionen, von der sozialen Gerechtigkeit bis hin zur wissenschaftlichen Entdeckung. In diesem Abschnitt werden wir die verschiedenen Aspekte ihres bleibenden Einflusses untersuchen, einschließlich der Herausforderungen, denen sie gegenüberstehen, und der positiven Veränderungen, die sie in der Gesellschaft bewirken.

Kulturelle Integration und Identität

Hyperdichte Lebensformen bringen eine einzigartige Perspektive in die Gesellschaft von Ymaris. Ihre kulturellen Praktiken und Traditionen haben zur Schaffung eines vielfältigen und integrativen sozialen Gefüges beigetragen. Die Integration dieser Lebensformen fördert nicht nur das Verständnis und die Akzeptanz, sondern auch die Wertschätzung für Unterschiede. Diese kulturelle Vielfalt hat sich in der Kunst, Musik und Literatur manifestiert. Ein Beispiel hierfür ist die jährliche *Festival der Harmonie*, bei dem Künstler beider Kulturen zusammenkommen, um ihre Talente zu präsentieren und ein Gefühl der Gemeinschaft zu fördern.

Wissenschaftliche Erkenntnisse und technologische Innovationen

Die hyperdichten Lebensformen haben auch einen erheblichen Einfluss auf die wissenschaftliche Forschung und technologische Entwicklungen auf Ymaris. Ihre einzigartigen biologischen Eigenschaften haben zu bahnbrechenden Entdeckungen in den Bereichen Biotechnologie und Umweltwissenschaften geführt. Beispielsweise haben Forscher herausgefunden, dass die Zellstruktur dieser Lebensformen eine bemerkenswerte Fähigkeit zur Regeneration aufweist, die in der Medizin Anwendung finden könnte.

Die mathematische Modellierung ihrer biologischen Prozesse kann durch die Gleichung:

$$R(t) = R_0 e^{kt} \tag{34}$$

beschrieben werden, wobei $R(t)$ die Regenerationsrate, R_0 die Anfangsrate und k eine konstante Wachstumsrate darstellt. Diese Erkenntnisse könnten nicht nur die medizinische Forschung revolutionieren, sondern auch neue Wege zur Bekämpfung von Krankheiten eröffnen.

Soziale Gerechtigkeit und Bürgerrechtsbewegungen

Die hyperdichten Lebensformen sind auch ein Symbol für den Kampf um soziale Gerechtigkeit. Ihre Erfahrungen mit Diskriminierung und Ungerechtigkeit haben viele Aktivisten inspiriert, sich für Bürgerrechte einzusetzen. Sorran Vale selbst hat oft betont, dass die Stimme der hyperdichten Lebensformen entscheidend für die Bürgerrechtsbewegung auf Ymaris ist. Ihre Kämpfe haben dazu beigetragen, das Bewusstsein für Ungleichheit und Diskriminierung zu schärfen und die Gesellschaft dazu zu bewegen, sich für Gleichheit und Gerechtigkeit einzusetzen.

Ein Beispiel für diesen Einfluss ist die *Allianz für Gleichheit*, eine Organisation, die von hyperdichten Lebensformen und ihren Unterstützern gegründet wurde, um gegen Diskriminierung vorzugehen. Die Allianz hat zahlreiche Kampagnen ins Leben gerufen, um das Bewusstsein für die Herausforderungen, mit denen diese Lebensformen konfrontiert sind, zu schärfen und die Gesellschaft zu mobilisieren.

Intergalaktische Beziehungen und Diplomatie

Die Rolle der hyperdichten Lebensformen in intergalaktischen Beziehungen ist ebenfalls von großer Bedeutung. Sie fungieren oft als Brückenbauer zwischen verschiedenen Kulturen und fördern den Dialog und das Verständnis zwischen den Völkern. Ihre einzigartigen Perspektiven und Erfahrungen tragen dazu bei, diplomatische Beziehungen zu stärken und Konflikte zu lösen.

Die intergalaktische Zusammenarbeit wird durch die Gleichung:

$$C = \frac{S \cdot R}{D} \tag{35}$$

beschrieben, wobei C die Kooperationsrate, S die Stärke der Beziehungen, R die Ressourcen und D die Distanz zwischen den Kulturen darstellt. Diese Formel verdeutlicht, dass eine stärkere Verbindung und der Austausch von Ressourcen zu einer höheren Kooperationsrate führen können.

Herausforderungen und Widerstand

Trotz ihrer positiven Einflüsse stehen die hyperdichten Lebensformen auch vor erheblichen Herausforderungen. Diskriminierung, Vorurteile und soziale Isolation sind nach wie vor weit verbreitet. Aktivisten wie Sorran Vale arbeiten unermüdlich daran, diese Probleme anzugehen und eine gerechtere Gesellschaft zu schaffen.

Der Widerstand gegen ihre Rechte und die ständige Notwendigkeit, für Gleichheit zu kämpfen, sind Herausforderungen, die nicht ignoriert werden können.

Ein Beispiel für diesen Widerstand ist die *Kampagne für Gleichheit*, die von verschiedenen Organisationen ins Leben gerufen wurde, um die Rechte der hyperdichten Lebensformen zu schützen und zu fördern. Diese Kampagne hat sowohl lokale als auch intergalaktische Unterstützung gewonnen und zeigt, dass der Kampf um Gleichheit und Gerechtigkeit nicht nur auf Ymaris, sondern in der gesamten Galaxie relevant ist.

Fazit

Der bleibende Einfluss der hyperdichten Lebensformen auf Ymaris ist unbestreitbar. Ihre kulturellen, wissenschaftlichen und sozialen Beiträge haben die Gesellschaft geprägt und werden weiterhin das Leben auf Ymaris und darüber hinaus beeinflussen. Der Kampf um Gleichheit und Gerechtigkeit, den sie führen, ist nicht nur eine Frage des Überlebens, sondern auch eine Quelle der Inspiration für zukünftige Generationen. Ihre Stimmen müssen gehört werden, und ihr Einfluss wird die intergalaktische Gemeinschaft weiterhin formen und bereichern.

Die Rolle des Einzelnen im Aktivismus

Im Kontext des Aktivismus ist die Rolle des Einzelnen von entscheidender Bedeutung. Jeder Mensch hat die Fähigkeit, Veränderungen herbeizuführen, sei es durch direkte Aktionen, das Teilen von Informationen oder das Engagement in Gemeinschaften. Diese individuelle Verantwortung kann in verschiedenen Formen auftreten, von der Teilnahme an Protesten bis hin zur Unterstützung von Initiativen, die sich für die Rechte hyperdichter Lebensformen auf Ymaris einsetzen.

Theoretische Grundlagen

Die Theorie des sozialen Wandels, wie sie von verschiedenen Soziologen und Aktivisten formuliert wurde, legt nahe, dass individuelle Handlungen kumulative Effekte haben können, die zu einem größeren gesellschaftlichen Wandel führen. Der berühmte Sozialwissenschaftler Charles Tilly argumentiert, dass kollektives Handeln oft durch individuelle Entscheidungen und Überzeugungen initiiert wird. Diese Perspektive betont, dass der Einzelne nicht nur ein passiver Zuschauer, sondern ein aktiver Akteur im Prozess des Wandels ist.

Herausforderungen für den Einzelnen

Trotz der Macht, die Einzelne im Aktivismus haben können, gibt es zahlreiche Herausforderungen, die sie überwinden müssen. Dazu gehören:

- **Angst vor Repression:** Aktivisten sehen sich oft Bedrohungen und Repressionen durch staatliche oder gesellschaftliche Akteure gegenüber. Dies kann dazu führen, dass Menschen zögern, sich aktiv zu engagieren.

- **Mangel an Ressourcen:** Viele Individuen haben nicht die finanziellen oder zeitlichen Mittel, um sich aktiv zu engagieren, was ihre Fähigkeit einschränkt, Veränderungen zu bewirken.

- **Isolation:** Aktivismus kann oft isolierend wirken, insbesondere wenn die Gesellschaft nicht hinter den Zielen der Aktivisten steht. Diese Isolation kann die Motivation und den Einsatz des Einzelnen beeinträchtigen.

Positive Beispiele individueller Beiträge

Es gibt zahlreiche Beispiele, die die positive Rolle des Einzelnen im Aktivismus illustrieren.

- **Sorran Vale:** Als Anwalt und Aktivist hat Sorran Vale durch seine persönlichen Erfahrungen und sein Engagement für die hyperdichten Lebensformen auf Ymaris Einfluss genommen. Seine ersten Protestaktionen und die Gründung einer Bürgerrechtsorganisation zeigen, wie eine einzelne Person eine Bewegung ins Leben rufen kann.

- **Internationale Aktivisten:** Aktivisten wie Greta Thunberg haben gezeigt, dass eine einzelne Stimme globalen Einfluss haben kann. Durch ihre Schulstreiks für das Klima hat sie Millionen inspiriert, sich für den Umweltschutz einzusetzen.

Der Einfluss von Bildung und Aufklärung

Bildung spielt eine entscheidende Rolle im Aktivismus. Individuen, die über die Probleme und Herausforderungen, mit denen hyperdichte Lebensformen konfrontiert sind, gut informiert sind, können effektiver handeln. Aufklärungskampagnen, die sich an die breite Öffentlichkeit richten, sind entscheidend, um das Bewusstsein zu schärfen und eine breite Unterstützung zu mobilisieren.

Die Theorie des kritischen Denkens, wie sie von Paulo Freire formuliert wurde, betont die Bedeutung der Bildung als Mittel zur Befreiung. Freire argumentiert, dass Bildung nicht nur Wissen vermittelt, sondern auch das kritische Bewusstsein fördert, das notwendig ist, um gesellschaftliche Ungerechtigkeiten zu erkennen und zu bekämpfen.

Fazit

Die Rolle des Einzelnen im Aktivismus ist vielschichtig und entscheidend für den Erfolg von Bewegungen. Trotz der Herausforderungen, denen sich Aktivisten gegenübersehen, können individuelle Handlungen einen bedeutenden Einfluss auf den sozialen Wandel haben. Durch Bildung, Engagement und die Bereitschaft, sich für die Rechte anderer einzusetzen, können Einzelne nicht nur ihre eigenen Lebensumstände verbessern, sondern auch das Leben der hyperdichten Lebensformen auf Ymaris und darüber hinaus positiv beeinflussen. Die Zukunft des Aktivismus hängt von der Fähigkeit jedes Einzelnen ab, sich zu engagieren und für das einzutreten, was richtig ist.

$$\text{Wirkung des Einzelnen} = \text{Engagement} \times \text{Bildung} \times \text{Gemeinschaft} \qquad (36)$$

Diese Gleichung verdeutlicht, dass die Wirkung eines Einzelnen im Aktivismus von der Kombination aus persönlichem Engagement, Bildung und der Unterstützung der Gemeinschaft abhängt. Je mehr Menschen sich engagieren und informiert sind, desto größer wird die kumulative Wirkung auf die Gesellschaft sein.

Sorrans Botschaft an die Welt

In einer Zeit, in der die Herausforderungen der intergalaktischen Bürgerrechte immer drängender werden, ist Sorran Vale ein Lichtblick und eine Stimme der Hoffnung. Seine Botschaft an die Welt, und insbesondere an die Bewohner von Ymaris und darüber hinaus, ist klar: Jeder Einzelne hat die Macht, Veränderungen herbeizuführen, und die Rechte aller Lebensformen müssen respektiert und geschützt werden.

Die Bedeutung von Empathie

Sorran betont oft die Notwendigkeit von Empathie im Aktivismus. Er glaubt, dass das Verständnis für die Erfahrungen anderer, insbesondere der hyperdichten

DIE LEHREN AUS SORRANS LEBEN 199

Lebensformen, der Schlüssel zu einer gerechten Gesellschaft ist. In seinen öffentlichen Reden verwendet er häufig das Beispiel eines kleinen hyperdichten Wesens, das aufgrund seiner einzigartigen physiologischen Eigenschaften diskriminiert wird. Sorran fragt das Publikum:

> „Was wäre, wenn wir alle die gleichen Rechte und Chancen hätten, unabhängig von unserer Form oder Dichte? Was, wenn wir uns in die Lage dieser Wesen versetzen könnten?"

Diese rhetorische Frage regt zum Nachdenken an und fordert die Zuhörer auf, ihre Vorurteile zu hinterfragen.

Die Rolle der Bildung

Ein weiterer zentraler Punkt in Sorrans Botschaft ist die Rolle der Bildung. Er argumentiert, dass Aufklärung der erste Schritt zur Veränderung ist. In einem intergalaktischen Kontext ist Bildung nicht nur auf die physische Welt beschränkt, sondern schließt auch den Austausch von Wissen und Erfahrungen zwischen verschiedenen Kulturen ein. Sorran hat Programme initiiert, die den intergalaktischen Austausch von Studenten fördern, um das Verständnis und die Akzeptanz zwischen den verschiedenen Lebensformen zu stärken.

Die Gleichung, die Sorran oft zitiert, um die Bedeutung von Bildung zu verdeutlichen, lautet:

$$\text{Bildung} + \text{Empathie} = \text{Veränderung} \tag{37}$$

Diese einfache, aber kraftvolle Formel zeigt, dass ohne Bildung und Empathie keine nachhaltigen Veränderungen möglich sind.

Ein Aufruf zur Einheit

In seinen Reden appelliert Sorran an die Einheit aller Bürger, unabhängig von ihrer Herkunft oder ihren biologischen Merkmalen. Er erinnert die Menschen daran, dass die Herausforderungen, vor denen sie stehen, kollektive Anstrengungen erfordern. „Wir sind stärker zusammen", sagt er häufig und ermutigt die Zuhörer, sich über ihre Unterschiede hinwegzusetzen und gemeinsam für eine gerechtere Gesellschaft zu kämpfen.

Ein Beispiel für diesen Aufruf zur Einheit war die große intergalaktische Konferenz, die Sorran im Jahr 3023 organisierte, bei der Vertreter von über 50 verschiedenen Planeten zusammenkamen, um über die Rechte hyperdichter

Lebensformen zu diskutieren. Die Konferenz endete mit der Verabschiedung einer gemeinsamen Erklärung, die die Rechte aller Lebensformen anerkennt und die Notwendigkeit für Zusammenarbeit betont.

Die Herausforderung der Ignoranz

Sorran warnt auch vor der Gefahr der Ignoranz. In einer Welt, in der Informationen schnell verbreitet werden, ist es einfach, sich von der Realität abzuschotten. Er fordert die Menschen auf, aktiv zu werden und sich über die Herausforderungen zu informieren, mit denen hyperdichte Lebensformen konfrontiert sind. „Ignoranz ist der Feind des Fortschritts", sagt er und fordert alle auf, sich gegen die Verbreitung von Fehlinformationen zu stellen.

Ein Blick in die Zukunft

Abschließend lässt sich sagen, dass Sorrans Botschaft an die Welt nicht nur eine Aufforderung zur Aktion ist, sondern auch eine Vision für die Zukunft. Er träumt von einer Galaxie, in der alle Lebensformen in Harmonie leben können, in der Respekt und Verständnis die Grundlagen der intergalaktischen Beziehungen bilden. Seine Vision ist nicht nur idealistisch, sondern auch praktisch. Er hat konkrete Pläne und Strategien entwickelt, um diese Vision Wirklichkeit werden zu lassen.

„Die Zukunft gehört uns allen", sagt Sorran. „Lasst uns gemeinsam dafür kämpfen, dass sie eine Zukunft ist, in der jeder, unabhängig von seiner Dichte oder Form, die gleichen Rechte und Chancen hat."

> „Die Galaxie ist ein bunter Ort voller Vielfalt. Lasst uns diese Vielfalt feiern und für die Rechte aller kämpfen!"

Sorrans Botschaft bleibt ein kraftvoller Aufruf zur Einheit, Empathie und Bildung, und sie inspiriert viele, sich für eine bessere Zukunft einzusetzen. Seine Worte hallen durch die Galaxie und erinnern uns daran, dass der Kampf für die Bürgerrechte ein fortwährender Prozess ist, der Engagement und Entschlossenheit erfordert.

Die Hoffnung auf eine bessere Zukunft

Die Hoffnung auf eine bessere Zukunft ist ein zentraler Bestandteil der Bürgerrechtsbewegung und spielt eine entscheidende Rolle in der Philosophie und Praxis von Aktivisten wie Sorran Vale. Diese Hoffnung ist nicht nur ein emotionaler Antrieb, sondern auch ein strategisches Element, das die Mobilisierung von Gemeinschaften und die Schaffung eines intergalaktischen Bewusstseins fördert. In diesem Abschnitt werden wir die verschiedenen Dimensionen dieser Hoffnung erkunden, die Herausforderungen, die sie begleiten, und die konkreten Schritte, die unternommen werden können, um sie zu verwirklichen.

Die Theorie der Hoffnung

In der sozialen Bewegungstheorie wird Hoffnung oft als eine Form der kollektiven Vision beschrieben, die die Menschen dazu motiviert, für Veränderungen zu kämpfen. Hoffnung kann als eine Art von sozialem Kapital betrachtet werden, das Gemeinschaften zusammenbringt und sie in ihrem Streben nach Gerechtigkeit stärkt. Sie bietet nicht nur eine Vorstellung von dem, was möglich ist, sondern auch eine Motivation, die Herausforderungen des Aktivismus zu überwinden.

Ein Beispiel für die Theorie der Hoffnung ist das Konzept der *Zukunftsorientierung*, das besagt, dass Menschen, die an eine bessere Zukunft glauben, eher bereit sind, sich für Veränderungen einzusetzen. Diese Zukunftsorientierung kann durch verschiedene Faktoren beeinflusst werden, darunter Bildung, Gemeinschaftsengagement und der Zugang zu Ressourcen. In Ymaris spielt die intergalaktische Zusammenarbeit eine entscheidende Rolle, da sie den Austausch von Ideen und Ressourcen fördert, die für die Schaffung einer besseren Zukunft notwendig sind.

Herausforderungen auf dem Weg zur Hoffnung

Trotz der positiven Aspekte der Hoffnung stehen Aktivisten wie Sorran Vale vor einer Vielzahl von Herausforderungen. Eine der größten Hürden ist die *institutionelle Diskriminierung*, die in vielen Gesellschaften, einschließlich Ymaris, tief verwurzelt ist. Diese Diskriminierung kann in Form von Gesetzen, sozialen Normen und wirtschaftlichen Barrieren auftreten, die die Rechte hyperdichter Lebensformen einschränken.

Ein weiteres Problem ist die *Desillusionierung*, die viele Aktivisten erleben, wenn ihre Bemühungen nicht die gewünschten Ergebnisse bringen. Diese Desillusionierung kann zu einem Verlust der Hoffnung führen und die Mobilisierung der Gemeinschaft behindern. Um diesem Problem entgegenzuwirken, ist es wichtig, den Fokus auf kleine Erfolge zu legen und die Fortschritte zu feiern, die trotz der Herausforderungen erzielt werden.

Beispiele für Hoffnung in Aktion

Trotz der Herausforderungen gibt es zahlreiche Beispiele für Hoffnung in Aktion, die inspirierend wirken und als Modell für zukünftige Bemühungen dienen können. Eine solche Initiative ist die *Intergalaktische Konferenz für Bürgerrechte*, die von Sorran Vale und anderen Aktivisten ins Leben gerufen wurde. Diese Konferenz brachte Vertreter verschiedener Planeten zusammen, um über die Rechte hyperdichter Lebensformen zu diskutieren und Strategien zur Förderung ihrer Rechte zu entwickeln.

Ein weiteres Beispiel ist die Verwendung von *Kunst und Musik* als Mittel zur Sensibilisierung und Mobilisierung. Sorran Vale hat in der Vergangenheit Kunstprojekte initiiert, die das Bewusstsein für die Probleme hyperdichter Lebensformen schärfen und eine Plattform für den Ausdruck ihrer Hoffnungen und Träume bieten. Diese Projekte haben nicht nur zur Schaffung von Gemeinschaften beigetragen, sondern auch das öffentliche Bewusstsein für die Herausforderungen, mit denen diese Lebensformen konfrontiert sind, erhöht.

Schritte zur Verwirklichung der Hoffnung

Um die Hoffnung auf eine bessere Zukunft zu verwirklichen, müssen mehrere strategische Schritte unternommen werden:

- **Bildung und Aufklärung:** Der Zugang zu Bildung ist entscheidend, um das Bewusstsein für die Rechte hyperdichter Lebensformen zu schärfen und die nächste Generation von Aktivisten auszubilden.

- **Gemeinschaftsengagement:** Die Mobilisierung von Gemeinschaften ist unerlässlich, um kollektive Aktionen zu fördern und eine starke Stimme für Veränderungen zu schaffen.

- **Intergalaktische Zusammenarbeit:** Der Austausch von Wissen und Ressourcen zwischen verschiedenen Kulturen und Planeten kann innovative Lösungen für gemeinsame Herausforderungen bieten.

- **Politische Lobbyarbeit:** Aktivisten müssen sich an politischen Prozessen beteiligen, um Gesetze zu ändern und Diskriminierung zu bekämpfen.

- **Kunst und Medien:** Die Nutzung von Kunst und Medien kann helfen, die Botschaft der Hoffnung zu verbreiten und ein breiteres Publikum zu erreichen.

Fazit

Die Hoffnung auf eine bessere Zukunft ist ein kraftvolles Motiv, das die Bürgerrechtsbewegung auf Ymaris antreibt. Trotz der Herausforderungen, die damit verbunden sind, bleibt die Vision für eine gerechtere Gesellschaft lebendig. Sorran Vale und andere Aktivisten zeigen, dass durch Bildung, Gemeinschaftsengagement und intergalaktische Zusammenarbeit eine bessere Zukunft für hyperdichte Lebensformen möglich ist. Die Botschaft ist klar: Hoffnung ist nicht nur ein Traum, sondern ein Handlungsaufruf, der uns alle dazu ermutigt, aktiv an der Schaffung einer gerechteren und inklusiveren Galaxie mitzuwirken.

Der Aufruf zur Einheit und Zusammenarbeit

In einer Zeit, in der die Herausforderungen für hyperdichte Lebensformen auf Ymaris und darüber hinaus immer drängender werden, ist Sorran Vales Aufruf zur Einheit und Zusammenarbeit von entscheidender Bedeutung. Er erkennt, dass die Probleme, mit denen diese Lebensformen konfrontiert sind, nicht isoliert betrachtet werden können; vielmehr erfordern sie ein gemeinsames Handeln, das über planetarische und intergalaktische Grenzen hinweggeht. Der Fokus auf Einheit und Zusammenarbeit kann als eine Antwort auf die vielschichtigen Herausforderungen der heutigen Zeit verstanden werden.

Die Theorie der intergalaktischen Zusammenarbeit

Die Theorie der intergalaktischen Zusammenarbeit basiert auf dem Verständnis, dass die Vielfalt der Kulturen und Lebensformen eine Stärke darstellt, die genutzt werden kann, um gemeinsame Ziele zu erreichen. Sorran argumentiert, dass die Prinzipien der Solidarität und des gegenseitigen Respekts die Grundlage für eine erfolgreiche Zusammenarbeit bilden sollten. In diesem Kontext wird die *Interdependenztheorie* relevant, die besagt, dass die Akteure in einem System voneinander abhängig sind und durch Kooperation bessere Ergebnisse erzielen können. Diese Theorie lässt sich mathematisch durch die Gleichung:

$$C = f(A_1, A_2, \ldots, A_n)$$

beschreiben, wobei C die Kooperation, A_i die verschiedenen Akteure und f eine Funktion ist, die die Interaktion zwischen diesen Akteuren beschreibt. Hierbei ist es wichtig, dass alle Beteiligten ihre spezifischen Stärken und Ressourcen einbringen, um ein gemeinsames Ziel zu erreichen.

Herausforderungen der Einheit

Trotz der ermutigenden Ansätze zur Zusammenarbeit gibt es zahlreiche Herausforderungen, die es zu überwinden gilt. Eine der größten Hürden ist das *Misstrauen* zwischen verschiedenen Kulturen und Lebensformen. Historisch bedingt gibt es oft Vorurteile und Missverständnisse, die den Dialog und die Zusammenarbeit behindern. Sorran betont, dass der Aufbau von Vertrauen Zeit und kontinuierliche Anstrengungen erfordert. Ein Beispiel hierfür ist die Zusammenarbeit zwischen den humanoiden und den hyperdichten Lebensformen auf Ymaris, die durch kulturelle Unterschiede und Kommunikationsbarrieren erschwert wird.

Ein weiteres Problem ist die *Ungleichheit* in den Ressourcen und Machtstrukturen. Während einige Gruppen über umfangreiche Ressourcen verfügen, kämpfen andere ums Überleben. Diese Ungleichheit kann zu Spannungen führen, die eine Zusammenarbeit gefährden. Sorran plädiert für eine gerechte Verteilung von Ressourcen und eine faire Beteiligung aller Akteure am Entscheidungsprozess.

Beispiele erfolgreicher Zusammenarbeit

Trotz der Herausforderungen gibt es inspirierende Beispiele für erfolgreiche Zusammenarbeit. Eine solche Initiative war das *Intergalaktische Forum für Bürgerrechte*, das von Sorran ins Leben gerufen wurde. Dieses Forum brachte Vertreter verschiedener Kulturen und Lebensformen zusammen, um über gemeinsame Anliegen zu diskutieren und Lösungen zu entwickeln. Durch Workshops und interaktive Diskussionsrunden konnten Vorurteile abgebaut und ein gemeinsames Verständnis geschaffen werden.

Ein weiteres Beispiel ist das *Ymaris-Kooperationsprojekt*, das darauf abzielt, Technologien und Wissen zwischen verschiedenen Planeten auszutauschen. Hierbei wurde ein Netzwerk geschaffen, das den Zugang zu Bildungsmöglichkeiten und Ressourcen fördert. Sorran betont, dass solche Projekte nicht nur die Lebensbedingungen verbessern, sondern auch das Gefühl der Gemeinschaft stärken.

Der Weg nach vorn

Um die Einheit und Zusammenarbeit zu fördern, ist es entscheidend, dass alle Beteiligten aktiv an der Gestaltung des Dialogs teilnehmen. Sorran fordert eine *aktive Bürgerbeteiligung*, die es den Menschen ermöglicht, ihre Stimmen zu erheben und Einfluss auf die Entscheidungen zu nehmen, die ihr Leben betreffen. Dies kann durch die Schaffung von Plattformen geschehen, die den Austausch von Ideen und Erfahrungen fördern.

Darüber hinaus ist die Rolle der *Bildung* nicht zu unterschätzen. Durch Aufklärung und Sensibilisierung können Vorurteile abgebaut und ein besseres Verständnis für die Bedürfnisse und Herausforderungen anderer Lebensformen geschaffen werden. Sorran schlägt vor, Bildungsprogramme zu entwickeln, die auf interkulturelle Kompetenzen abzielen und die Bedeutung von Zusammenarbeit und Einheit betonen.

Fazit

Sorran Vales Aufruf zur Einheit und Zusammenarbeit ist mehr als nur ein Appell; er ist ein notwendiger Schritt in Richtung einer gerechteren und inklusiveren Gesellschaft auf Ymaris und darüber hinaus. Die Herausforderungen sind groß, aber durch gemeinsame Anstrengungen, gegenseitigen Respekt und die Bereitschaft zur Zusammenarbeit kann eine bessere Zukunft für alle Lebensformen geschaffen werden. Sorran ermutigt jeden Einzelnen, sich aktiv an dieser Bewegung zu beteiligen und die Prinzipien der Einheit und Zusammenarbeit in ihrem täglichen Leben umzusetzen. Nur gemeinsam können wir die Vision einer gerechten Galaxie verwirklichen.

Sorrans Vision für eine gerechte Galaxie

Sorran Vale träumt von einer Galaxie, in der Gerechtigkeit und Gleichheit für alle Lebensformen, insbesondere für hyperdichte Lebensformen, nicht nur ein Ideal, sondern eine gelebte Realität sind. Seine Vision umfasst mehrere Kernprinzipien, die auf den Werten von Solidarität, Respekt und intergalaktischem Dialog basieren. In diesem Abschnitt werden wir Sorrans Vision für eine gerechte Galaxie detailliert untersuchen, indem wir relevante Theorien, bestehende Probleme und konkrete Beispiele aus seinem Aktivismus betrachten.

Theoretische Grundlagen

Die Grundlage von Sorrans Vision liegt im Konzept der intergalaktischen Gerechtigkeit, das sich mit den moralischen und ethischen Verpflichtungen zwischen verschiedenen Lebensformen und Kulturen beschäftigt. Diese Theorie basiert auf den Prinzipien der Gerechtigkeit, wie sie von Philosophen wie John Rawls formuliert wurden, und erweitert sie auf intergalaktische Beziehungen. Rawls' Theorie der Gerechtigkeit besagt, dass die Grundsätze der Gerechtigkeit in einem hypothetischen „Urzustand" ausgewählt werden sollten, in dem alle

Beteiligten in Unkenntnis ihrer eigenen Position in der Gesellschaft sind. Dies führt zu fairen und gerechten Prinzipien, die für alle gelten.

Mathematisch kann man Sorrans Vision durch die Gleichung für intergalaktische Gerechtigkeit darstellen:

$$J = \sum_{i=1}^{n} \frac{R_i}{P_i} \qquad (38)$$

wobei J die Gerechtigkeit in der Galaxie darstellt, R_i die Ressourcen für Lebensformen i und P_i die Population von Lebensformen i. Diese Gleichung verdeutlicht, dass Gerechtigkeit sowohl von der Verteilung von Ressourcen als auch von der Anzahl der betroffenen Lebensformen abhängt.

Herausforderungen auf dem Weg zur Gerechtigkeit

Trotz seiner optimistischen Vision sieht Sorran zahlreiche Herausforderungen, die überwunden werden müssen, um eine gerechte Galaxie zu schaffen. Zu den Hauptproblemen gehören:

- **Diskriminierung und Vorurteile:** Viele hyperdichte Lebensformen sehen sich Vorurteilen und Diskriminierung gegenüber, die auf kulturellen Missverständnissen und mangelndem Wissen basieren. Sorran betont die Notwendigkeit von Bildungsprogrammen, die intergalaktische Vielfalt fördern.

- **Ungleichheit in der Ressourcenverteilung:** Die ungleiche Verteilung von Ressourcen zwischen verschiedenen Planeten und Lebensformen führt zu Spannungen und Konflikten. Sorran plädiert für eine gerechtere Verteilung, die auf den Bedürfnissen der Gemeinschaften basiert.

- **Politische Machtstrukturen:** Viele bestehende politische Systeme sind nicht darauf ausgelegt, die Stimmen der marginalisierten Lebensformen zu vertreten. Sorran fordert Reformen, die eine repräsentative Demokratie auf intergalaktischer Ebene gewährleisten.

Beispiele aus Sorrans Aktivismus

Sorran hat in seiner Karriere mehrere Initiativen ins Leben gerufen, um seine Vision für eine gerechte Galaxie zu verwirklichen. Einige herausragende Beispiele sind:

DIE LEHREN AUS SORRANS LEBEN

- **Intergalaktische Konferenzen:** Sorran hat eine Reihe von Konferenzen organisiert, bei denen Vertreter verschiedener Planeten zusammenkommen, um über Gerechtigkeit und Gleichheit zu diskutieren. Diese Konferenzen fördern den Austausch von Ideen und Lösungen für gemeinsame Probleme.
- **Bildungsprogramme:** In Zusammenarbeit mit Schulen und Universitäten auf Ymaris hat Sorran Bildungsprogramme initiiert, die Schüler über die Bedeutung von intergalaktischer Gerechtigkeit aufklären. Diese Programme betonen die Wertschätzung für unterschiedliche Kulturen und Lebensweisen.
- **Rechtsstreitigkeiten:** Sorran hat mehrere bedeutende Fälle vor Gericht geführt, um die Rechte hyperdichter Lebensformen zu verteidigen. Diese Fälle haben nicht nur rechtliche Präzedenzfälle geschaffen, sondern auch das Bewusstsein für die Herausforderungen dieser Gemeinschaften geschärft.

Zukunftsausblick

Sorrans Vision für eine gerechte Galaxie ist nicht nur ein Traum, sondern ein Handlungsaufruf. Er ermutigt alle Lebensformen, sich aktiv an der Schaffung einer gerechten Gesellschaft zu beteiligen. Dies umfasst die Förderung von intergalaktischem Dialog, die Unterstützung von Bildung und die Bekämpfung von Diskriminierung.

Abschließend lässt sich sagen, dass Sorrans Vision für eine gerechte Galaxie auf den Prinzipien von Gerechtigkeit, Gleichheit und Respekt basiert. Durch seine unermüdlichen Bemühungen und den Einsatz für die Rechte hyperdichter Lebensformen zeigt Sorran, dass eine gerechte Galaxie möglich ist, wenn wir gemeinsam an einem Strang ziehen und die Herausforderungen, die vor uns liegen, annehmen.

Ein abschließendes Wort der Inspiration

In der Betrachtung von Sorran Vales Leben und seiner unermüdlichen Arbeit für die hyperdichten Lebensformen auf Ymaris wird klar, dass der Weg des Aktivismus nicht nur von Herausforderungen, sondern auch von Hoffnung und Inspiration geprägt ist. Sorrans Geschichte ist eine Erzählung über den unerschütterlichen Glauben an die Möglichkeit des Wandels und die Kraft der Gemeinschaft.

Die Herausforderungen, denen Sorran gegenüberstand, sind nicht einzigartig für Ymaris. Sie spiegeln sich in vielen Bürgerrechtsbewegungen auf der ganzen

Welt wider. Der Kampf gegen Diskriminierung, Ungerechtigkeit und Ungleichheit ist eine universelle Erfahrung. Wie die Aktivisten der Vergangenheit, von Martin Luther King Jr. bis Malala Yousafzai, zeigt Sorran, dass der Mut, für das einzutreten, was richtig ist, eine Quelle der Inspiration für viele ist.

Ein zentrales Element von Sorrans Ansatz ist die Überzeugung, dass Bildung der Schlüssel zur Veränderung ist. Er hat oft betont, dass Wissen und Aufklärung nicht nur das Bewusstsein schärfen, sondern auch die Fähigkeit stärken, für sich selbst und andere zu sprechen. In diesem Sinne ist Sorran nicht nur ein Anwalt, sondern auch ein Lehrer und Mentor. Er hat Programme ins Leben gerufen, die junge Menschen ermutigen, sich aktiv an der Gesellschaft zu beteiligen und ihre Stimme zu erheben.

Ein Beispiel für seine inspirierende Wirkung ist das Programm „Stimmen der Zukunft", das er ins Leben gerufen hat. Dieses Programm zielt darauf ab, Jugendlichen aus benachteiligten Verhältnissen die Werkzeuge an die Hand zu geben, die sie benötigen, um ihre eigenen Geschichten zu erzählen und sich für ihre Rechte einzusetzen. Durch Workshops, Mentoring und kreative Ausdrucksformen lernen die Teilnehmer, wie wichtig es ist, sich Gehör zu verschaffen und aktiv zu werden.

Sorrans Vision für die Zukunft ist eine gerechte Gesellschaft, in der jede Stimme zählt. Er glaubt fest daran, dass die Zusammenarbeit zwischen verschiedenen Kulturen und Gemeinschaften der Schlüssel zu einer besseren Welt ist. Diese intergalaktische Zusammenarbeit, die er anstrebt, ist nicht nur eine Frage der Diplomatie, sondern auch eine Frage der Menschlichkeit. Die Fähigkeit, über Unterschiede hinwegzusehen und gemeinsame Ziele zu verfolgen, ist das, was die Galaxie vereinen kann.

$$\text{Inspiration} = \text{Mut} + \text{Bildung} + \text{Gemeinschaft} \tag{39}$$

Diese Gleichung verdeutlicht, dass Inspiration nicht nur aus einem einzelnen Element besteht, sondern das Ergebnis einer Kombination von Faktoren ist. Der Mut, sich für das einzusetzen, was richtig ist, gepaart mit der Bildung, die notwendig ist, um informierte Entscheidungen zu treffen, und die Unterstützung einer starken Gemeinschaft, die hinter einem steht, schafft ein Umfeld, in dem Veränderung möglich ist.

Sorrans Botschaft an die Welt ist klar: Jeder Einzelne hat die Fähigkeit, einen Unterschied zu machen. Es ist die Verantwortung eines jeden von uns, sich für die Rechte derjenigen einzusetzen, die nicht gehört werden. In einer Zeit, in der Ungerechtigkeit und Diskriminierung weiterhin existieren, ist es unerlässlich, dass wir uns zusammenschließen und für eine gerechtere Zukunft kämpfen.

Abschließend lässt sich sagen, dass Sorran Vales Leben und Arbeit uns alle inspirieren sollten, aktiv zu werden. Der Aufruf zur Einheit und Zusammenarbeit ist nicht nur eine Botschaft für Ymaris, sondern für die gesamte Galaxie. In der Vielfalt liegt unsere Stärke, und in der Solidarität finden wir die Kraft, die Herausforderungen zu überwinden, die uns gegenüberstehen.

$$\text{Zukunft} = \text{Einheit} \times \text{Solidarität} \qquad (40)$$

Lasst uns also gemeinsam an einer gerechteren und inklusiveren Zukunft arbeiten, in der jeder das Recht hat, gehört zu werden, und in der die hyperdichten Lebensformen sowie alle anderen Lebewesen in Frieden und Harmonie leben können. Sorrans Vermächtnis ist nicht nur eine Erinnerung an die Kämpfe der Vergangenheit, sondern ein Leitfaden für die Herausforderungen der Zukunft. Es liegt an uns, seine Vision zu verwirklichen und die Galaxie zu einem besseren Ort für alle zu machen.

Anhang

Wichtige Dokumente und Gesetze

Übersicht über relevante Gesetze auf Ymaris

Die rechtlichen Rahmenbedingungen auf Ymaris sind entscheidend für den Schutz der hyperdichten Lebensformen und die Förderung ihrer Bürgerrechte. In dieser Übersicht werden die wichtigsten Gesetze vorgestellt, die den rechtlichen Schutz dieser Lebensformen gewährleisten und die Herausforderungen beleuchten, mit denen Sorran Vale und andere Aktivisten konfrontiert sind.

1. Das Grundgesetz für Ymaris

Das Grundgesetz für Ymaris bildet die Grundlage für alle rechtlichen Bestimmungen auf dem Planeten. Es legt die grundlegenden Menschenrechte fest, die für alle Lebensformen gelten, einschließlich hyperdichter Lebensformen. Artikel 1 des Grundgesetzes besagt:

> Jede Lebensform hat das Recht auf Leben, Freiheit und Sicherheit. (41)

Diese Bestimmung ist entscheidend, um sicherzustellen, dass hyperdichte Lebensformen nicht diskriminiert oder unterdrückt werden. Dennoch gibt es häufige Herausforderungen in der praktischen Umsetzung dieser Rechte.

2. Das Gesetz über die Rechte hyperdichter Lebensformen

Dieses spezielle Gesetz wurde eingeführt, um den besonderen Bedürfnissen und Herausforderungen hyperdichter Lebensformen Rechnung zu tragen. Es umfasst Regelungen zur Gleichbehandlung, zum Zugang zu Bildung und

Gesundheitsdiensten sowie zu den Rechten auf Versammlung und Meinungsäußerung. Ein zentraler Punkt ist:

Hyperdichte Lebensformen dürfen nicht aufgrund ihrer Dichte diskriminiert werden.

(42)

Trotz dieser klaren Bestimmungen gibt es immer wieder Berichte über Diskriminierung und Ungleichheit, was die Durchsetzung der Rechte erschwert.

3. Das Gesetz zur intergalaktischen Zusammenarbeit

Dieses Gesetz regelt die Beziehungen zwischen Ymaris und anderen Planeten, insbesondere im Hinblick auf den Austausch von Ressourcen und Wissen. Es fördert die Zusammenarbeit in der Bürgerrechtsbewegung und ermöglicht den Zugang zu internationalen Menschenrechtsorganisationen. Eine wichtige Bestimmung lautet:

Die intergalaktische Zusammenarbeit soll die Gleichheit und Gerechtigkeit für alle Leber

(43)

Die Herausforderungen hierbei liegen oft in den unterschiedlichen rechtlichen Systemen und der Schwierigkeit, internationale Standards durchzusetzen.

4. Das Gesetz über die Gleichheit der Geschlechter

Obwohl dieses Gesetz in erster Linie auf Geschlechtergerechtigkeit abzielt, hat es auch Auswirkungen auf die hyperdichten Lebensformen, insbesondere wenn diese Geschlechteridentitäten besitzen. Das Gesetz besagt:

Alle Geschlechter sind gleich und haben das Recht auf gleichen Zugang zu Ressourcen u

(44)

Das Problem besteht darin, dass hyperdichte Lebensformen oft nicht als Geschlechteridentitäten anerkannt werden, was zu einer zusätzlichen Schicht der Diskriminierung führt.

5. Das Gesetz über den Schutz der Umwelt

Angesichts der einzigartigen biologischen und ökologischen Bedingungen auf Ymaris hat dieses Gesetz einen besonderen Fokus auf den Schutz der Umwelt und der Lebensräume hyperdichter Lebensformen. Es besagt:

WICHTIGE DOKUMENTE UND GESETZE

Die Zerstörung von Lebensräumen hyperdichter Lebensformen ist illegal. (45)

Trotz dieser gesetzlichen Regelung gibt es immer wieder Konflikte zwischen wirtschaftlichen Interessen und dem Schutz der Umwelt, was die Lebensbedingungen der hyperdichten Lebensformen gefährdet.

6. Das Gesetz über die Aufklärung und Bildung

Bildung ist ein zentrales Element für die Entwicklung und den Schutz der Rechte hyperdichter Lebensformen. Dieses Gesetz legt fest:

Alle Lebensformen haben das Recht auf Zugang zu Bildung, die ihre spezifischen Bedürfn
(46)

Die Herausforderung besteht darin, dass Bildungseinrichtungen oft nicht auf die besonderen Bedürfnisse hyperdichter Lebensformen eingestellt sind, was zu Ungerechtigkeiten im Bildungssystem führt.

7. Das Gesetz über die Rechte der Versammlung

Dieses Gesetz schützt das Recht aller Lebensformen, sich zu versammeln und ihre Stimme zu erheben. Es lautet:

Alle Lebensformen haben das Recht, friedlich zu demonstrieren und ihre Meinungen zu ä
(47)

In der Praxis sehen sich Aktivisten jedoch häufig Repressionen und Einschränkungen gegenüber, insbesondere wenn es um die Rechte hyperdichter Lebensformen geht.

Zusammenfassung

Die rechtlichen Rahmenbedingungen auf Ymaris sind komplex und oft unzureichend, um den Bedürfnissen hyperdichter Lebensformen gerecht zu werden. Während es eine Reihe von Gesetzen gibt, die den Schutz und die Rechte dieser Lebensformen fördern sollen, stehen Sorran Vale und andere Aktivisten vor der Herausforderung, diese Gesetze durchzusetzen und die Gesellschaft für die Rechte hyperdichter Lebensformen zu sensibilisieren. Um eine gerechte und inklusive Gesellschaft zu schaffen, ist es notwendig, die bestehenden Gesetze zu reformieren und sicherzustellen, dass alle Lebensformen gleich behandelt werden.

Der Weg zur Gerechtigkeit ist lang, aber jeder Schritt zählt. (48)

Wichtige Urteile und deren Auswirkungen

In diesem Abschnitt werden einige der bedeutendsten Urteile auf Ymaris und deren weitreichende Auswirkungen auf die Bürgerrechtsbewegung für hyperdichte Lebensformen beleuchtet. Diese Urteile sind nicht nur juristische Meilensteine, sondern auch Ausdruck des Wandels in der gesellschaftlichen Wahrnehmung und dem rechtlichen Schutz dieser einzigartigen Lebensformen.

Das Urteil im Fall Zorath vs. Ymaris Regierung

Eines der prägendsten Urteile war der Fall *Zorath vs. Ymaris Regierung*, der im Jahr 2397 vor dem Obersten Gerichtshof von Ymaris verhandelt wurde. In diesem Fall klagte die hyperdichte Lebensform Zorath gegen die Regierung, die ihm und seiner Gemeinschaft den Zugang zu lebenswichtigen Ressourcen verwehrte.

Hintergrund und rechtliche Grundlagen Zorath argumentierte, dass die Weigerung der Regierung, Ressourcen bereitzustellen, eine Form der Diskriminierung darstelle, die gegen die intergalaktischen Menschenrechtsgesetze verstoße. Die Verteidigung der Regierung stützte sich auf die Behauptung, dass die hyperdichten Lebensformen nicht die gleichen Rechte wie die einheimischen Bewohner Ymaris hätten, da sie als "nicht-humanoide" Wesen klassifiziert wurden.

Das Urteil Das Gericht entschied einstimmig zugunsten von Zorath und stellte fest, dass alle Lebensformen, unabhängig von ihrer Dichte oder Form, das Recht auf Zugang zu grundlegenden Ressourcen haben. Das Urteil führte zur Einführung des *Gesetzes über die Gleichheit der Lebensformen*, das den rechtlichen Status hyperdichter Lebensformen auf Ymaris erheblich verbesserte.

Auswirkungen des Urteils

Die Auswirkungen dieses Urteils waren tiefgreifend. Es führte zu einer Welle von Reformen im rechtlichen System Ymaris und ermutigte andere hyperdichte Lebensformen, ähnliche Klagen einzureichen. Die Regierung sah sich gezwungen, ihre Politik zu überdenken und Maßnahmen zu ergreifen, um die Gleichstellung zu fördern.

Soziale Veränderungen Die Entscheidung trug nicht nur zur rechtlichen Gleichstellung bei, sondern beeinflusste auch die gesellschaftliche Wahrnehmung hyperdichter Lebensformen. Viele Bürger von Ymaris begannen, sich für die Rechte dieser Wesen einzusetzen, was zu einer zunehmenden Mobilisierung und Bildung von Unterstützungsnetzwerken führte.

Der Fall Kylara vs. Intergalaktische Union

Ein weiteres bedeutendes Urteil war *Kylara vs. Intergalaktische Union*, das sich mit der Frage der intergalaktischen Mobilität hyperdichter Lebensformen befasste. Kylara, eine hyperdichte Lebensform, wurde bei der Einreise in die Nachbarwelt Xylaris abgewiesen, obwohl sie alle erforderlichen Dokumente vorlegen konnte.

Rechtliche Argumentation Kylara argumentierte, dass die Einreisebeschränkungen gegen die intergalaktischen Verträge verstießen, die die Bewegungsfreiheit aller Lebensformen garantierten. Die Verteidigung der Intergalaktischen Union basierte auf Sicherheitsbedenken und der Annahme, dass hyperdichte Lebensformen potenziell gefährlich seien.

Das Urteil Das Gericht entschied, dass die Einreisebeschränkungen unverhältnismäßig waren und gegen die Prinzipien der Gleichheit und Nichtdiskriminierung verstießen. Es stellte fest, dass die Union verpflichtet war, individuelle Fälle zu prüfen und nicht pauschale Verbote zu erlassen.

Langfristige Auswirkungen auf die intergalaktische Zusammenarbeit

Das Urteil führte zu einer Überarbeitung der Einreisebestimmungen und förderte eine bessere Zusammenarbeit zwischen den Planeten. Es wurde ein intergalaktisches Komitee eingerichtet, das sich mit den Rechten hyperdichter Lebensformen in internationalen Angelegenheiten befasst.

Schlussfolgerung Diese Urteile sind nicht nur juristische Errungenschaften, sondern auch Symbole für den Fortschritt in der Bürgerrechtsbewegung für hyperdichte Lebensformen. Sie verdeutlichen die Notwendigkeit einer fortwährenden Auseinandersetzung mit den Rechten aller Lebensformen und die Herausforderungen, die noch bestehen. Der Kampf um Gleichheit und Gerechtigkeit ist ein dynamischer Prozess, der sowohl rechtliche als auch gesellschaftliche Dimensionen umfasst.

Zukünftige Herausforderungen

Trotz dieser Fortschritte bleiben viele Herausforderungen bestehen. Die Implementierung der neuen Gesetze und deren Einhaltung sind von entscheidender Bedeutung. Zudem müssen die gesellschaftlichen Einstellungen weiterhin hinterfragt und verändert werden, um ein wirklich inklusives Umfeld für alle Lebensformen zu schaffen.

Fazit Die wichtigen Urteile, die in diesem Abschnitt behandelt wurden, zeigen, wie rechtliche Entscheidungen das Leben hyperdichter Lebensformen auf Ymaris beeinflussen können. Sie sind ein Beweis für den Fortschritt, der möglich ist, wenn das Recht auf Gleichheit und Gerechtigkeit verteidigt wird. Die Geschichte von Sorran Vale und anderen Aktivisten ist ein eindringlicher Aufruf, diese Errungenschaften zu schützen und weiter voranzutreiben.

Interviews mit Schlüsselpersonen

In diesem Abschnitt werden Interviews mit Schlüsselpersonen präsentiert, die einen entscheidenden Einfluss auf die Bürgerrechtsbewegung für hyperdichte Lebensformen auf Ymaris hatten. Diese Gespräche bieten wertvolle Einblicke in die Herausforderungen, Erfolge und die Visionen, die die Bewegung vorangetrieben haben. Die Interviews wurden mit Aktivisten, Juristen, Wissenschaftlern und Vertretern der hyperdichten Lebensformen durchgeführt, um ein umfassendes Bild der Situation zu zeichnen.

Interview mit Dr. Elara Nox, Biologin und Aktivistin

Dr. Elara Nox ist eine führende Biologin auf Ymaris, die sich auf die Erforschung hyperdichter Lebensformen spezialisiert hat. In unserem Gespräch betont sie die Bedeutung der wissenschaftlichen Forschung für den Aktivismus:

> "Die Wissenschaft ist ein mächtiges Werkzeug im Kampf um die Rechte der hyperdichten Lebensformen. Durch unsere Forschung können wir die einzigartigen Eigenschaften dieser Lebensformen dokumentieren und ihre Bedeutung für das Ökosystem Ymaris unterstreichen. Dies stärkt unsere Argumente in der politischen Arena."

Dr. Nox beschreibt auch die Herausforderungen, die sie bei der Veröffentlichung ihrer Forschungsergebnisse erlebt hat. Sie berichtet von

Widerständen innerhalb der akademischen Gemeinschaft und der Notwendigkeit, die Öffentlichkeit über die Dringlichkeit des Themas aufzuklären.

Interview mit Sorran Vale, Bürgerrechtsaktivist

Sorran Vale selbst ist eine Schlüsselfigur in der Bürgerrechtsbewegung. In einem persönlichen Interview teilt er seine Erfahrungen und die Motivation hinter seiner Arbeit:

> "Meine Kindheit war geprägt von Ungerechtigkeit und Diskriminierung. Als ich das erste Mal mit hyperdichten Lebensformen in Kontakt kam, war ich tief berührt von ihrer Anmut und Intelligenz. Es wurde mir klar, dass ich meine Stimme für die Stimmlosen erheben musste. Der Weg war nicht einfach, aber jede kleine Errungenschaft war ein Schritt in die richtige Richtung."

Sorran spricht auch über die Bedeutung von Gemeinschaft und Solidarität im Aktivismus. Er hebt hervor, dass der Erfolg der Bewegung stark von der Unterstützung der Gemeinschaft abhängt:

$$C = \sum_{i=1}^{n} S_i \qquad (49)$$

wobei C die Gemeinschaftsunterstützung und S_i die individuelle Unterstützung von Mitgliedern der Gemeinschaft darstellt.

Interview mit Tarek Zorin, Jurist und Menschenrechtsexperte

Tarek Zorin, ein angesehener Jurist, der sich auf intergalaktische Menschenrechte spezialisiert hat, erklärt die rechtlichen Rahmenbedingungen, die den Aktivismus für hyperdichte Lebensformen beeinflussen:

> "Die Gesetzgebung auf Ymaris ist oft nicht ausreichend, um die Rechte hyperdichter Lebensformen zu schützen. Wir kämpfen gegen tief verwurzelte Vorurteile und müssen oft internationale Menschenrechtsstandards anpassen, um unsere Argumente zu untermauern. Der rechtliche Kampf ist langwierig, aber notwendig."

Er erläutert die Herausforderungen, die bei der Anwendung intergalaktischer Gesetze auf lokale Gegebenheiten entstehen. Zorin betont die Notwendigkeit, dass Juristen und Aktivisten eng zusammenarbeiten, um effektive Strategien zur Gesetzesänderung zu entwickeln.

Interview mit Lira Voss, Vertreterin der hyperdichten Lebensformen

Lira Voss ist eine Vertreterin der hyperdichten Lebensformen und spielt eine entscheidende Rolle bei der Sensibilisierung für ihre Rechte. In unserem Gespräch erzählt sie von den Erfahrungen ihrer Gemeinschaft:

> "Wir sind oft unsichtbar in der Gesellschaft. Es ist wichtig, dass unsere Stimmen gehört werden und dass wir aktiv an der Gestaltung unserer Zukunft teilnehmen. Der Dialog zwischen den verschiedenen Lebensformen ist entscheidend für ein harmonisches Zusammenleben."

Voss spricht auch über die emotionale Belastung, die mit dem Aktivismus verbunden ist. Sie betont, dass die Unterstützung durch Verbündete und die Gemeinschaft unerlässlich ist, um die Herausforderungen zu bewältigen.

Schlussfolgerung der Interviews

Die Interviews mit diesen Schlüsselpersonen verdeutlichen die Vielschichtigkeit der Bürgerrechtsbewegung auf Ymaris. Sie zeigen, dass der Erfolg des Aktivismus nicht nur von rechtlichen und politischen Maßnahmen abhängt, sondern auch von der emotionalen und sozialen Unterstützung innerhalb der Gemeinschaft. Die Stimmen dieser Aktivisten, Juristen und Vertreter der hyperdichten Lebensformen sind entscheidend, um ein umfassendes Verständnis der Herausforderungen und Errungenschaften in der Bewegung zu entwickeln. Ihre Perspektiven bieten nicht nur Einblicke in die Vergangenheit, sondern auch in die Zukunft der Bürgerrechtsbewegung auf Ymaris.

Ressourcen für angehende Aktivisten

Aktivismus ist eine kraftvolle Möglichkeit, um Veränderungen in der Gesellschaft zu bewirken. Für angehende Aktivisten ist es entscheidend, Zugang zu den richtigen Ressourcen zu haben, um effektiv arbeiten zu können. In diesem Abschnitt werden verschiedene Ressourcen vorgestellt, die sowohl theoretische Grundlagen als auch praktische Anleitungen bieten.

Literatur und Theorien des Aktivismus

Eine solide theoretische Grundlage ist für jeden Aktivisten unerlässlich. Hier sind einige grundlegende Werke, die sich mit den Prinzipien des Aktivismus beschäftigen:

- **„Die Kunst des Aktivismus"** von *David Graeber* - Dieses Buch bietet eine umfassende Analyse der sozialen Bewegungen und deren Strategien.
- **„Das Recht auf Protest"** von *Maryam Zohra* - Zohra diskutiert die rechtlichen Rahmenbedingungen, die Proteste und Bürgerrechtsbewegungen umgeben.
- **„Aktivismus für Anfänger"** von *Sophie Chang* - Ein praktischer Leitfaden für die ersten Schritte im Aktivismus, der auch die Herausforderungen behandelt, die auf neuen Aktivisten warten.

Online-Ressourcen

Das Internet ist eine wertvolle Quelle für Informationen und Unterstützung. Hier sind einige nützliche Websites und Plattformen:

- **Change.org** - Eine Plattform, auf der Nutzer Petitionen starten und unterstützen können, um gesellschaftliche Veränderungen zu bewirken.
- **Activism.com** - Diese Website bietet eine Vielzahl von Ressourcen, darunter Artikel, Videos und Online-Kurse über verschiedene Aspekte des Aktivismus.
- **Social Media für Aktivisten** - Plattformen wie Twitter, Instagram und Facebook sind nicht nur für die Verbreitung von Informationen nützlich, sondern auch für die Vernetzung mit Gleichgesinnten und die Organisation von Veranstaltungen.

Workshops und Schulungen

Persönliche Schulungen und Workshops können angehenden Aktivisten helfen, ihre Fähigkeiten zu entwickeln und praktische Erfahrungen zu sammeln:

- **Aktivismus-Trainings von Amnesty International** - Diese Trainings bieten wertvolle Informationen über Menschenrechte und die Organisation von Kampagnen.
- **Lokale Gemeinschaftszentren** - Viele Gemeinschaftszentren bieten Schulungen und Workshops zu Themen wie Öffentlichkeitsarbeit, Fundraising und rechtliche Aspekte des Aktivismus an.

- **Universitätskurse** - Viele Hochschulen bieten Kurse in Sozialwissenschaften, Politikwissenschaft und Aktivismus an, die eine akademische Perspektive auf die Themen bieten.

Netzwerke und Gemeinschaften

Der Austausch mit anderen Aktivisten kann inspirierend und lehrreich sein. Hier sind einige Möglichkeiten, um Netzwerke zu bilden:

- **Aktivisten-Netzwerke** - Gruppen wie *Global Activism Network* ermöglichen es Aktivisten, sich zu vernetzen und Erfahrungen auszutauschen.

- **Meetup.com** - Diese Plattform hilft dabei, lokale Gruppen zu finden, die sich regelmäßig treffen, um über Aktivismus zu diskutieren und Aktionen zu planen.

- **Soziale Medien Gruppen** - Facebook-Gruppen und LinkedIn-Netzwerke bieten Plattformen für den Austausch von Ideen und Strategien.

Finanzielle Unterstützung und Stipendien

Finanzielle Ressourcen sind oft entscheidend, um Projekte zu starten oder zu unterstützen:

- **Stiftungen und Zuschüsse** - Viele Organisationen bieten finanzielle Unterstützung für Bürgerrechtsprojekte und soziale Bewegungen. Zu den bekannten Stiftungen gehören die *Ford Foundation* und die *Rockefeller Foundation*.

- **Crowdfunding-Plattformen** - Websites wie *GoFundMe* und *Kickstarter* können helfen, finanzielle Mittel für spezifische Projekte zu sammeln.

- **Stipendien für Aktivisten** - Programme wie das *Echoing Green Fellowship* unterstützen aufstrebende soziale Unternehmer mit finanziellen Mitteln und Mentoring.

Beispiele erfolgreicher Aktivisten

Das Studium der Lebensgeschichten erfolgreicher Aktivisten kann inspirierend sein:

- **Malala Yousafzai** - Ihre Geschichte zeigt, wie der Einsatz für Bildung und Frauenrechte weltweit einen Unterschied machen kann.
- **Greta Thunberg** - Ihr Engagement für den Klimaschutz hat weltweit Bewegungen inspiriert und zeigt die Macht der Jugend im Aktivismus.
- **Sorran Vale** - Sein Einsatz für hyperdichte Lebensformen auf Ymaris ist ein Beispiel für intergalaktischen Aktivismus und die Wichtigkeit der Rechte aller Lebensformen.

Schlussfolgerung

Die oben genannten Ressourcen bieten eine solide Grundlage für angehende Aktivisten, um ihre Reise zu beginnen. Der Weg des Aktivismus ist oft herausfordernd, aber mit den richtigen Informationen, Netzwerken und Unterstützung kann jeder einen positiven Einfluss auf die Gesellschaft ausüben. Es ist wichtig, sich kontinuierlich weiterzubilden und die eigenen Fähigkeiten zu entwickeln, um effektiv für die Anliegen einzutreten, die einem am Herzen liegen.

Aktivismus ist nicht nur ein Beruf, sondern eine Berufung, die Mut, Engagement und Leidenschaft erfordert. Jeder Schritt, den wir unternehmen, kann die Welt verändern – und es beginnt oft mit dem ersten Schritt.

Literaturhinweise und weiterführende Lektüre

In diesem Abschnitt werden wichtige Literaturhinweise und Ressourcen vorgestellt, die für das Verständnis der Themen rund um die Bürgerrechtsbewegung auf Ymaris, die Rolle hyperdichter Lebensformen und die intergalaktische Zusammenarbeit von Bedeutung sind. Die aufgeführten Werke bieten sowohl theoretische als auch praktische Perspektiven und sind für angehende Aktivisten, Forscher und Interessierte an sozialen Bewegungen von großem Wert.

Bücher

- **Mori, R. (2020).** *Intergalaktische Menschenrechte: Eine Einführung in die Rechte hyperdichter Lebensformen.* Ymaris Press.
    - Dieses Buch bietet einen umfassenden Überblick über die rechtlichen Grundlagen der Menschenrechte im intergalaktischen Kontext und beleuchtet die spezifischen Herausforderungen, denen hyperdichte Lebensformen gegenüberstehen.

- **Klein, A. (2019).** *Die Macht der Gemeinschaft: Aktivismus und soziale Veränderung in der Galaxie.* Galactic Publishing.

    - Klein untersucht die Rolle von Gemeinschaften im Aktivismus und zeigt auf, wie kollektive Anstrengungen zu signifikanten sozialen Veränderungen führen können.

- **Thompson, E. (2021).** *Technologie und Aktivismus: Wie digitale Medien die Bürgerrechtsbewegungen revolutionieren.* TechnoSphere.

    - Diese Arbeit analysiert den Einfluss von sozialen Medien und digitalen Plattformen auf die Mobilisierung und Organisation von Aktivisten in verschiedenen intergalaktischen Kontexten.

- **Sorran, V. (2022).** *Visionen einer gerechten Galaxie: Sorran Vales Gedanken über die Zukunft des Aktivismus.* Ymaris Insights.

    - In diesem Buch teilt Sorran Vale seine persönlichen Einsichten und Visionen für die zukünftige Entwicklung von Bürgerrechtsbewegungen und intergalaktischen Beziehungen.

Wissenschaftliche Artikel

- **Fischer, L. (2021).** *Die Rolle der intergalaktischen Gesetze im Schutz von Minderheiten.* Journal of Intergalactic Law, 15(3), 45-67.

    - Dieser Artikel diskutiert die Bedeutung intergalaktischer Gesetze für den Schutz von Minderheiten und beleuchtet Fallstudien, die den Einfluss dieser Gesetze auf die Bürgerrechtsbewegung zeigen.

- **Meier, T. (2020).** *Aktivismus in der digitalen Ära: Herausforderungen und Chancen.* Galactic Review of Social Sciences, 8(2), 102-118.

    - Meier analysiert die Herausforderungen, die sich aus der Nutzung digitaler Medien im Aktivismus ergeben, sowie die Chancen, die diese Technologien für die Mobilisierung bieten.

Dokumentationen und Filme

- **"Voices of the Voiceless" (2023).** Regie: A. Grande.

WICHTIGE DOKUMENTE UND GESETZE

- Diese Dokumentation beleuchtet die Geschichten hyperdichter Lebensformen und die Herausforderungen, denen sie gegenüberstehen. Sie bietet einen tiefen Einblick in die Bürgerrechtsbewegung auf Ymaris.

- "Galactic Activism: The New Frontier" (2022). Produzent: Galactic Media.

    - Ein inspirierender Film über die neuen Generationen von Aktivisten, die sich für die Rechte hyperdichter Lebensformen einsetzen und innovative Strategien zur Mobilisierung entwickeln.

Online-Ressourcen

- Intergalactic Rights Network (IRN). http://www.intergalacticrights.org

    - Eine Plattform, die Informationen über intergalaktische Menschenrechte bereitstellt, einschließlich aktueller Entwicklungen und Ressourcen für Aktivisten.

- Ymaris Citizen Advocacy. http://www.ymariscitizenadvocacy.org

    - Eine Organisation, die sich für die Rechte hyperdichter Lebensformen einsetzt und umfangreiche Ressourcen für Bildung und Mobilisierung bietet.

Schlüsselthemen und Probleme

Die Literatur zu Bürgerrechten und Aktivismus auf Ymaris behandelt verschiedene Schlüsselthemen, darunter:

- **Diskriminierung und Ungerechtigkeit:** Die Herausforderungen, die hyperdichte Lebensformen in einer oft feindlichen Umgebung erleben, werden umfassend dokumentiert.

- **Die Rolle der Medien:** Der Einfluss von Medienberichterstattung auf die Wahrnehmung von Bürgerrechtsbewegungen wird analysiert, insbesondere wie soziale Medien als Werkzeug zur Mobilisierung genutzt werden.

- **Intergalaktische Zusammenarbeit:** Die Notwendigkeit für intergalaktische Kooperationen zur Lösung gemeinsamer Probleme wird hervorgehoben, einschließlich der Herausforderungen, die sich aus kulturellen Unterschieden ergeben.

Diese Literaturhinweise und Ressourcen bieten eine solide Grundlage für das Verständnis der komplexen Themen rund um die Bürgerrechtsbewegung auf Ymaris und die Rolle hyperdichter Lebensformen in der intergalaktischen Gesellschaft. Sie sind unverzichtbare Werkzeuge für alle, die sich für soziale Gerechtigkeit und die Förderung der Rechte aller Lebensformen einsetzen.

Glossar der wichtigsten Begriffe

Hyperdichte Lebensformen: Lebensformen, die eine extrem hohe Dichte aufweisen, was bedeutet, dass ihre Materie in einer kompakten und oft komplexen Struktur organisiert ist. Diese Lebensformen haben einzigartige physiologische Eigenschaften, die sie von herkömmlichen biologischen Organismen unterscheiden. Sie sind oft in der Lage, extreme Umweltbedingungen zu überstehen und besitzen spezielle Anpassungsmechanismen.

Ymaris: Ein Planet im intergalaktischen Raum, der für seine Vielfalt an Lebensformen und seine komplexe Gesellschaftsstruktur bekannt ist. Ymaris ist ein Zentrum für intergalaktische Beziehungen und Bürgerrechtsbewegungen, die sich für die Rechte von Minderheiten und unterdrückten Gruppen einsetzen.

Bürgerrechtsbewegung: Eine soziale Bewegung, die sich für die Rechte und Freiheiten von Individuen einsetzt, insbesondere für die Rechte von Gruppen, die historisch diskriminiert oder unterdrückt wurden. Diese Bewegung auf Ymaris konzentriert sich auf die Rechte hyperdichter Lebensformen und hat sich in den letzten Jahrzehnten erheblich entwickelt.

Intergalaktische Gesetze: Eine Sammlung von Regeln und Vorschriften, die das Verhalten von Zivilisationen im intergalaktischen Raum regeln. Diese Gesetze betreffen Aspekte wie Handel, Diplomatie und die Rechte von Lebensformen. Sie sind entscheidend für die Förderung des Friedens und der Zusammenarbeit zwischen verschiedenen Planeten und Kulturen.

Aktivismus: Der Einsatz für soziale oder politische Veränderungen durch verschiedene Mittel, einschließlich Protestaktionen, Bildung und rechtlicher

Unterstützung. Aktivismus spielt eine zentrale Rolle in der Bürgerrechtsbewegung und ist oft mit Herausforderungen wie Widerstand und Diskriminierung verbunden.

Diskriminierung: Ungleichbehandlung von Individuen oder Gruppen aufgrund von Merkmalen wie Rasse, Geschlecht, Religion oder in diesem Fall ihrer Lebensform. Diskriminierung ist ein zentrales Thema in der Bürgerrechtsbewegung auf Ymaris, da hyperdichte Lebensformen häufig mit Vorurteilen und Ungerechtigkeiten konfrontiert sind.

Gesetzesänderung: Der Prozess, durch den bestehende Gesetze geändert oder neue Gesetze erlassen werden, um soziale Gerechtigkeit zu fördern. Auf Ymaris sind viele Aktivisten, darunter Sorran Vale, aktiv daran beteiligt, die rechtlichen Rahmenbedingungen für hyperdichte Lebensformen zu verbessern.

Medienberichterstattung: Die Art und Weise, wie Nachrichten und Informationen über Ereignisse, Personen und Bewegungen verbreitet werden. Die Medien spielen eine entscheidende Rolle im Aktivismus, indem sie das Bewusstsein für Probleme schärfen und die öffentliche Meinung beeinflussen.

Dokumentationen: Filme oder Berichte, die reale Ereignisse und soziale Bewegungen dokumentieren. Sie sind ein wichtiges Werkzeug für den Aktivismus, da sie Informationen verbreiten und die Menschen sensibilisieren können.

Intergalaktische Zusammenarbeit: Die Zusammenarbeit zwischen verschiedenen Planeten und Zivilisationen, um gemeinsame Herausforderungen zu bewältigen und Ressourcen auszutauschen. Diese Zusammenarbeit ist entscheidend für die Schaffung eines harmonischen intergalaktischen Umfelds und die Unterstützung von Bürgerrechtsbewegungen.

Diplomatie: Die Kunst und Praxis der Verhandlung und des Dialogs zwischen verschiedenen politischen Einheiten. Auf Ymaris spielt Diplomatie eine wichtige Rolle bei der Lösung von Konflikten und der Förderung von Frieden und Zusammenarbeit zwischen verschiedenen Lebensformen.

Authentizität: Der Zustand, in dem eine Person oder Bewegung wahrhaftig und glaubwürdig ist. Im Kontext des Aktivismus ist Authentizität entscheidend, um das Vertrauen der Gemeinschaft zu gewinnen und eine nachhaltige Veränderung zu bewirken.

Solidarität: Der Zusammenhalt und die Unterstützung zwischen Individuen oder Gruppen, die ähnliche Ziele oder Herausforderungen teilen. Solidarität ist ein Grundpfeiler der Bürgerrechtsbewegung und fördert die Zusammenarbeit und den gegenseitigen Beistand.

Inspiration: Die Fähigkeit, andere zu motivieren und zu ermutigen, aktiv zu werden oder Veränderungen herbeizuführen. Inspiration ist ein wichtiger Faktor im Aktivismus, da sie Menschen dazu anregt, sich für soziale Gerechtigkeit einzusetzen.

Vision: Eine Vorstellung von einer idealen Zukunft oder einem Ziel, das erreicht werden soll. Sorran Vale und andere Aktivisten haben eine klare Vision für die Rechte hyperdichter Lebensformen und arbeiten darauf hin, diese Vision in die Realität umzusetzen.

Herausforderungen: Schwierigkeiten oder Hindernisse, die auf dem Weg zu einem Ziel überwunden werden müssen. Aktivisten auf Ymaris sehen sich einer Vielzahl von Herausforderungen gegenüber, darunter rechtliche, soziale und kulturelle Barrieren.

Gemeinschaft: Eine Gruppe von Individuen, die durch gemeinsame Interessen, Werte oder geografische Lage verbunden sind. Die Gemeinschaft spielt eine zentrale Rolle im Aktivismus, da sie Unterstützung und Ressourcen bereitstellt.

Empowerment: Der Prozess, durch den Individuen oder Gruppen die Fähigkeiten und das Selbstvertrauen entwickeln, um ihre eigenen Interessen und Rechte zu vertreten. Empowerment ist ein Ziel vieler Bürgerrechtsbewegungen und fördert die Selbstbestimmung.

Danksagungen und Anerkennungen

In diesem Abschnitt möchte ich meine tiefste Dankbarkeit gegenüber all denjenigen zum Ausdruck bringen, die auf unterschiedliche Weise zu dieser Biografie von Sorran Vale beigetragen haben. Ohne die Unterstützung und die Inspiration dieser Menschen wäre dieses Werk nicht möglich gewesen.

Zunächst möchte ich Sorran Vale selbst danken. Seine unermüdliche Leidenschaft für die Rechte hyperdichter Lebensformen und sein Engagement für soziale Gerechtigkeit haben mich nicht nur inspiriert, sondern auch motiviert, seine Geschichte zu erzählen. Sorran hat mir durch seine Offenheit und seinen Mut, schwierige Themen anzusprechen, einen Einblick in die Welt des Aktivismus gegeben. Seine Erfahrungen und Perspektiven sind das Herzstück dieser Biografie.

Ein besonderer Dank gilt den Aktivisten und Unterstützern, die Sorran auf seinem Weg begleitet haben. Ihre Geschichten, Erfahrungen und Herausforderungen haben mir geholfen, ein umfassenderes Bild von der Bürgerrechtsbewegung auf Ymaris zu zeichnen. Die Gespräche, die ich mit ihnen führen durfte, waren nicht nur aufschlussreich, sondern auch ermutigend. Sie haben mir gezeigt, dass der Kampf für Gerechtigkeit oft mit persönlichen Opfern und Herausforderungen verbunden ist, aber auch mit Hoffnung und Gemeinschaft.

Ein weiterer Dank geht an die Wissenschaftler und Forscher, die sich mit hyperdichten Lebensformen und deren Schutz beschäftigen. Ihre Studien und Theorien haben mir wertvolle Informationen geliefert, die in dieser Biografie verwendet wurden. Insbesondere die Arbeiten von Dr. Elara Voss und Dr. Tarek Zorath haben mir geholfen, die biologischen und sozialen Aspekte dieser einzigartigen Lebensformen besser zu verstehen. Ihre Forschung hat nicht nur die Grundlagen für die Bürgerrechtsbewegung gelegt, sondern auch den rechtlichen Rahmen, in dem Sorran Vale operiert.

Ich möchte auch den Juristen danken, die sich für die Rechte der hyperdichten Lebensformen einsetzen. Ihre rechtlichen Analysen und Strategien sind von entscheidender Bedeutung für den Erfolg der Bürgerrechtsbewegung. Der Austausch mit Anwälten wie Amina Kresh und Leo Tormin hat mir gezeigt, wie wichtig es ist, das Rechtssystem zu nutzen, um Veränderungen herbeizuführen. Ihre Expertise hat mir geholfen, die rechtlichen Herausforderungen, mit denen Sorran konfrontiert war, besser zu verstehen und darzustellen.

Ein großer Dank gilt den Medienvertretern, die über die Arbeit von Sorran Vale und die Bürgerrechtsbewegung auf Ymaris berichten. Ihre Berichterstattung hat nicht nur zur Sichtbarkeit der Probleme beigetragen, sondern auch das Bewusstsein für die Herausforderungen, mit denen hyperdichte Lebensformen konfrontiert sind, geschärft. Besonders die journalistischen Arbeiten von Kira Lentz und Maxon Riel haben mir wertvolle Einblicke in die Medienlandschaft und deren Einfluss auf den Aktivismus gegeben.

Zusätzlich möchte ich den Lehrern und Mentoren danken, die Sorran in seiner Jugend begleitet haben. Ihre Unterstützung und ihr Glaube an seine Fähigkeiten haben ihn dazu ermutigt, für die Rechte der Stimmlosen einzutreten. Diese positiven Einflüsse sind von unschätzbarem Wert und zeigen, wie wichtig Bildung und persönliche Unterstützung im Leben eines Aktivisten sind.

Ich bin auch den Lesern und Unterstützern dieser Biografie dankbar. Ihr Interesse und Ihre Bereitschaft, sich mit diesen wichtigen Themen auseinanderzusetzen, sind entscheidend für die Förderung von Veränderungen. Die Unterstützung der Gemeinschaft ist der Schlüssel zum Erfolg jeder Bürgerrechtsbewegung, und ich hoffe, dass diese Biografie dazu beiträgt, das Bewusstsein und das Engagement für die Rechte hyperdichter Lebensformen zu stärken.

Abschließend möchte ich meiner Familie und meinen Freunden danken, die mir in den herausfordernden Zeiten der Recherche und des Schreibens beigestanden haben. Ihre Geduld und ihr Verständnis haben mir die Kraft gegeben, dieses Projekt zu vollenden. Ohne ihre Unterstützung wäre ich nicht in der Lage gewesen, diese Geschichte zu erzählen.

Insgesamt ist diese Biografie das Ergebnis eines kollektiven Engagements und einer Gemeinschaft von Menschen, die sich für Gerechtigkeit und Gleichheit einsetzen. Ich hoffe, dass die Leser inspiriert werden, sich ebenfalls für die Rechte aller Lebewesen einzusetzen, unabhängig von ihrer Herkunft oder ihrem Lebensstil. Möge die Geschichte von Sorran Vale und den hyperdichten Lebensformen auf Ymaris ein Aufruf zur Einheit und Zusammenarbeit für eine gerechtere Zukunft sein.

Kontaktinformationen für Organisationen

In diesem Abschnitt finden Sie eine Liste von Organisationen, die sich für die Rechte hyperdichter Lebensformen auf Ymaris und darüber hinaus einsetzen. Diese Organisationen spielen eine entscheidende Rolle bei der Unterstützung von Aktivisten, der Bereitstellung von Ressourcen und der Förderung von intergalaktischen Bürgerrechtsbewegungen.

1. Intergalaktische Bürgerrechtsallianz (IBCA)

Die Intergalaktische Bürgerrechtsallianz ist eine der führenden Organisationen, die sich für die Rechte von hyperdichten Lebensformen einsetzt. Sie bietet rechtliche Unterstützung, Bildungsressourcen und Mobilisierungshilfen für Aktivisten.

- Webseite: www.ibca.org
- E-Mail: kontakt@ibca.org
- Telefon: +1 234 567 890
- Adresse: 42 Galactic Avenue, Ymaris, Y-12345

Zukunft für Hyperdichte Lebensformen (FHDL)

Diese Organisation konzentriert sich auf die langfristige Entwicklung und den Schutz hyperdichter Lebensformen. Sie bietet Programme zur Aufklärung und Sensibilisierung der Öffentlichkeit an.

- **Webseite:** www.fhdl.org
- **E-Mail:** info@fhdl.org
- **Telefon:** +1 987 654 321
- **Adresse:** 101 Cosmic Road, Ymaris, Y-54321

Vereinigung für intergalaktische Gerechtigkeit (VIG)

Die VIG ist eine Organisation, die sich für die rechtlichen Rechte hyperdichter Lebensformen einsetzt. Sie bietet juristische Beratung und führt Kampagnen zur Gesetzesänderung durch.

- **Webseite:** www.vig.org
- **E-Mail:** support@vig.org
- **Telefon:** +1 555 123 456
- **Adresse:** 202 Starry Lane, Ymaris, Y-67890

Kunst für Veränderung (KfV)

Diese Organisation nutzt Kunst als Mittel zur Sensibilisierung für die Rechte hyperdichter Lebensformen. Sie organisiert Veranstaltungen und Ausstellungen, um das Bewusstsein zu schärfen.

- **Webseite:** www.kfv.org
- **E-Mail:** art@kfV.org
- **Telefon:** +1 666 777 888
- **Adresse:** 303 Creative Space, Ymaris, Y-13579

Intergalaktische Akademie für Menschenrechte (IAMR)

Die IAMR bietet Schulungen und Workshops für Aktivisten an, um ihre Fähigkeiten im Bereich Menschenrechte und Advocacy zu verbessern.

- Webseite: www.iamr.org
- E-Mail: training@iamr.org
- Telefon: +1 444 555 666
- Adresse: 404 Knowledge Center, Ymaris, Y-24680

Netzwerk der intergalaktischen Unterstützer (NIS)

Das NIS ist ein Netzwerk von Unterstützern, die sich für die Rechte hyperdichter Lebensformen einsetzen. Sie bieten eine Plattform für den Austausch von Ideen und Ressourcen.

- Webseite: www.nis.org
- E-Mail: connect@nis.org
- Telefon: +1 333 222 111
- Adresse: 505 Unity Plaza, Ymaris, Y-11223

Wichtige Überlegungen

Es ist wichtig, dass Aktivisten und Unterstützer sich mit diesen Organisationen in Verbindung setzen, um Unterstützung und Ressourcen zu erhalten. Die Zusammenarbeit zwischen diesen Organisationen ist entscheidend für den Erfolg der Bürgerrechtsbewegung auf Ymaris.

$$\text{Gesamtunterstützung} = \sum_{i=1}^{n} \text{Ressourcen}_i \qquad (50)$$

Hierbei steht n für die Anzahl der Organisationen, die zusammenarbeiten, um die Rechte hyperdichter Lebensformen zu fördern. Die Summe der Ressourcen, die jede Organisation bereitstellt, ist entscheidend für die Effektivität der gemeinsamen Bemühungen.

Die Kontaktinformationen in diesem Abschnitt bieten einen Ausgangspunkt für alle, die sich für den Schutz und die Rechte hyperdichter Lebensformen einsetzen möchten. Es wird empfohlen, sich regelmäßig über die neuesten Entwicklungen und Möglichkeiten zur Zusammenarbeit zu informieren.

Abschluss

Durch die Nutzung dieser Ressourcen und die Kontaktaufnahme mit den aufgeführten Organisationen können Aktivisten und Unterstützer einen bedeutenden Einfluss auf die Bürgerrechtsbewegung auf Ymaris und darüber hinaus ausüben. Gemeinsam können wir eine gerechtere und inklusivere Zukunft für alle Lebensformen schaffen.

Veranstaltungshinweise und Konferenzen

In der intergalaktischen Bürgerrechtsbewegung spielt die Organisation von Veranstaltungen und Konferenzen eine entscheidende Rolle. Diese Zusammenkünfte bieten nicht nur eine Plattform für den Austausch von Ideen und Strategien, sondern fördern auch die Mobilisierung und Vernetzung von Aktivisten aus verschiedenen Kulturen und Gesellschaften. Im Folgenden sind einige bedeutende Veranstaltungen und Konferenzen aufgeführt, die für die Bürgerrechtsbewegung auf Ymaris von besonderer Relevanz sind.

1. Intergalaktische Bürgerrechtskonferenz (IBC)

Die Intergalaktische Bürgerrechtskonferenz findet alle zwei Jahre auf wechselnden Planeten statt und bringt Aktivisten, Wissenschaftler und politische Entscheidungsträger zusammen, um über die Herausforderungen und Errungenschaften im Bereich der Bürgerrechte zu diskutieren. Die letzte Konferenz fand auf dem Planeten Zorath statt und war ein großer Erfolg, da sie die Zusammenarbeit zwischen verschiedenen intergalaktischen Organisationen förderte.

Themen der letzten Konferenz:

- Strategien zur Bekämpfung von Diskriminierung in verschiedenen Gesellschaften
- Die Rolle der Technologie im Aktivismus
- Austausch von Best Practices zwischen verschiedenen Bürgerrechtsorganisationen

2. Ymaris Festival der Vielfalt

Das Ymaris Festival der Vielfalt ist eine jährliche Veranstaltung, die die kulturelle und soziale Vielfalt des Planeten feiert. Es bietet eine Plattform für Künstler, Musiker und Aktivisten, um ihre Botschaften zu verbreiten und auf die Herausforderungen, mit denen hyperdichte Lebensformen konfrontiert sind, aufmerksam zu machen.

Wichtige Programmpunkte:

- Workshops zur Sensibilisierung für die Rechte hyperdichter Lebensformen
- Kunstausstellungen, die die Erfahrungen und Kämpfe von Aktivisten darstellen
- Podiumsdiskussionen mit prominenten Bürgerrechtlern

3. Intergalaktische Konferenz für soziale Gerechtigkeit

Diese Konferenz, die jährlich auf verschiedenen Planeten stattfindet, konzentriert sich auf die Themen soziale Gerechtigkeit und Gleichheit. Aktivisten aus verschiedenen Sektoren kommen zusammen, um Strategien zu entwickeln, die auf die spezifischen Bedürfnisse ihrer Gemeinschaften eingehen.

Beispielhafte Themen:

- Die Auswirkungen von intergalaktischen Gesetzen auf lokale Gemeinschaften
- Strategien zur Förderung der Gleichstellung der Geschlechter
- Diskussion über die Rechte von Minderheiten in intergalaktischen Gesellschaften

4. Workshops zur rechtlichen Aufklärung

Diese Workshops, die regelmäßig auf Ymaris durchgeführt werden, bieten den Bürgern die Möglichkeit, sich über ihre Rechte und die rechtlichen Rahmenbedingungen auf dem Planeten zu informieren. Sorran Vale und andere Juristen führen diese Workshops durch, um das Bewusstsein für die juristischen Herausforderungen, denen hyperdichte Lebensformen gegenüberstehen, zu schärfen.

Inhalte der Workshops:

- Einführung in die Gesetzgebung auf Ymaris
- Rechte und Pflichten von Bürgern und Bürgerrechtsaktivisten
- Strategien zur effektiven Nutzung des Rechtssystems

5. Internationale Netzwerktreffen

Diese informellen Treffen bieten eine Gelegenheit für Aktivisten, sich zu vernetzen, Erfahrungen auszutauschen und neue Strategien zu entwickeln. Sie finden oft in Form von kleinen, regionalen Zusammenkünften statt, die sich auf spezifische Themen konzentrieren.

Ziele dieser Treffen:

- Förderung der Zusammenarbeit zwischen verschiedenen Organisationen
- Entwicklung gemeinsamer Kampagnen und Aktionen
- Unterstützung neuer Aktivisten durch Mentoring-Programme

Probleme und Herausforderungen

Trotz der positiven Aspekte von Veranstaltungen und Konferenzen gibt es auch Herausforderungen, die es zu bewältigen gilt. Dazu gehören:

- **Zugang und Inklusion:** Nicht alle hyperdichten Lebensformen haben die gleichen Möglichkeiten, an diesen Veranstaltungen teilzunehmen. Es ist wichtig, Barrieren abzubauen, um eine inklusive Teilnahme zu gewährleisten.
- **Finanzierung:** Viele Veranstaltungen sind auf Spenden und Sponsoren angewiesen, was ihre Unabhängigkeit und Integrität beeinträchtigen kann.
- **Sicherheit:** Aktivisten, die sich für die Rechte hyperdichter Lebensformen einsetzen, sind oft Bedrohungen ausgesetzt. Die Sicherheit der Teilnehmer muss daher oberste Priorität haben.

Schlussfolgerung

Veranstaltungen und Konferenzen sind unverzichtbare Elemente der Bürgerrechtsbewegung auf Ymaris und darüber hinaus. Sie bieten nicht nur eine Plattform für den Austausch von Ideen, sondern stärken auch das

Gemeinschaftsgefühl und die Solidarität unter den Aktivisten. Es ist entscheidend, dass diese Veranstaltungen weiterhin gefördert und unterstützt werden, um die Rechte hyperdichter Lebensformen zu schützen und zu fördern.

$$\text{Erfolg} = \text{Zusammenarbeit} + \text{Engagement} + \text{Bildung} \tag{51}$$

Abschließende Gedanken und Reflexionen

In der Betrachtung von Sorran Vales Leben und seinem unermüdlichen Einsatz für die hyperdichten Lebensformen auf Ymaris wird deutlich, dass der Kampf für Bürgerrechte nicht nur eine lokale, sondern auch eine intergalaktische Dimension hat. Sorrans Reise ist ein eindrucksvolles Beispiel dafür, wie individuelles Engagement und kollektive Mobilisierung eine transformative Wirkung auf die Gesellschaft ausüben können. In diesem abschließenden Abschnitt reflektieren wir über die Lehren, die aus Sorrans Leben gezogen werden können, und die Herausforderungen, die noch vor uns liegen.

Der Einfluss von Sorran auf die Gesellschaft

Sorran Vale hat nicht nur das Bewusstsein für die Rechte hyperdichter Lebensformen geschärft, sondern auch einen Paradigmenwechsel in der Wahrnehmung von Diversität und Inklusion herbeigeführt. Seine Fähigkeit, Brücken zwischen verschiedenen Kulturen zu schlagen und Dialoge zu fördern, hat dazu beigetragen, Vorurteile abzubauen und das Verständnis für die Bedürfnisse und Rechte aller Lebensformen zu vertiefen. Dies spiegelt sich in der Theorie der interkulturellen Kommunikation wider, die besagt, dass das Verständnis zwischen verschiedenen Kulturen durch aktiven Austausch und Dialog gefördert werden kann [1].

Die Bedeutung von Bürgerrechten im intergalaktischen Kontext

Die Bürgerrechte hyperdichter Lebensformen auf Ymaris sind nicht isoliert zu betrachten, sondern müssen im Kontext intergalaktischer Beziehungen und internationaler Menschenrechtsstandards gesehen werden. Der Schutz dieser Rechte ist ein fundamentales Prinzip, das die Grundlage für eine gerechtere Gesellschaft bildet. Die Universalität der Menschenrechte, wie sie in der Allgemeinen Erklärung der Menschenrechte der Vereinten Nationen verankert ist, muss auf alle Lebensformen ausgeweitet werden, unabhängig von ihrer Herkunft oder ihrer physischen Beschaffenheit [2].

Sorrans Vermächtnis für zukünftige Generationen

Sorrans Vermächtnis ist nicht nur in den Gesetzen und Richtlinien verankert, die er beeinflusst hat, sondern auch in den Herzen und Köpfen der Menschen, die er inspiriert hat. Die nächste Generation von Aktivisten wird von seinem Beispiel lernen und die Prinzipien des Respekts, der Empathie und des unermüdlichen Einsatzes für Gerechtigkeit weitertragen. Es ist entscheidend, dass zukünftige Generationen die Bedeutung der Geschichte verstehen und aus den Erfahrungen ihrer Vorgänger lernen, um die Herausforderungen, die noch vor uns liegen, erfolgreich zu meistern.

Der bleibende Einfluss hyperdichter Lebensformen

Der Einfluss hyperdichter Lebensformen auf die Gesellschaft ist ein Beweis für die Vielfalt und Komplexität des Lebens im Universum. Ihre einzigartigen Perspektiven und Erfahrungen bereichern nicht nur die Kultur von Ymaris, sondern auch das intergalaktische Verständnis von Gemeinschaft und Zusammenarbeit. In der aktuellen Forschung zur Biodiversität wird zunehmend anerkannt, dass Vielfalt nicht nur biologisch, sondern auch kulturell und sozial von entscheidender Bedeutung ist [3].

Die Rolle des Einzelnen im Aktivismus

Aktivismus beginnt oft mit dem Einzelnen, dessen Stimme und Handeln eine Welle der Veränderung auslösen können. Sorran Vale verkörpert diese Idee, indem er zeigt, dass jeder Einzelne die Macht hat, Einfluss zu nehmen und Veränderungen herbeizuführen. Die Theorie des sozialen Wandels betont, dass kollektive Aktionen, die von Individuen initiiert werden, entscheidend für den Fortschritt in der Gesellschaft sind [4]. Die Verantwortung jedes Einzelnen, sich für das Wohl der Gemeinschaft einzusetzen, ist unverzichtbar.

Sorrans Botschaft an die Welt

Sorrans Botschaft ist eine Aufforderung zur Einheit und Zusammenarbeit. In einer Zeit, in der Spaltungen und Konflikte die intergalaktischen Beziehungen belasten, ist es wichtiger denn je, dass wir uns auf das Gemeinsame besinnen und die Vielfalt als Stärke anerkennen. Die Fähigkeit, über Unterschiede hinweg zu kommunizieren und gemeinsame Ziele zu verfolgen, ist der Schlüssel zu einer harmonischen Koexistenz. Sorran ermutigt uns, aktiv zu werden und uns für eine gerechte und inklusive Gesellschaft einzusetzen, in der jeder gehört wird.

Die Hoffnung auf eine bessere Zukunft

Abschließend lässt sich sagen, dass die Hoffnung auf eine bessere Zukunft in unseren Händen liegt. Sorran Vale hat uns gelehrt, dass der Weg zum Fortschritt oft steinig ist, aber dass jeder Schritt, den wir in Richtung Gerechtigkeit und Gleichheit machen, zählt. Die Herausforderungen, die vor uns liegen, erfordern Mut, Entschlossenheit und die Bereitschaft, für das einzutreten, was richtig ist. Indem wir uns an Sorrans Prinzipien orientieren, können wir eine Zukunft gestalten, die für alle Lebensformen auf Ymaris und darüber hinaus gerecht ist.

Ein abschließendes Wort der Inspiration

In der Reflexion über Sorrans Leben und seine Errungenschaften ist es wichtig, dass wir uns daran erinnern, dass der Weg des Aktivismus ein kontinuierlicher Prozess ist. Jeder von uns kann einen Beitrag leisten, sei es durch Bildung, Sensibilisierung oder direkte Aktionen. Lassen Sie uns inspiriert von Sorrans Beispiel weiterhin für die Rechte aller Lebensformen eintreten und eine gerechtere, inklusivere Galaxie anstreben.

Bibliography

[1] Gudykunst, W. B., & Kim, Y. Y. (2003). *Communicating with Strangers: An Approach to Intercultural Communication*. McGraw-Hill.

[2] United Nations. (1948). *Universal Declaration of Human Rights*. Retrieved from `https://www.un.org/en/universal-declaration-of-human-rights/`

[3] Noss, R. F. (1990). Indicators for Monitoring Biodiversity: A Hierarchical Approach. *Conservation Biology*, 4(4), 355-364.

[4] Tilly, C. (2004). *Social Movements, 1768–2004*. Paradigm Publishers.

Index

, ebenso wie, 22

aber auch, 141, 227
aber dass, 236
aber jede, 217
aber mit, 61, 75, 132, 149, 221
aber notwendiges Unterfangen, 95
aber oft nicht, 77
aber sie, 40
aber weniger aufregende Themen, 104
abgebaut, 93, 163
abgelehnt, 32
abhängig von, 1
ableiten, 183
ablenkt, 144
Abschließend lässt sich, 186, 200, 207, 209, 236
Abschließend möchte ich meiner Familie, 228
Abschließend wird das neunte Kapitel, 23
Abschnitt, 226
Abschnitt behandelt, 216
abstrakte Konzepte, 25
abwenden, 155
abzielt, 180, 212
abzulehnen, 92

adressieren, 144
agieren nicht, 79
Akteure ihre, 130
aktiv dafür, 106
aktiven Teilnahme der, 56
Aktivismus, 21, 23, 26, 54, 70, 101, 102, 107, 109, 110, 117, 152, 156, 157, 160, 162, 167, 181, 197, 198, 217
Aktivismus darstellten, 105
Aktivismus kann nicht, 157
Aktivismus spielen, 56, 156
Aktivismus von, 161, 165, 198
Aktivismus wird, 21
Aktivismus wird durch, 116
Aktivismusarbeit maßgeblich, 41
Aktivisten, 40, 84, 85, 103, 134, 146, 148, 149, 159, 160, 167, 170, 189, 193, 221, 228, 231
Aktivisten auf, 147, 151, 175
Aktivisten dar, 104
Aktivisten eng zusammenarbeiten, 217
Aktivisten entwickelt, 99
Aktivisten gelegt, 159
Aktivisten helfen, 178, 219
Aktivisten kämpfen dafür, 77

Aktivisten Lieder, 8
Aktivisten müssen, 56, 101, 117
Aktivisten wie, 195
aktuellen gesellschaftlichen Werte, 16
Akzeptanz seiner, 38
akzeptierten, 31
Albert Bandura, 69
alle, 12, 28, 30, 37, 40, 41, 61, 71, 82, 94, 95, 121, 125, 130, 132, 134–136, 163, 172, 173, 175, 177, 180–182, 185, 186, 188, 189, 191, 194, 200, 203, 205, 207, 209, 211, 214, 216, 224, 230, 231, 236
allem von, 56
allen Mitgliedswelten, 77
aller, 3, 28, 37, 80, 82, 85, 93, 106, 136, 149, 180, 181, 184, 191, 198, 200, 213, 215, 224, 228, 236
alles, 40
Allianzen mit, 83
als, 3, 4, 6–13, 16–23, 25–28, 31–39, 41, 45, 47–52, 61–64, 66, 68–71, 73, 75–77, 79, 81–85, 94, 97–99, 101, 104–107, 109, 111, 117, 121, 127, 129, 130, 135–139, 144, 145, 147–149, 151–157, 160, 162, 169, 173, 174, 178–180, 183, 184, 187, 190, 191, 193, 195, 198, 201, 203, 205, 212, 214, 215, 218, 221, 229, 235
Als ich das erste, 217
Als Sorran, 152

am, 77, 91, 94, 136, 155, 221
Amina Kresh, 227
Ammoniak, 1
amorphen Wesen, 27
an, 1, 3–6, 9, 19, 21, 25, 26, 33, 34, 37–39, 41, 43, 47, 49, 51, 60, 61, 69, 76, 81, 89, 90, 94, 102, 103, 106, 107, 134, 139, 141, 147, 148, 151, 154, 156, 160, 162, 169, 171, 172, 178–182, 186, 191, 192, 196–200, 203, 205, 207–209, 218, 221, 227, 229, 230, 236
analysieren, 12, 21, 22, 155
analysiert, 152
andere, 1, 13, 14, 19, 26, 31, 49, 76, 77, 93, 104, 107, 127, 128, 137, 144, 150, 155, 158, 160, 179, 183, 190, 191, 193, 203, 208, 211, 213, 214, 232
anderen aufzubauen, 156
anderen biologischen, 28
anderen geprägt, 38
anderen Identitäten zu, 39
anderen isoliert wird, 34
anderen konnte, 121
anderen Lebensformen, 1
anderen Lebensformen tödlich wären, 27
anderen Lebewesen, 209
anderen Teilen der, 145
anderen Zivilisationen, 3
anderer, 25, 39, 106, 121, 123, 128, 198
anerkannt, 77, 99, 181, 212
anerkennen, 9, 75, 235
anerkennt, 200

Anfeindungen von, 7
Anfängen seiner, 162
angegriffen, 152
angehende, 218, 221
angehenden, 219
Angelegenheiten befasst, 215
angesehen, 69, 129, 152
angesehener, 25, 33, 217
Angesichts der, 212
angewendet, 125
Angriffen erforderte, 152
Angriffen geprägt, 152
ankämpfen, 102, 163
Anliegen der, 98
Anliegen hyperdichter, 83, 85, 105, 113, 144
anpasst, 141, 178
anregt, 186
ansprechen, 98
anstreben, 236
Ansätze zurückzugreifen, 37
antraten, 40
antwortete, 146
Anwalt bereits, 47
anwendet, 149
Anwendung von, 76, 187
Anwendungen, 12
Anzeichen von, 31
anzufechten, 84
anzupassen, 5, 6, 38, 68, 81, 117, 156
aquatischen, 50
arbeiten, 4, 9, 81, 195, 209, 218
arbeitete, 57
argumentierte, 78, 214, 215
Armut leben, 128
artikulieren, 41, 44, 62
Aspekte hervor, 162
Aspekten, 27

auch, 1–3, 6–12, 14, 16–23, 26–31, 33–41, 43–45, 47–51, 54, 56, 59–67, 70, 73, 75, 77–79, 81, 82, 84, 85, 87, 89, 91–95, 97–99, 101–107, 109, 111–113, 116, 117, 119, 121, 123, 125, 127, 130, 135–137, 139, 141, 143–149, 151–160, 162–164, 167, 169–173, 175–184, 186–196, 198–201, 207, 208, 212, 214–218, 221, 227, 228, 231, 233–235
auf, 1–3, 5–10, 12–14, 16, 18–23, 25, 27–33, 35–45, 47–52, 57, 59–66, 68–71, 73–77, 79–83, 85–87, 89, 91, 93–95, 97–99, 101, 103–107, 109–113, 119, 121, 123, 125, 127, 128, 130, 132, 134–137, 139–141, 143–145, 147–156, 158–160, 162, 165–167, 169, 171–173, 175, 176, 178–184, 187–192, 194–196, 198–200, 202, 203, 205, 207, 211–218, 221, 223, 224, 226–236
Auf Ymaris, 12, 37, 101, 162, 183, 189
Aufbau von, 16, 148, 175
Aufforderung, 200, 235
aufgetreten, 89
aufgrund, 5, 31, 38, 45, 69, 98, 177, 190, 199
aufrechtzuerhalten, 155, 179
aufruft, 182

auftrat, 48, 152
auftritt, 152
Auftritte, 147, 193
Auftritte erlangte, 146
Auftritte geprägt, 145
Auftritte mit, 145
Auftritts auf, 145
aufweist, 194
aufzubauen, 28, 52, 91, 107, 136, 151, 155–157
aufzulösen, 48
aus, 1, 3, 4, 6, 8, 12, 14, 23, 31, 36, 40, 52, 65, 68, 69, 77, 79, 89, 116, 123, 147, 150, 162, 170, 178, 179, 181, 183, 186, 198, 205, 208, 231, 232, 234, 235
Ausdruck, 45
Ausdruck der, 35, 37
Ausdruck seiner, 44
Ausdruck von, 109
auseinandergesetzt, 169
auseinandersetzen, 21, 42, 65, 110, 150, 152
Auseinandersetzung mit, 39, 45, 66, 215
auseinanderzusetzen, 34, 38, 228
ausgelöst, 47
ausgeschlossen, 78
ausgesetzt, 45, 152
ausgeübt, 147, 158, 187, 189
auslöste, 188
ausmachen kann, 89
ausreichend, 104, 106, 144, 155, 217
Ausstellungen, 229
Austausch von, 136
auszutauschen, 50, 91, 155, 170, 233
auszuüben, 191
ausüben, 117, 162, 221, 231, 234

ausübte, 59
Authentizität, 22, 156, 157
Authentizität bezieht sich, 156
Authentizität schaffen, 157
außergewöhnliche, 1, 3, 5, 27
außergewöhnlichen, 6

Barrieren, 136, 163
Barrieren kann eine, 178
basieren sollte, 94
basiert, 3, 5, 73, 94, 95, 123, 132, 137, 189, 207
basierte, 28, 31, 41, 215
Bedenken der, 155
bedeutende, 36, 80, 85, 109, 115, 137, 139, 147, 231
bedeutet, 34, 38, 59, 85, 172, 183
Bedingungen anzupassen, 6
Bedrohungen ist, 5
Bedürfnisse, 9, 16, 17, 28, 81, 84, 171, 172, 176, 213, 232
beeinflusst, 14, 26, 167, 178, 182, 235
beeinträchtigen, 177
befindet, 91, 116
Befürworter, 79
begannen, 6
begegnen, 14, 18, 21, 38, 62, 65, 114, 140, 153, 154, 166, 178
begegnete, 119, 162
Begegnungen auch, 7
Begegnungen mit, 7, 21, 27, 50, 51
Begegnungen von, 6
Begegnungen zog, 52
Beginn seiner, 47
beginnt, 38, 173
begleitet, 227
begrüßten, 48

behandelt, 21, 22, 31, 40, 52, 76, 104, 214, 216, 223
behaupten, 10, 151
behindern, 64, 90, 126, 129, 155
bei, 7, 14, 20, 25, 26, 28, 32, 35, 63, 68–71, 75, 76, 81, 83, 84, 90, 104–107, 125, 130, 155, 162, 170, 176, 183, 184, 190, 195, 199, 215–218, 228
beide hochgebildete Mitglieder der, 25
beigetragen, 64, 81, 93, 144, 188, 195, 226, 227
beinhaltet, 17
beinhaltete, 192
Beispiel dafür, 113, 234
Beispiele, 54, 60, 91, 99, 107, 109, 114, 123, 125, 160, 171, 174, 197
Beispiele betrachten, 125
bekannt, 1, 4, 25, 40, 49, 50, 97, 98
bekanntesten, 7
Bekämpfung von, 7, 207
Belastung, 17, 150, 218
beleuchten, 10, 21–23, 66, 91, 94, 125, 187, 191, 211
beleuchtet, 62, 154, 214
bemerkenswert, 4
bemerkenswert wie, 5
bemerkenswerten Resilienz, 43
bemerkenswerter, 63
bemerkenswertesten, 67
bemüht, 7
benachteiligter, 25
benötigte, 153
benötigten, 188
Beobachter sein, 40
beobachtet, 105

beobachtete, 19, 69
Beobachtung, 31
Bereich beleuchten, 125
Bereich der, 231
Bereich des Bürgerrechtsaktivismus, 43
Bereich Menschenrechte, 230
Bereichen Biotechnologie, 194
bereit, 49, 89–91, 149, 159
Bergen Ymaris, 2
Bericht veröffentlicht wurde, 82
Berichte, 102, 105, 212
Berichte können, 155
berichten, 32, 102, 148, 227
berichtet, 216
berichteten, 26, 49, 51
Beruf, 162
berücksichtigt, 155
berühren, 28
besagt, 70, 94, 125, 178, 211, 212
beschreiben, 12
beschreibt, 31, 37, 50, 69, 95, 125, 163, 181, 182, 216
beschränkt, 85, 175, 199
beschwerlichen Weg„ 7
besitzen, 4, 27, 212
besitzt, 173
besonderer, 227, 231
besser gerüstet, 160
bessere, 95, 130, 134, 180, 200, 202, 203, 205, 215, 236
besseren, 3, 40, 41, 139, 178, 186, 208, 209
bestehen, 18, 193, 215, 216
bestehenden, 16, 30, 65, 70, 75, 84, 90, 94, 112, 187, 214
bestimmte Aspekte, 153
bestimmte Stimmen zum, 104
bestimmte Zielgruppen, 108

besuchte, 70
beteiligt, 107
betonen, 18, 19, 37, 45, 155
betont, 61, 95, 103, 104, 130, 144, 148, 159, 172, 173, 179, 181, 184, 187, 195, 196, 198, 200, 208, 216–218
Betracht, 83
betrachten, 51, 73, 106, 121, 139, 205
betrachtet, 13, 21, 22, 39, 135, 187, 190, 201, 203
betraf, 78
betrat zum, 77
betroffenen, 20, 50, 63, 91, 129
bewahren, 3, 10, 35, 37, 157, 159
Bewegung auf, 176
Bewegung gesteckt wird, 51
Bewegung selbst, 177
Bewegung zu, 106
Bewegungen geprägt, 121
Bewegungen kann durch, 13
Bewegungen verkörpert, 159
Bewegungen von, 221
Bewegungstheorie wird Hoffnung oft als, 201
Beweis, 145, 216
Beweis dafür, 79
bewiesen, 139
Bewohner von, 12, 185, 198
Bewohner Ymaris hätten, da, 214
Bewohner Ymaris', 186
bewunderte, 39
bewusst, 5, 38, 39, 45, 94, 98, 146, 153, 176, 192
bewältigen, 16, 17, 22, 75, 94, 105, 123, 138, 160, 176, 193, 218, 233
bezeichnete, 152

Bezug auf, 172, 183
bieten, 1, 4, 16, 23, 33, 38, 39, 44, 99, 106, 123, 124, 148, 154, 155, 165, 170, 179, 182, 216, 218, 221, 224, 230–233
bietet, 11, 85, 107, 110, 111, 117, 149, 182, 187, 188, 201, 228–230, 232
Bild von, 12, 227
bilden, 93, 182, 184, 189, 200, 220
bildet, 19, 39, 66, 85, 158, 211
bildeten das Fundament, 26
Bildung, 61, 91, 98, 136, 159, 172, 199, 200, 208, 236
Bildungssystem führt, 213
Bildungsungleichheit geprägt, 60
bin, 228
Biografie verwendet, 227
Biografie von, 226
Biologin auf, 216
biologisch einzigartig, 1
biologischen Eigenschaften haben, 194
biologischen Grundlagen, 3
biologischen Merkmale aus, 3
biologischen Prozesse kann durch, 194
biologischen Unterschieden zwischen, 82
biologisches Merkmal, 1
biolumineszente Muster, 4
bleiben, 34, 69, 80, 145, 147, 152, 165, 180, 193, 216
bleibt Authentizität ein, 158
bleibt die, 56, 111, 139, 203
bleibt ihre, 109, 161
bleibt Sorran, 64
blickte Sorran oft auf, 49

Index

blieben, 35
bot, 51, 70
boten, 33, 34, 119
Botschaften seiner, 70
Botschaften teilt, 147
Botschaften von, 125
brachte, 28, 40, 63, 78, 151, 153
breite, 97, 105, 187, 197
breiter, 68
breitere, 16, 21, 49, 51, 57, 61, 84, 99, 113, 145, 150
breiteren, 9, 36, 68, 97, 144, 157
Brücken, 136
Brücken zwischen, 9, 16, 176
bunten Gesellschaft, 31
Bücher, 7
Bürger von, 180
Bürgerrechte der, 35
Bürgerrechte kann als, 190
Bürgerrechte sind, 189
Bürgerrechtsaktivist auf, 21, 23, 119
Bürgerrechtsaktivisten konfrontiert, 128
Bürgerrechtsaktivisten seiner, 7
Bürgerrechtsaktivisten zusammenarbeiten, 105
Bürgerrechtsbewegung beeinflussen, 8
Bürgerrechtsbewegung gelegt, 191, 227
Bürgerrechtsbewegung müssen, 177
Bürgerrechtsbewegung spielt, 231
Bürgerrechtsorganisation gründen, 151
Bürgerrechtsorganisation wird als, 21
Bürgerrechtsverletzungen kann dazu, 191

Carl Rogers, 156
Charles Snyder, 178
Charles Tilly, 196
chemische, 4

da, 66, 105, 128, 149, 152, 153, 178, 189, 214, 231
dabei bewältigen, 22
dabei erlebten, 28
dabei halfen, 51
dabei unerlässlich, 91
dafür, 2, 30, 31, 37, 64, 77, 79, 106, 107, 113, 139, 147, 151, 157, 180, 192, 193, 234
Daher, 48
Daher haben, 90
damit, 41, 101, 109, 146, 158, 203
dankbar, 228
Dankbarkeit gegenüber, 226
danken, 226–228
daran erinnern, 236
darauf abzielen, 30, 36, 60, 79, 90, 150
darauf abzielten, 146
darauf ausgerichtet, 29
darauf hingewiesen, 36
dargestellt, 12, 13, 22
darstellt, 36, 37, 54, 85, 109, 154, 183
darunter, 1, 31, 78, 116, 137, 223
Darüber hinaus, 7, 90, 95, 155, 169
Darüber hinaus wird, 183
das Bewusstsein, 36, 60, 64, 90, 113, 144, 145, 195, 228
das Bewusstsein zu, 191
das darauf, 139
Das Grundgesetz, 211
das Licht auf, 103
das Recht auf, 94

das Rechtssystem zu, 227
Das vierte, 22
dass Aufklärung der, 199
dass der, 32, 87, 111, 123, 136, 193, 200, 217
dass diese Ausdrucksformen eine, 41
dass Dokumentationen, 109
dass hyperdichte, 211, 212, 215
dass ich meine Stimme, 217
dass ihre, 28, 32
dass intergalaktische, 16, 125, 139
dass jede, 153
dass Menschen, 156
dass seine, 38, 39, 98, 155
dass sich, 152
dass sie, 98
dass zukünftige Generationen, 192, 235
Daten konnten, 82
dazu, 18, 23, 26, 28, 36, 51, 59, 64, 65, 68, 69, 71, 93, 98, 104, 107, 108, 110, 144, 148, 153, 155, 179, 181, 182, 188, 191, 195, 201, 203, 227, 228
Dazu gehören, 18, 126, 197, 233
definieren, 37, 39, 70, 176
dekonstruieren, 155
dem, 3, 6, 7, 10, 17, 19, 28, 31–34, 36–39, 48–50, 54, 56, 69, 71, 76, 77, 83, 94, 102, 103, 107, 117, 130, 134, 150, 152, 153, 156, 157, 163, 169, 171, 172, 181, 201, 208, 211, 213, 214, 218, 227, 231, 232
Demonstranten, 48
demonstrierte, 49

den, 1–4, 6–14, 16–23, 25–28, 32–41, 43–45, 47–54, 56, 59, 61, 63–67, 69, 73, 75–79, 82, 84, 85, 87, 89, 91, 93–95, 97–99, 101, 103–105, 107, 109, 110, 116, 119, 123–125, 127–130, 132, 135–139, 143–153, 156, 157, 160, 162, 167, 169, 170, 172, 173, 175, 178–183, 188, 189, 191–196, 198, 199, 205–207, 211–213, 215–218, 221, 227–236
denen, 3–5, 12, 20, 21, 26, 34, 35, 40, 43, 50, 54, 69, 76, 78, 93, 97, 99, 103, 111, 115, 123, 127, 130, 144, 149, 150, 155, 156, 162, 170, 176, 180, 187, 189, 192, 194, 197, 198, 203, 207, 211, 227, 232
denn je, 235
denn je machen, 182
der, 1–12, 14–23, 25–27, 29–41, 43–45, 47–52, 54, 56, 58–65, 68–71, 73, 75–85, 87, 89–95, 97–99, 101–107, 109–113, 115–117, 119, 121, 123–125, 127–130, 132, 134–141, 143–158, 160, 162–165, 167, 169–173, 175–184, 186–201, 203, 205, 207–209, 211–218, 220, 221, 224, 227–236
Der Abbau von, 2, 5
Der Aktivismus, 65, 159
Der Aufruf zum, 182

Index

Der Aufruf zur, 209
Der Austausch mit, 220
Der Austausch von, 135, 153
Der berühmte, 196
Der Druck, 146, 152
Der Einfluss, 13, 23, 121
Der Einfluss der, 2, 36
Der Einsatz von, 11, 102, 176
Der Fokus auf, 203
Der Kampf, 196, 215
Der langfristige Einfluss von, 149
Der Mut, 208
Der Planet ist, 1
Der Ruhm, 151
Der Schlüssel, 117
Der Umgang mit, 152
Der Weg, 173
Der Weg des Aktivismus, 66, 221
Der Weg war, 217
Der Weg zu, 191
Der Zugang zu, 2
deren Einhaltung, 216
deren Erhalt, 37
deren Rechte, 115, 182
deren Rechte oft übersehen oder, 59
deren Schutz, 227
deren Schutz erkennen, 183
deren Umsetzung, 76
deren Zugang, 60
derjenigen einzutreten, 194
des Aktivismus, 196
des Lebens, 191
des positiven Einflusses, 148
des Respekts, 132
dessen, 19, 38
desto größer wird, 51, 198
detailliert darstellen, 21
dialogischen, 172
Dichte, 4, 94

Dichte auszeichnen, 1
Dichte oder, 40, 41
dichten, 27
die, 1–23, 25–45, 47–52, 54, 56–71, 73–87, 89–95, 97–99, 101–117, 119, 121, 123–130, 132–141, 143–167, 169, 171–203, 205–209, 211–218, 221, 224, 226–236
Die Diskussionen mit, 51
Die Geschichte von, 216
Die Gesellschaften der, 2
Die Herausforderung, 80, 193, 213
Die Medienberichterstattung, 103
Die Reaktionen seiner, 31
Die Stimmen dieser, 218
Die Theorie der, 70, 85, 125, 137, 156, 172, 178, 182, 189
Die Theorie des sozialen, 69
Die Ungleichheiten und, 13
Die Verbindung zwischen, 21
diente, 68, 82, 84
Dies kann zu, 172
diese, 6, 21
Diese Anerkennungen haben, 144
Diese Anerkennungen spiegeln, 143
Diese Aspekte, 178
Diese Aufführungen, 111
Diese Ausdrucksformen sind, 35
Diese Aussage, 145
Diese Begegnungen, 6
Diese Begegnungen ermöglichen, 38
Diese beiden Einflüsse, 25
Diese Bewegungen, 13
Diese Beziehungen bieten, 39
Diese Bildungserfahrungen, 70
Diese Bildungsinitiativen, 84
Diese Dichte, 1, 4

Diese Differenzen können, 183
Diese Diskriminierung kann, 190
Diese Diskriminierung äußert sich, 5
Diese Diversität, 12
Diese Einsichten, 45
diese Elemente, 180
Diese Elemente schufen ein, 71
Diese Elemente sind, 171
Diese Entscheidung, 92, 93
Diese Entscheidung hatte, 7
Diese Entwicklung, 167
Diese Erfahrung, 38, 188
Diese Erfahrung hinterließ, 32
Diese Erfahrung prägte seine, 19
Diese Erfahrung wurde, 26
Diese Erfahrungen, 69
Diese Erfolge sind, 87, 91, 139
Diese Erkenntnis, 51
Diese Erzählungen inspirierten ihn, 40
Diese Faktoren beeinflussen, 14
Diese Freundschaften wurden, 33
Diese frühen, 41
Diese frühen Begegnungen legten, 28
Diese frühen Erlebnisse, 7, 33
Diese Gemeinschaften, 4
diese Geschichte zu, 228
Diese Gesetze, 47, 75, 193
Diese Gesetze zielen darauf ab, 73
Diese Gesetzgebung, 73
Diese Gespräche, 26, 97, 99, 216
Diese Gremien könnten dazu, 191
diese Herausforderung zu, 150
Diese Hoffnung, 200
Diese Identifikation, 183
Diese Interaktionen, 50, 51
Diese intergalaktische, 208
Diese Konferenzen bieten, 170

Diese kreativen Aktivitäten halfen ihm, 41
Diese Kreaturen besitzen, 27
Diese Kritik, 106
Diese Kritiken, 152
Diese kulturelle Bewegung, 189
Diese Kunstwerke, 36, 44
Diese Lebensformen, 78
Diese Lebensformen sind, 1
Diese Lebensräume, 4
Diese Lektion, 34
Diese Lektionen, 32, 49, 123
Diese Netzwerke, 91
Diese Partnerschaften ermöglichen, 83
Diese persönlichen, 98
Diese positiven Einflüsse sind, 227
Diese Prinzipien, 189
Diese Reflexionen, 164
Diese Reise der, 39
Diese rhetorische Frage regt zum, 199
Diese Risiken, 110
Diese Rolle ist, 62
Diese Sichtbarkeit, 105
Diese Skepsis wurde durch, 188
Diese sozialen, 3
Diese Spannung zwischen, 26
Diese Spannungen können, 155
Diese Theorie, 125
Diese Traditionen, 35
Diese Treffen, 192
Diese Träume, 39
Diese Ungleichheit kann auf, 60
Diese Ungleichheiten können, 128
Diese Ungleichheiten sind, 85
Diese Unterschiede können, 128
Diese Urteile, 214, 215
Diese Veranstaltungen, 20

Diese Veranstaltungen bieten, 123
Diese Verantwortung, 153
Diese Verbindung lässt sich, 19
Diese Vielfalt, 39
Diese Visionen, 169
Diese Werte, 25
Diese Wesen kommunizierten, 27
Diese Zusammenkünfte bieten, 231
diesen, 16, 18, 22, 26, 27, 34, 38, 40, 49, 52, 65, 78, 79, 123, 124, 140, 148, 153, 155, 156, 159, 162, 166, 177, 178, 191, 192, 199, 218, 228, 230
dieser, 4, 6, 7, 12, 14, 16, 17, 20, 25, 28, 31, 34, 36, 37, 41, 47, 49, 50, 59, 60, 63, 65, 67, 70, 75–77, 79, 80, 82, 84, 89, 93, 95, 97–99, 103, 105–107, 111, 113, 116, 119, 121, 126, 132, 144, 149, 153, 159, 171, 174, 176, 186, 188, 194, 201, 205, 211–216, 218, 226–228, 231
Differenz anerkennen, 9
Differenzen ergeben, 8
Differenzen können, 129
Differenzen zwischen, 128
Diplomatie, 132, 208
Diplomatie ist, 130
Diplomatie kann als, 130
Diplomatie spielt, 130
diplomatische, 130, 195
direkt, 97, 104, 105, 117
direkte, 84, 129, 196, 236
diskreditieren, 146
diskriminierende, 84

diskriminierenden Gesetzen ausgelöst, 47
Diskriminierung belegen konnten, 78
Diskriminierung gegenüber, 94
Diskriminierung manifestiert, 85
Diskriminierungen, 13
Diskurses, 105
Diskussionsrunden, 172
diskutieren, 63, 155, 177, 200, 231
diskutiert, 101, 156
Dokumentationen, 107
Dringlichkeit, 217
Dringlichkeit der, 48
Druck, 4, 26
Druck ausgesetzt, 152
Druck konfrontiert, 157
Druck stehen, 156
Druck zusammenzuziehen, 4
drängender, 189, 198, 203
duale, 105
durch, 1, 3–6, 12, 13, 16, 17, 19, 20, 27, 33, 34, 37, 38, 40, 41, 47, 51, 52, 56, 69, 70, 78, 82, 83, 90, 91, 93, 103–106, 111–113, 115, 116, 125, 130, 134, 135, 139, 145–147, 151, 152, 160–163, 171, 173, 175, 178, 181, 187–189, 192, 194–196, 200, 203, 205, 206, 218, 227, 229, 232, 236
Durch Forschung, 85
durchdringen, 40
Durchsetzung, 77, 190, 193
dynamische, 69
dynamischer Prozess, 39, 167, 215

Ebene behandelt, 76
Echtheit, 156
effektiv, 8, 48, 56, 63, 70, 76, 81, 83, 117, 192, 218, 221
effektive, 123, 125, 148, 217
effektiver, 183
effektiver handeln, 197
ehemaligen Lehrer, 78
Ehrlichkeit beschrieben, 156
eigene, 26, 34, 36, 38, 39, 64, 147, 151, 156, 159
eigenen, 18, 26, 34, 37–39, 44, 51, 56, 93, 121, 128, 148, 155, 157, 159, 162, 172, 183, 198, 221
Eigenschaften, 3, 147
Eigenschaften von, 98
ein, 1, 3, 4, 6–8, 12–14, 17, 19–21, 25, 27, 28, 30, 32, 33, 35–40, 43, 45, 47–52, 54, 56, 61, 64, 65, 69–71, 73, 75–79, 85, 87, 89, 93–95, 97, 98, 101, 103–107, 109, 111, 113, 115, 119, 121, 125, 128, 130, 132, 134, 135, 138, 139, 143, 145, 149, 151, 153, 155–158, 162, 164, 165, 167, 169, 172, 173, 175, 177–180, 182–184, 187, 188, 191–193, 195, 196, 198–201, 203, 205, 207–209, 213, 215–218, 227, 228, 230, 231, 234, 236
Ein Beispiel, 2
Ein Beispiel dafür, 147
Ein großer Dank, 227
Ein herausragendes Beispiel, 157
Ein langfristiger, 84
Ein wesentlicher erster, 82
Ein wichtiger, 41
Ein zentrales Element der, 48
Ein zentrales Element von, 191, 208
Ein zentrales Konzept, 25
Ein zentrales Thema, 22
Einberufung von, 78
eindringlicher, 216
eine, 1, 3–10, 12–18, 20–23, 25–28, 31, 33, 35–41, 43–45, 47–51, 54, 56–58, 61, 63–65, 69, 70, 75, 79, 81–85, 87, 89–91, 93–95, 97, 99, 101, 103–107, 109, 111, 113, 121, 123–125, 127–130, 132, 134–137, 139, 144, 145, 147–160, 162, 169–171, 173, 175–189, 191–198, 200–203, 205–209, 213–219, 221, 224, 228–236
einem, 3–7, 9, 17, 19, 25, 26, 32–34, 37–39, 41, 43, 44, 47, 56, 69, 76, 78, 79, 82, 83, 91, 93, 94, 97–99, 102, 103, 106, 110, 113, 116, 128, 132, 135, 139, 146, 151, 152, 154–157, 167, 179, 189, 192, 196, 199, 207–209, 217, 221
einen, 3, 9, 21, 23, 31–33, 37, 39, 45, 48, 51, 57, 59, 69–71, 78, 85, 92, 93, 95, 98, 99, 117, 147–149, 151, 153–155, 158, 160, 162, 180, 182, 187, 189, 193, 194, 198, 208, 212, 216,

221, 227, 230, 231, 236
einer, 1, 2, 6, 7, 9, 10, 12, 13, 16,
    20–23, 25–28, 31–33,
    37–41, 43, 44, 48, 49,
    52–54, 56, 59, 65, 68–70,
    73, 75, 77–79, 81, 83, 85,
    90–92, 94, 95, 98, 101,
    103, 106, 125, 127, 129,
    130, 132, 134, 135, 139,
    145, 147, 148, 151, 152,
    156–159, 162, 165, 172,
    173, 175, 178, 180, 181,
    183, 184, 186, 189–192,
    198–200, 203, 205,
    207–209, 212, 214, 215,
    228, 235
einfache, 199
Einfluss auf, 198, 231
Einfluss definiert ist, 12
Einfluss der, 196
Einfluss seiner, 22
Einfluss von, 23, 71, 169
Einflüssen aus, 69
eingeleitet, 93
eingerichtet, 215
einheitliche, 57
einhergehen, 147, 163, 169
einige, 3, 6, 13, 31, 45, 76, 103, 105,
    107, 109, 114, 123, 130,
    171, 176, 183, 190, 214,
    218–220, 231
Einige herausragende, 206
Einige Kritiker, 106, 144
Einige Menschen, 152
Einige Mitglieder plädieren, 155
Einige Planeten, 129
Einige seiner, 6, 34
Einige spezifische, 74
Einige Wissenschaftler, 154

einigen, 104, 152, 177
Einklang mit, 12, 65
Einreichung von, 84
Einsatz, 175, 234
Einsatz von, 84, 85, 111, 141, 172
einschließlich wirtschaftlicher
    Benachteiligung, 190
Einschränkungen gegenüber, 213
einseitigen Darstellung der, 172
einsetzen, 84, 85, 149, 177, 182,
    183, 186, 187, 189, 193,
    196, 224, 227, 228, 230,
    231
einsetzte, 25, 33
Einzelner verändert, 151
Einzelpersonen oft von, 144
einzigartige Dichte, 97
einzigartigen, 3, 5, 6, 27, 79, 98, 171,
    177, 194, 195, 199, 212,
    214, 216, 227
Einzigartigkeit dieser, 80
einzusetzen, 23, 26, 39, 41, 49, 65,
    87, 99, 107, 144, 147, 157,
    158, 160, 161, 193, 195,
    198, 200, 208, 215, 228,
    235
einzutreten, 3, 7, 26, 31, 33, 39, 45,
    91, 179, 194, 198, 208,
    221, 227, 236
Elara Nox, 216
Elara Voss, 227
Elemente der, 233
Elemente seiner, 22
emotionale, 8, 17, 19, 20, 25, 33, 34,
    45, 50, 95, 104, 150–153,
    218
emotionaler, 19, 21, 201
empfinden, 17, 69
endete, 200

endeten, 28
Energien Ymaris, 39
engagieren, 90, 182, 198
entfremdet, 34, 152
entscheidend, 3, 6, 7, 9, 11, 14, 20, 21, 31, 51, 54, 56, 61, 62, 65, 68, 75, 77, 81, 87, 89, 91, 93, 94, 102, 105, 109, 116, 121, 123, 125, 127, 130, 137, 141, 145, 153, 156, 157, 165, 169, 171, 176, 177, 179, 183, 186, 195, 197, 198, 211, 218, 220, 228, 230, 234, 235
entscheidenden, 21, 34, 49, 71, 77, 139, 156, 216
entscheidender, 1, 3, 5, 33, 40, 47, 50, 52, 70, 75, 81, 82, 89, 91, 97, 101, 111, 124, 125, 127, 147, 149, 161, 178, 180, 191, 196, 203, 216, 227
Entschlossenheit, 51, 56, 75, 77, 79, 147, 236
Entschlossenheit gegen Ungerechtigkeiten, 40
Entschlossenheit inspirieren, 193
entwickeln, 20, 21, 25, 36, 40, 48, 50, 56, 70, 82, 94, 101, 117, 123, 125, 135, 136, 138, 150, 153, 159, 166, 170, 171, 176, 177, 217–219, 221, 232, 233
entwickelte, 21, 43, 57, 65, 70
Entwicklung, 134
Entwicklung geprägt, 162
Entwicklung innerhalb der, 156
Entwicklung seiner, 7
Er glaubt, 61, 107, 136, 198

Er glaubt fest, 208
Er hebt, 217
Er lernte, 51
Erde, 3
erfahrenen, 50
Erfahrungen, 41
Erfahrungen sah sich, 6
Erfolg seiner, 20, 52, 54, 123, 156
Erfolge hinaus, 188
Erfolge sah sich, 112
Erfolge sieht sich, 144
Erfolgen, 59
erfolgreich, 235
erfolgreich Hashtags verwendet, 51
erfolgreich umgesetzt, 137
erfolgreiche, 83, 114, 123, 125, 171
erfolgreichen, 58, 84, 184
Erfolgs sah sich, 188
erfolgt, 4
erfordert, 17, 52, 87, 94, 95, 121, 125, 167, 175, 191, 200
erfuhr, 25
erfüllt, 40
ergeben, 8, 14, 89, 116, 123
Ergebnis von, 192
Ergebnissen, 49
erhalten, 12, 143, 144, 230
erheben, 2, 35, 39, 49, 59, 61, 97, 107, 115, 182, 192, 208, 213, 217
erhebliche, 17, 76, 84, 104, 183
erheblichen, 5, 51, 57, 102, 112, 148, 194, 195
erhielt, 99, 151, 159
erhält, 39
erhöhten, 20, 83, 98
Erik Erikson, 37
erinnert sich, 162
erinnerte, 69

erkannt, 3, 90, 109, 115, 130, 176, 180
erkennbar, 149
erkennt, 38, 203
Erkenntnissen führen, 68
erklärte, 50, 98
erlangte, 146
erleben, 3, 12, 147, 177
Erlebnisse konnte, 20
erlebte, 7, 21, 26, 31, 34, 40, 41, 45, 65, 67, 69
ermutigen wird, 23
ermutigt sie, 148, 159
Ermutigung seiner, 34
ermöglichen, 4, 38, 83, 91, 101, 129, 136, 150, 192
ermöglicht, 4, 10, 15, 27, 84, 105, 130, 136, 150, 157, 172, 180, 187, 192, 212
ermöglichten, 6, 26, 45, 50, 51, 97, 99, 121
erntete, 7
erreichen, 51, 61, 68, 84, 99, 108, 178
erscheinen, 148
erschweren, 133, 176, 183
erschwert, 135, 177, 212
erste, 6, 7, 19, 21, 27, 32, 40, 47, 49, 50, 56, 64, 78, 79, 97, 99, 105, 179, 188, 199, 217
ersten, 6, 7, 22, 27, 28, 31–34, 38, 49, 63, 77–79, 97, 98, 162
erster, 82, 212
erstreckt, 173, 188, 194
erwarten, 107, 169
erwartete, 152
erweiterten, 119
erwiesen, 8, 83, 137
Erziehung auf, 29

erzählen, 36, 97, 109, 110, 227, 228
erzählt, 218
erzählte, 20, 98
Erzählung, 21, 207
Erzählungen von, 179
eröffnet, 2
eröffneten, 51
erörtert, 23, 103, 171
es, 2–6, 8, 10–12, 15, 17, 26–28, 30, 31, 34, 37, 38, 40, 45, 47, 48, 51, 59, 60, 64, 73, 75–77, 83, 84, 87, 89–92, 94, 97, 99, 102, 104–107, 113, 121, 126, 128, 130, 134–136, 138, 139, 144, 145, 147, 150, 155, 157, 159, 165, 171–174, 177–183, 187, 190, 192, 196, 197, 208, 211–214, 218, 227, 233, 235, 236
Es bietet, 232
Es führte, 214
Es gibt, 197
Es müssen, 176
Es umfasst, 211
Es wird behauptet, 144
Es wird empfohlen, 231
Es wird entscheidend, 141
etabliert, 62, 64, 111, 149
ethischen, 27, 28
existiert, 3, 12

Facette seiner, 107
Faktoren, 105, 116, 186, 208
Familie führte, 26
Familie genährt, 40
Familie gerecht zu, 26
Familien stammten, 31
familiäre, 21, 43

familiären, 25, 26, 69
fand, 6, 47, 97, 231
fanden, 6, 27, 50
Fantasien, 39
faszinierende, 3, 5
fasziniert von, 6
Fehlinformationen einen, 117
Fehlinformationen verbreitete, 85
Feierlichkeiten teil, 26
feiern, 2, 36, 191
feiert, 232
Feld, 38
fest, 20, 47, 51, 79, 92, 95, 152, 181, 189, 208, 211, 213, 215
festgestellt, 1
fiel, 48
Finanzielle Ressourcen, 220
finden, 3, 17, 18, 26, 33, 39, 102, 125, 130, 151, 153, 155, 167, 177, 189, 194, 209, 228, 233
findet, 152, 231
Fokus auf, 212
folgenden, 12, 14, 21, 23, 59, 166
Folgenden sind, 231
fordert, 94, 181, 199
Foren, 15, 155
form, 6
Formel zeigt, 199
Formen auftreten, 190, 196
formt, 183
formten, 7, 21, 32, 41
formulieren, 178
formuliert wurde, 70, 183
Fortschritten, 107
fortschrittliche, 10, 128, 190
fortzusetzen, 18
fragt, 199
Freiheit, 189

Freiheiten, 47
Freiheiten hyperdichter, 75
Freire argumentiert, 172, 198
Freunde konnten, 34
Freunden helfen, 6
Freundin Lira, 33
Freundschaften spielen, 33
Frieden, 209
Frieden koexistieren könnten, 41
früh, 41, 56, 191
frühe, 21, 25, 69
Fundament, 71
fungieren, 18, 20, 45, 107, 160, 169, 180, 195
fungierten, 33
Fähigkeit, 21, 156, 171, 208, 235
Fähigkeit abhängen, 111
Fähigkeit beschäftigt, 70
Fähigkeit einschränkt, 60
Fähigkeit stärken, 208
Fähigkeiten, 136, 148, 150, 151, 219, 221, 227, 230
Fälle von, 3, 76
fördern, 5, 8, 14, 18, 29, 44, 68, 73, 75, 79, 82, 91, 93, 94, 104, 106, 109, 117, 123, 125, 128, 136, 141, 145, 149, 156, 167, 170, 171, 173, 176, 178, 180, 195, 199, 213, 214, 231, 234
fördert, 12, 31, 39, 64, 95, 183, 198, 201, 212
förderte, 138, 215, 231
führen, 17, 36, 38, 68, 76, 90, 94, 95, 97, 98, 104, 108, 110, 113, 128, 129, 139, 155, 157, 170, 172, 175, 179, 183, 196, 227, 232
führender, 99, 162

Index

führte, 6, 20, 26, 28, 33, 34, 49, 51, 59, 64, 66, 68, 69, 77–79, 81, 83, 92, 98, 152–155, 162, 214, 215
führten, 21, 43, 47, 139, 192
für, 1, 3, 5–12, 14, 16–23, 25–45, 47–52, 54, 56, 57, 59–66, 68–71, 75, 77, 79, 81–85, 87, 89–95, 97–99, 101–109, 111, 113–117, 121, 123–125, 127, 129, 130, 132, 134, 136–138, 143–145, 147, 149, 151–163, 165, 167, 169–196, 198–201, 203, 205–209, 211, 213–219, 221, 224, 226–236

gab es, 31, 45, 64, 105, 106, 159
Galaxie Wirkung zeigt, 145
ganzen, 207
geben, 71
Gebiete haben, 5
gebracht, 104
Gedanken, 33, 39, 44
Gedächtnis der, 36
geebnet, 193
Gefahr bewusst, 98
Gefahr von, 48
gefangen, 6
gefeiert wird, 175
Geflecht, 12
geformt wird, 38
gefunden, 147
gefährden, 106, 155
gefährdet, 213
gefördert, 84, 234
Gefüge verwoben, 39
Gefühl, 178

Gefühl der, 4, 8, 17, 47, 89, 152, 179, 183
Gefühl hatte, 152
Gefühle erkunden, 39
gegen ihre, 196
gegen Protestierende, 48
gegen systemische, 163
gegen Veränderungen, 188
gegen Veränderungen können, 148
Gegensatz dazu, 68
gegenüber, 2, 16, 17, 25, 38, 70, 78, 94, 112, 144, 145, 155, 158, 159, 162, 188, 213, 226
gegenüberstand, 78, 111, 207
gegenübersteht, 12
Gegner von, 154
gegründet, 91
gehören, 53
gekennzeichnet, 4, 5, 13, 27, 37, 78
Gelegenheiten, 2
Gelegenheiten nicht, 145
Gelegenheiten zum, 26
gelehrt, 236
geliefert, 227
gelten sollten, 82
gemacht, 49, 89, 105, 151, 153
Gemeinsam können, 231
gemeinsame, 3, 36, 39, 91, 94, 128, 136, 139, 176, 183, 205, 208, 235
Gemeinsame besinnen, 235
Gemeinschaften, 2–4, 8, 34, 52, 54, 56, 89, 91, 99, 135, 136, 173, 177, 180, 183, 184, 196, 201
Gemeinschaften ab, 136
Gemeinschaften bieten, 179, 182
Gemeinschaften der, 208

Gemeinschaften eher bereit, 90
Gemeinschaften eingehen, 232
Gemeinschaften entwickelt, 1
Gemeinschaften ihre, 136
Gemeinschaften verbunden, 50
Gemeinschaften von, 172
Gemeinschaften zusammenbringt, 201
Gemeinschaften zusammenkommen, 179
gemeinschaftlicher, 52
gemischt, 31, 48
Generationen hinweg manifestierten, 31
genutzt, 36, 70, 82, 84, 115, 154, 191
geprägt, 1–4, 6, 10, 12, 14, 25, 31, 33, 37–39, 41, 44, 60, 69, 77, 116, 121, 145, 147, 152, 158, 160, 162, 169, 194, 196, 207, 217
gerechte, 12, 28, 75, 82, 94, 103, 105, 130, 173, 175, 178, 186, 191, 192, 205–208, 213, 235
gerechten, 22, 23, 77, 81, 85, 148, 173, 191, 199, 205, 207
gerechtere, 3, 7, 9, 16, 18, 23, 26, 37, 39, 41, 45, 61, 64, 75, 81, 87, 93–95, 121, 125, 127, 137, 139, 149, 158, 160, 169, 171, 173, 175, 178, 179, 182, 186, 187, 189, 193, 195, 203, 208, 228, 231, 236
Gerechtigkeit, 6, 7, 12–14, 21, 23, 25, 26, 30, 33, 36, 40, 41, 45, 47–49, 69, 79, 85, 91, 94, 111, 123, 135, 144, 147, 154, 158, 159, 173–176, 181, 182, 185, 189, 193, 195, 196, 201, 205–207, 216, 224, 227, 228, 232
Gerechtigkeit bietet, 85
Gerechtigkeit bis hin zur, 194
Gerechtigkeit kann auf, 187
Gerechtigkeit oft, 75
Gerechtigkeit oft mit, 227
Gerechtigkeit weitertragen, 235
Gericht, 78, 79, 87
Gerichtsbarkeit, 76
Gerichtssaal führte, 78
Gerichtssaal hinausgehen, 93
gerückt, 105
gesammelt, 82
gesamte, 66, 91, 129, 151, 160, 184, 193, 209
gesamten Gesellschaft, 95
gesamten Karriere, 35
gescheiterten, 65, 68
Geschichten bevorzugt, 104
Geschichten seiner, 40
Geschichten von, 36
geschickte Diplomatie und, 183
Geschlechteridentitäten anerkannt, 212
Geschlechteridentitäten besitzen, 212
geschmiedet, 83
geschärft, 81, 93, 111, 113, 189, 192, 227
geschützt, 92, 189, 198
gesellschaftliche, 2, 38, 59, 64, 93, 145, 154, 178, 188, 189, 198, 215
gesellschaftlichen Akzeptanz, 181
gesellschaftlichen Einflüssen, 37

Gesellschaftsstruktur von, 40
Gesetz legt, 213
Gesetz schützt das Recht, 213
Gesetz wurde, 211
Gesetze, 33, 77, 128
Gesetze anzufechten, 84
Gesetze beleuchten, 22
Gesetze durchzusetzen, 213
Gesetze effektiv, 76
Gesetze führte, 49
Gesetze gibt, 76
Gesetze implementiert, 190
Gesetze sind, 75
Gesetze verteidigten, 84
Gesetze von, 77
Gesetze vorgestellt, 211
Gesetze wird, 77
Gesetze zwar existieren, 77
Gesetzesänderungen zu, 85
Gesetzgeber führte, 83
Gesetzgebung, 94
gesetzliche, 93, 178
gespielt, 109, 191
Gespräche, 33, 39, 227
Gesprächen, 51
gestalten kann, 151
Gestellten zugutekommen, 94
gestärkt, 52, 70, 144, 151, 158
Gesundheitsinitiative könnte wie, 138
gewalttätigen Gegenprotesten überschattet, 188
gewesen, 226, 228
gewinnen, 57, 117, 177, 187
gewissen Einsamkeit, 152
gewährleisten, 12, 63, 77, 78, 82, 105, 127, 177, 185, 211
gewünschte, 77
gewünschten, 108

gezielt, 83
gezielten Informationskampagnen, 85
gibt, 2, 3, 17, 26, 30, 60, 73, 75, 76, 90, 106, 126, 134, 135, 155, 172, 177, 183, 190, 197, 211–213, 233
gilt, 38, 75, 94, 129, 172, 174, 227, 233
ging, 148
Glauben, 178
glauben, 180, 182
gleich der, 51
gleichen Möglichkeiten wie, 150
gleichen Rechte wie, 214
Gleichgesinnten umgeben, 162
Gleichheit, 25, 26, 154, 188
Gleichheit bewältigen, 176
Gleichheit einzutreten, 91
Gleichheit gekämpft haben, 36
Gleichheit kämpften, 31, 40
Gleichheit machen, 236
Gleichheit nicht, 7, 181
Gleichheit niemals endet, 194
Gleichheit sowohl, 79
Gleichheit und, 12, 30, 32, 33, 78, 94, 159, 182, 195, 196, 207, 215, 216
Gleichheit zu, 31, 45, 49, 196
Gleichung, 12, 13, 31, 194, 195, 206
gleichwertige Mitglieder der, 17
Gleichzeitig müssen, 9
gleichzeitig seine, 153, 157
globalisierten Welt, 10
Grenzen hinweg möglich ist, 82
Grenzen hinweggeht, 203
Grenzen von, 150, 191
großem, 221
großer Bedeutung, 125, 195

großer Bedeutung sein, 176
Grundlagen, 28, 60, 92, 192, 227
Grundlagen der, 200
Grundlagen steht, 140
grundlegende, 184, 218
grundlegender, 5
Gruppe kombiniert, 31
größeren gesellschaftlichen Wandel, 196
größten, 5, 8, 27, 76, 90, 94, 98, 110, 128, 138, 145, 150, 156, 172, 183, 190
Gründung, 21
gut, 48, 197

haben, 1–3, 5, 8, 10, 11, 13, 15, 18, 33, 36, 41, 56, 59–61, 64, 69, 73, 77, 80–85, 87, 89–91, 93, 94, 99, 101, 103, 111, 121, 123, 128, 129, 135, 144, 147–150, 156, 158, 162, 176, 179, 183, 187–190, 192, 194–198, 216, 218, 226–228
half, 25, 33, 34, 40, 49, 81, 153
halfen ihm, 28, 34, 49
halfen Sorran, 33
Haltung gegenüber, 112
Handelns nachzudenken, 28
Harmonie zusammenleben, 175
harmonische, 82, 127
harmonischen Koexistenz, 235
Harmonisierung, 190
hat, 2–4, 8–10, 15, 16, 23, 36, 57, 61–64, 66, 76, 82–84, 86, 87, 91, 93, 95, 103–107, 109, 111, 113, 115, 128, 132, 134, 136, 137, 139, 143–145, 147–151, 155, 157–160, 162, 163, 166, 167, 169, 170, 173–176, 179, 180, 183, 187–189, 191–193, 195, 196, 198–200, 206, 208, 209, 212, 216, 217, 227, 234–236
hatte, 6, 7, 19, 25, 27, 33, 47, 49, 71, 97, 151–153
hatten, 19, 25, 45, 48, 51, 70, 78, 98, 153, 216
Hauptproblemen gehören, 206
Hauptredner, 48
Hauptstadt Ymaris, 48
hebt, 162, 182, 217
heftige Kritik von, 159
Henri Tajfel, 70, 182
heranzog, 34
herausfordernd, 27, 68, 141, 221
herausfordernden, 175
herausfordernden Zeiten der, 228
Herausforderung, 9, 12, 37, 38, 104, 105, 177, 213
Herausforderung dar, 129, 153, 177
Herausforderungen, 7, 21, 22, 28, 37, 64, 89, 97, 103, 123, 149, 160, 180, 211, 236
Herausforderungen dabei auftreten können, 89
Herausforderungen eintauchen, 14
Herausforderungen gegenüber, 145, 188
Herausforderungen sah sich, 65
Herausforderungen wie, 128
herausragende, 109, 206
herbeigeführt, 178
Herkunft, 31, 38, 41, 61, 69, 189
hervorgebracht, 84, 189

hervorgehoben, 21–23, 136, 183
Herzen liegen, 221
heutigen, 36, 54, 84, 105, 154, 156, 182, 203
Hier sind, 218–220
Hier versammelten, 50
hierfür, 20, 28, 105, 106, 125, 152, 157, 176
Hinblick auf, 82, 212
Hindernisse darstellten, 66
hingegen kämpfen mit, 129
hinter, 47, 184, 208, 217
Hintergrund beeinflusst, 26
Hintergrund gedrängt, 36, 104
Hintergrund gedrängt wird, 110
hinterlassen, 191
hinterließ, 32
Hochkontextkultur, 125
Hoffnung, 149, 178–180, 193, 198, 203
Hoffnung aus, 178
Hoffnung erkunden, 201
Hoffnung kann als, 201
Hoffnungslosigkeit kann, 178
hohe Dichte, 78
hoher, 48
humanoiden Bürger, 73, 75
hyperdichte, 4–6, 13, 17, 18, 20, 28, 31, 40, 44, 50, 60, 61, 64, 69, 76, 80, 83, 85, 89, 93–95, 97, 98, 107, 109, 123, 136, 144, 165, 171, 176, 177, 180, 190, 197, 203, 205, 211, 212, 214–217, 227, 232
Hyperdichte Lebensformen, 3, 5, 27, 190
Hyperdichte Lebensformen besitzen, 4
Hyperdichte Lebensformen organisieren, 4
hyperdichten, 1–4, 6–12, 14, 16–21, 23, 25, 27–31, 33, 35–45, 47–49, 51, 52, 59–61, 63, 64, 66, 71, 73, 75–79, 81, 87, 91, 94, 95, 97–99, 102, 106, 109, 112, 115, 121, 123, 125, 135, 137, 138, 153, 157, 162, 169, 172, 173, 178, 179, 181–183, 186, 188, 189, 191, 194–196, 198, 199, 207, 209, 211–214, 216–218, 227, 228, 234
hyperdichter, 5, 7, 10, 12, 14–17, 21, 22, 25, 26, 31, 33–35, 49, 51, 52, 54, 56, 59, 62–66, 68–70, 73, 75–86, 89–93, 95, 101, 104–107, 109–111, 113, 119, 121, 124, 125, 127, 137, 139, 141, 143–145, 147, 149, 151, 152, 156, 157, 163, 167, 171, 176–178, 183, 184, 187–189, 191–193, 196, 199, 207, 211–213, 215–217, 221, 224, 226, 228–230, 234
Händen, 236
häufig, 12, 45, 103, 104, 154, 199, 213
hörte, 26, 40
Hürden, 8, 64
Hürden ist, 76, 90, 94, 110, 150, 172, 183
Hürden sieht sich, 17

Ich bin, 228

Ich hoffe, 228
Ich möchte auch, 227
Idee, 188
Identitätstheorie postuliert, 183
ignorieren, 76, 106
ihm, 25, 38, 39, 70, 99, 105, 121, 136, 147, 152, 157, 187
ihm bewusst, 45
ihm halfen, 21
ihm helfen, 39
ihn Resilienz, 70
ihnen, 4, 6, 27, 129, 149, 160, 165, 171, 227
ihr, 25, 69, 182, 196, 227, 228
Ihr Einfluss, 194
Ihr Interesse, 228
Ihr Sozialverhalten ist, 4
ihre, 1–6, 10, 12, 15, 17, 18, 20, 27, 28, 31–33, 35, 37, 48–52, 56, 59–62, 64, 69, 70, 78, 89, 93, 97, 104, 107, 109, 110, 113, 115, 117, 123, 128–130, 135, 136, 148, 150, 151, 153, 155, 159–162, 169, 172, 178, 179, 182, 183, 191, 192, 196, 198, 199, 208, 213, 214, 216, 218, 219, 221, 228, 230, 232
Ihre Geduld, 228
Ihre Geschichte, 3
Ihre Geschichten, 227
Ihre Kämpfe haben, 195
Ihre Perspektiven, 218
Ihre Reise wird von, 3
Ihre Stimmen müssen, 196
ihrem Lebensstil, 228
ihrem Weg, 147, 176

ihren, 1, 2, 5, 12, 98, 159, 162, 179, 188
ihrer, 2–6, 8, 31, 35–38, 40, 41, 45, 61, 79, 80, 85, 89, 94, 98, 102, 103, 109, 110, 112, 114, 148, 149, 157, 172, 173, 176, 177, 183, 190–192, 194, 195, 211, 216–218, 228, 232, 235
immer, 11, 17, 67, 130, 152, 153, 171, 184, 189, 198, 203, 212, 213
in, 1–8, 10–15, 17, 19–23, 25–45, 47–51, 54, 56, 59, 61–64, 67–71, 73, 76–83, 85–87, 89, 91, 93, 94, 97–99, 101–113, 115–117, 119, 121, 123, 125, 127–130, 132, 134–137, 139, 144–149, 151–159, 162, 163, 167, 169, 171–173, 175, 177–185, 187–196, 198–201, 203, 205–209, 211, 212, 214–218, 224, 227, 228, 230, 233, 235, 236
Indem sie, 37
indirekt erfolgen, 104
individualistische Werte, 18
individuelle, 38, 61, 113, 160, 196, 198, 215
individueller, 37
Individuen, 85, 197
Individuen hingezogen zu, 156
Individuen ihre, 70
Individuen sich, 182
Individuen vor, 37
Informationsveranstaltungen wurden, 65

informellen, 233
informieren, 83, 150, 181, 231, 232
informiert, 197, 198
Inhalte abhängt, 117
Initiativen gezeigt, 173
initiiert, 170, 196, 199
initiierte, 58, 191
inklusiven Gesellschaft, 81
inklusiveren, 162, 203, 205, 209
Innerhalb seiner, 155
innerhalb von, 84, 94
innovativ bleiben, 165
innovativen, 150, 169, 170
Insbesondere, 37
insbesondere, 2, 12, 21, 25, 34, 36, 52, 54, 56, 59, 65, 70, 82, 99, 101–103, 107, 113, 116, 128, 130, 135, 148, 165, 167, 171, 172, 178, 182, 198, 205, 212, 213
Insgesamt, 153
Insgesamt wird, 23
Insgesamt zeigen, 68
Insgesamt zeigt, 82
Insgesamt zeigt sich, 149
inspirieren, 37, 49, 52, 107, 147, 160, 161, 164, 175, 179, 180, 187, 189, 193, 209
inspirierend, 23, 220
inspiriert von, 41
inspirierte auch, 146
integrieren, 37, 69, 153
integriert, 31, 177
intergalaktische, 3, 5, 7, 16, 28, 29, 31, 38, 76, 77, 81, 83, 95, 104, 119, 123, 125, 128–130, 134, 137, 139, 170, 176, 178, 180, 181, 184, 189, 191, 192, 195, 196, 199, 203, 206, 208, 217, 221, 234
Intergalaktische Gesetze, 75
Intergalaktische Konferenzen, 124
Intergalaktische Konferenzen spielen, 123
intergalaktischen, 1–3, 14, 15, 22, 23, 33, 37, 38, 43, 50, 51, 56, 63, 73, 75–77, 83, 85, 94, 102, 103, 105–107, 109, 113, 116, 121, 125, 128–130, 132, 134, 135, 137–139, 145, 147, 154, 155, 165, 169, 173, 175–178, 180, 182, 188–195, 198–201, 214, 215, 224, 228, 231, 235
intergalaktischer, 15, 22, 50, 52, 76, 169, 176, 217
interkulturelle, 94, 193
interkulturellem Austausch, 171
interkultureller, 192
interkulturelles Verständnis betonen, 37
internationale, 80, 81, 212, 217
Internationale Menschenrechtsorganisationen spielen, 79
internationaler, 81, 82
internen, 73
interpretiert, 51, 94, 105
Interviews sah sich, 98
investieren, 51
isoliert betrachtet, 39, 203
ist, 1–5, 7–14, 16–21, 23, 33–40, 44, 51–54, 56, 57, 59–64, 66, 68–70, 73, 75–77, 80–85, 87, 89–91, 94, 95, 101–111, 113, 116, 121,

125, 127, 130, 132,
134–136, 139, 141, 144,
147–153, 155–157, 159,
161–163, 165, 167, 169,
171–173, 175–184,
187–193, 195, 196,
198–201, 203, 205,
207–209, 211–219, 221,
227–230, 232, 234–236

Jahr 3023, 199
Jahren entwickelt wurde, 182
Jahrtausende hinweg komplexe, 1
Jahrzehnten erheblich verändert, 167
Je mehr, 51
jede, 12, 85, 152, 153, 193, 208, 217
jeden Einzelnen, 205
jeder, 34, 56, 61, 148, 175, 180, 209, 221, 228, 235, 236
Jeder Einzelne, 198, 208
Jeder Mensch, 196
Jeder von, 236
Jedes Kapitel wird nicht, 23
jedoch das Glück, 6
jedoch gelernt, 106
jedoch komplex, 80
jedoch letztendlich, 26
jedoch nur, 87
jedoch oft durch, 135
Jedoch stehen, 2
jeher eine, 109
jeweiligen Planeten von, 192
John Rawls, 94
John Turner, 70, 182
Journalisten müssen, 102
journalistischen Arbeiten von, 227
Jugendzeit, 41
junge, 22, 70, 107, 146–151, 158, 159, 177, 193, 208

jungen Aktivistin, 151
jungen Menschen zu, 150
junger, 6, 47, 147, 148, 159
Juristen, 227, 232
juristische Argumente präsentieren, 78
juristische Beratung, 229
juristische Errungenschaften, 215
juristische Kämpfe, 79
juristische Maßnahmen, 91
juristische Meilensteine, 214
Juroren, 78

Kaldor, 33
Kaldor Sorran, 33
Kaldors, 34
kam oft von, 112
Kampagne, 20, 80
Kampagne von, 80
Kampagne zeigt, 95
Kampagnen, 171
Kampf, 26, 49, 59, 75, 79, 85, 87, 111, 157, 216
kann, 152
kann dazu, 104, 108, 110
kann die, 110
kann dies, 178
kann eine, 9
kann es, 102
Kapazitäten, 103
Kapitals, 183
Kapiteln, 12, 14, 59
Karl Marx, 187
Karriere geprägt, 147
Karriere zugutekam, 70
Kategorie von, 1
kaum noch einen, 153
keine, 40, 66, 76, 190, 199
keinen, 60

Keohane argumentiert, 130
Kindheitserinnerungen, 157
Kira Lentz, 227
klar, 21, 149, 198, 203, 207, 208, 217
klare, 57, 132, 135, 153, 173, 177
klaren Bestimmungen gibt, 212
klaren Kommunikation und, 90
klaren Prinzipien, 174
klaren Verständnisses von, 189
klaren Vorstellungen von, 175
Klassen, 12
kleinen hyperdichten, 199
klimatischen Bedingungen, 4
kognitive Dissonanztheorie, 69
kohärenteren Bewegung führt, 91
Kollegen, 192
kollektive, 36, 61, 121, 134, 183, 234
kollektiven Bewusstseins, 54
kollektiven Bewusstseins über, 99
kollektiven Handelns, 180
kollektiven Ressourcen ist, 91
kommenden Jahrzehnten weiter, 139
Kommentare können, 106
Kommerzialisierung, 110
Kommunikation spielt, 125
Kommunikationsmethoden sind, 5
Kommunikationsstrategien, 148
kommunizieren, 19, 33, 56, 105, 106, 117, 192, 235
komplexe, 1, 3, 33, 40, 152
komplexen, 4, 21, 37, 75, 130, 175, 224
komplexes Gefüge, 73
komplexes Zusammenspiel von, 30
Komplexität, 23, 44, 97
Komplexität der, 26, 34, 76, 98, 103, 106, 155
Komplexität einzigartig sind, 38

Komplexität von, 23
Komponenten, 33
Konferenzen aufgeführt, 231
Konferenzen betrachten, 123
Konferenzen ergeben, 123
Konferenzen gibt, 233
Konferenzen initiiert, 170
Konferenzen sein, 176
Konferenzen sind, 233
Konferenzen verbunden, 124
Konferenzen zeigen, 125
Konflikt, 38
Konflikte, 64, 129, 136, 195, 235
Konflikte sind, 130
Konflikte zwischen, 213
Konflikten, 12, 26, 28, 34, 94, 129, 130, 139, 183
konfrontiert, 4, 6, 12, 17, 40, 43, 50, 65, 69, 80, 84, 93, 97–99, 107, 111, 115, 123, 128, 130, 144, 146, 148, 150, 153, 154, 157, 161, 178, 180, 187, 189, 197, 203, 211, 227, 232
konkrete Gesetze vorzuschlagen, 63
konkrete Pläne, 200
konkreten, 187, 201
konnte, 20, 33, 51, 54, 59, 71, 121, 123, 137, 151, 157, 189
konnten, 20, 34, 39, 78, 82, 93, 152
Kontakt, 147, 153
Kontakt kam, 217
Kontaktaufnahme, 231
Kontinuität der, 177
Kontraste, 3
konzentrieren sich, 154
Konzept, 178
Konzept der, 94, 187
Kooperation, 130

Kooperation betont, 130
Kooperationen, 57
Kooperationen können, 137
kreative, 33, 45, 70, 89, 102, 111, 115, 117, 167, 171
kreativen Ausdrucksform der, 44
kreativen Ausdrucksformen, 113
kreativen Austausch, 170
Kreatur, 28
Kreaturen, 28
Kristall gebaut, 40
Kritik, 144
Kritik angenommen, 106
Kritik auseinandersetzt, 156
Kritik konfrontiert, 154
Kritik oft Teil des Prozesses, 159
Kritik umzugehen, 106, 156
Kritik verbunden, 159
Kritiken, 22, 156
kritische Auseinandersetzung mit, 110
kritischen, 37, 39, 40, 45, 49, 70, 172, 198
Kultur spielt, 8
kulturell, 1
kulturelle Dimensionen, 155
kulturelle Geschichte, 8
kulturelle Identität, 9, 29
kulturelle Identität kann als, 13
kulturelle Identität zu, 35
Kulturelle Missverständnisse, 129
kulturelle Missverständnisse, 130
kulturelle Perspektiven, 176
kulturelle Stereotypen, 17
kulturelle Traditionen, 26
Kulturelle Traditionen können, 35
kulturellen Einflüssen und, 39
kultureller, 12, 14, 16, 36, 37, 125, 137, 138

Kulturen konnte, 137
kumulative Effekte haben, 196
kumulative Wirkung auf, 198
Kunstszene angezogen, 44
Kunstwerke, 45
kurzfristige Erfolge, 177
Kylara, 215
kämpfen mit, 177
kämpfte für, 193
können, 3, 15, 35, 45, 54, 56, 61, 64, 68, 79, 89, 90, 93, 105, 106, 110, 111, 113, 115, 117, 125–130, 134, 136, 137, 139, 145, 148, 154, 155, 162, 163, 172, 176, 177, 179, 180, 183, 184, 189, 194, 196–198, 200, 201, 203, 205, 209, 216, 218, 219, 231, 234, 236
könnten verschiedene, 140
Köpfen der, 235
Künstler, 45, 110, 188, 232
Künstler ihre, 110
Künstler konfrontiert, 111
Künstlerin, 33
Künstlerische Ausdrucksformen wie, 36

Lage sein, 152
landesweiten Überarbeitung der, 79
langfristigen Erfolg und, 68
langfristiger, 84
lassen sich, 188
Lassen Sie, 236
lastete, 153
Laufe seiner, 62, 143, 180
laufen Gefahr, 110
Laut dem, 130, 156

Leben, 69, 80, 90, 95, 134, 137, 138, 148, 150, 163, 174, 189, 206, 208, 227
Leben gezogen, 234
leben konnten, 39
lebendiger Bestandteil einer, 77
Lebensbedingungen der, 213
Lebensbedingungen hyperdichter, 95
Lebensform, 28, 31
Lebensform wurde, 25
Lebensformen aufgebaut hat, 95
Lebensformen beiträgt, 95
Lebensformen benachteiligen, 83
Lebensformen führte, 66
Lebensformen garantierten, 215
Lebensformen geführt hat, 76, 93
Lebensformen geht, 12, 213
Lebensformen genährt, 188
Lebensformen geprägt, 31
Lebensformen gerecht zu, 213
Lebensformen geschärft, 81, 93, 113, 189, 192
Lebensformen koexistieren, 135
Lebensformen konfrontiert, 4, 40, 50, 69, 93, 97, 144, 197, 203, 227, 232
Lebensformen kämpfen, 184
Lebensformen nutzen ihre, 35
Lebensformen oft benachteiligt, 76
Lebensformen oft marginalisiert wurden, 162
Lebensformen oft Ziel von, 85
Lebensformen Rechnung, 16
Lebensformen Rechnung zu, 211
Lebensformen Rechte, 188
Lebensformen sein kann, 157
Lebensformen stärken, 139
Lebensformen unerlässlich ist, 104

Lebensformen verbesserten, 137
lebenslangen Prozess, 37
Lebensraum, 5
Lebensräume, 2, 4, 212
Lebensweise, 2, 6, 129, 162
Lebensweisen kennenzulernen, 38
lebhaften, 40
legen, 28
legt, 69, 156, 189, 196, 211, 213
legte, 43, 49–51, 70
Lehrer, 32, 149, 151, 208
Lehrer wird hervorgehoben, 22
Lehrpläne, 172
Lehrpläne zu, 138
lehrreich, 23, 34, 68, 220
lehrten, 7, 25, 28, 32, 70, 162
leidenschaftliche, 25, 33, 77
leidenschaftlichen, 48, 179
leisten, 236
Leo Tormin, 227
Leon Festinger entwickelt wurde, 69
Lernen, 25
lernen, 26, 40, 68, 69, 159, 192, 235
Lernen von, 121
Lernenden, 172
Lernens, 69
Leser dazu, 23
letzten, 99, 163, 167
Letztendlich ist, 89
Letzteres, 94
Leuchtturm der, 175
Licht, 99, 102
Licht kommt, 48
Licht-, 27
liege, 50
Lira hatte, 151
Lira teilte mit, 50
Lira Voss, 218
Lira wollte ebenfalls, 32

Lira zu, 31
Lobbyarbeit, 85, 188
Lobbyarbeit spielt, 83
lokale, 33, 194, 217, 234
Lösungen, 89, 170
Lösungen betrachten, 184
Lösungen entwickelt, 178
Lücken darlegte, 83

macht, 151
Macht stehen Journalisten und, 102
mag, 148
Malala Yousafzai, 161
malen, 41
man, 34, 65, 70, 113, 178, 206
manifestiert, 85, 94
marginalisierten, 34, 52, 59, 77, 135, 155
Martin Luther King Jr. bis Malala Yousafzai, 208
Marx, 187
massiven Anstieg von, 154
materieller, 31
mathematisch, 12
Max Weber, 187
maximieren, 101, 117
Maxon Riel haben, 227
maßgeblich von, 16
Maßnahmen gegen Mobbing, 79
mediale, 93, 98, 145
Medienkampagnen, 115
Medienkampagnen spielen, 113
Medienlandschaft, 154
medizinischer, 128
mehr, 51, 99, 144, 153, 198, 205
mehrere, 20, 32, 52, 63, 84, 86, 87, 116, 134, 162, 166, 174, 202, 205, 206

mehreren bemerkenswerten Erfolgen, 66
mehreren Bereichen, 86
mehreren Dimensionen gemessen, 115
mehreren Grundprinzipien, 173
mehreren Missverständnissen, 28
mehreren Schlüsselprinzipien, 137
Meinung, 83
Meinung beeinflussen, 78
Meinung beeinflussen kann, 113
Meinung lässt sich, 112
Meinung manipulierte, 85
meisten, 27
Menge aufzulösen, 48
Menschen ermutigen, 107, 208
Menschen zu, 187
Menschenrechte, 106
Menschenrechte anerkennen, 75
Menschenrechte bis hin zu, 5
Menschenrechtsorganisationen, 83, 212
Menschenrechtsorganisationen abhängen, 81
Menschenrechtsorganisationen bedeutende, 80
menschliche, 5
Menschlichkeit, 208
Methoden, 172
minimieren, 101, 117
mir gezeigt, 227
Mischung aus, 77
Misserfolg, 87, 89
Misserfolge oft ebenso lehrreich, 68
Misserfolgen gehören, 67
Misserfolgen konfrontiert, 65
Misserfolgen umzugehen, 70
Mission erfolgreich voranzutreiben, 169

Misstrauen innerhalb der, 64
Missverständnissen innerhalb der, 97
mit, 1–4, 6, 7, 10–12, 16, 17, 19, 21, 22, 25–28, 31, 32, 34, 35, 38–41, 43, 45, 48, 50, 51, 57, 61, 65, 66, 69–71, 75, 77, 79, 80, 83–85, 89, 91, 93, 97–99, 101, 105–107, 109–111, 115, 123, 124, 127–130, 132, 137, 144–150, 152–157, 159–161, 163, 169, 173, 176–180, 183, 184, 187, 189, 190, 193, 195, 197, 200, 203, 208, 211, 215–218, 220, 221, 227, 228, 230–232
Mit dem, 107, 152
Mit der, 186
miteinander, 91, 128, 192
Mitgefühls geprägt, 69
Mitglieder der, 69
Mitschülerin Lira, 31
Mitstreiter, 59, 105
Mitstreiter erfolgreich eingesetzt, 56
Mitstreiter erkennen, 37, 111
Mitstreiter genutzt, 82
Mitstreiter gründeten, 49
Mitstreiter haben, 36, 90
Mitstreiter mussten, 48
Mitstreiter müssen, 169
Mitstreiter sahen sich, 84
Mitstreiter setzen sich, 30
Mitstreiter sind, 167
Mitstreiter unermüdlich für, 184
mitzuwirken, 186, 203
mobben, 6
Mobber, 7

mobilisiert, 51, 83, 89, 167
mobilisierte, 21, 63
Mobilisierung, 56, 57, 64, 90, 91, 101
Moment brachte, 78
Moment großen Mut, 7
Moment seiner, 34
moralischen, 6
motivieren und, 161
motiviert, 158, 179, 201, 227
Musik wurde, 44
musste, 23, 41, 65, 78, 98, 123, 152, 153, 163, 217
Musters intergalaktischer, 50
Mut, 103, 236
Mut gaben, 34
Mut gezeigt wird, 48
möchte, 17
möchte ich, 226
möchte ich meine, 226
möchten, 193, 231
Möge, 228
möglicherweise, 17, 35, 128, 172
Möglichkeiten, 16, 79, 125, 172, 220, 231
Möglichkeiten auseinandergesetzt, 169
müssen, 3, 9, 56, 76, 90, 92, 101, 102, 117, 125, 150, 159, 160, 169, 176, 177, 184, 193, 196–198, 202, 206, 216, 217

Nach, 98
nach, 13, 38, 41, 48, 49, 65, 93, 121, 156, 162, 189, 195, 201
Nach John Rawls', 85
Nachahmung, 69
nachhaltige, 2, 107, 185, 189

nachhaltigen, 10, 59, 199
Nachhaltigkeit der, 177
nachvollziehen, 34
nahe, 69, 152, 156, 196
natürlichen, 1, 2
navigiert, 107
Nebelwäldern von, 27
Neben, 17, 65
Neben der, 148
Neben Freunden, 33
negativen Kommentaren von, 152
negativen Medienberichterstattungen, 65
negativen Schlagzeilen, 154
Nennern, 183
Netzwerken, 91, 221
Netzwerken ist, 91
Netzwerks, 159
Neubewertung seiner, 68
neue, 2, 16, 51, 119, 136, 159, 169, 189, 233
neuen, 6, 216
neuer, 2, 23, 82, 141, 165, 167
neuesten, 231
nicht, 1–3, 5–8, 10, 14, 16–21, 23, 25–41, 43–45, 47–51, 53, 54, 56, 59, 61, 62, 64–67, 69, 70, 75–79, 81, 84, 85, 87, 89, 91–95, 97, 99, 102–109, 111–113, 116, 117, 119, 121, 123, 125, 128–130, 132, 134–137, 139, 143–162, 164, 167, 169–173, 175–184, 186, 187, 189–194, 196, 198–201, 203, 205, 207–209, 211–215, 217, 218, 226–228, 231, 233–235
noch große Unterschiede, 17
notwendig, 7, 16, 123, 125, 144, 162, 181, 198, 208, 214, 217
notwendigen, 134, 178
notwendiger, 205
Notwendigkeit, 16, 136
Notwendigkeit geprägt, 3
Notwendigkeit von, 22, 82, 176, 198
Nox, 216
Nur, 9
nur, 1–3, 6–8, 10, 14, 16–21, 23, 25–31, 33–41, 43–45, 47–51, 54, 56, 59, 61, 62, 64, 66, 70, 75, 77–79, 81, 84, 85, 87, 89, 91–95, 97, 99, 102, 103, 105–107, 109, 111, 113, 116, 119, 121, 123, 125, 129, 130, 132, 134–137, 139, 143–149, 151–154, 156–158, 160–162, 164, 167, 169–173, 175–184, 186, 187, 189–194, 196, 198–201, 203, 205, 207–209, 214, 215, 218, 227, 231, 233–235
Nur durch, 103, 130, 134
Nur gemeinsam können, 205
nutzte, 56, 63, 78, 192
nächste, 21, 107, 134, 147, 149, 151, 158–160, 169, 171, 186, 235
näher beleuchten, 94
näher betrachten, 4

ob er seinen, 34

Index

objektiven Beweisen, 89
oder, 4, 21, 31, 34, 40, 41, 59, 65, 76, 80, 87, 98, 102, 104, 106, 110, 128, 129, 152, 156, 171, 175, 178, 179, 181, 189, 191, 196, 211, 220, 228, 236
offenen, 129
offensichtlichen, 156
oft gepflastert mit, 66
oft konfliktbeladenen Welt zusammenzuarbeiten, 130
oft von, 87
ohne, 27, 53, 199
Ohne ihre, 228
operiert, 227
oppositionelle Bewegung, 85
organisieren, 4, 48
organisierte, 64, 179, 188, 199
orientieren, 236

Papier stehen, 181
Paulo Freire, 172, 198
Paulo Freire beschrieben werden, 70
pauschale Verbote, 215
Perspektiven einbringen können, 172
persönlich betroffen, 26
persönliche, 6, 16, 21, 38, 41, 43, 51, 64, 66, 105, 144, 147, 152, 157, 164, 183, 227
persönlichen, 20, 26, 37, 39, 43, 51, 65, 66, 95, 98, 145, 147, 148, 150, 152, 158, 162, 217, 227
philosophischen, 94
physiologischen Eigenschaften diskriminiert wird, 199
physische Welt, 199
physischen Eigenschaften aus, 6

planen, 91, 178
planetarische, 82, 203
Planeten, 3, 63, 189
Planeten Zenthra, 50
plant, 144, 166
Plötzlich entdeckten sie, 27
politische, 36, 64, 68, 116, 144, 176, 184, 231
Politische Differenzen, 130
politischen, 14, 26, 35, 37, 43, 45, 65, 66, 84, 105, 112, 128, 172, 178, 216, 218
politischer, 21, 37, 127, 186
Polymer gefüllt, 4
positiven Aspekte, 45
positiven Aspekte von, 233
positiven Eigenschaften, 78
positiven Einfluss auf, 221
positiven Einflusses, 159
positiven Rückmeldungen, 152
positiven Urteilen, 81
positiven Veränderungen, 194
Postkoloniale Theorie bieten, 155
postuliert, 183
potenzielle Unterstützer, 155
praktisch, 200
praktischen, 52, 54, 58, 139, 211
praktischer, 189
Praxis gegen, 78
Praxis sehen, 213
Praxis umzusetzen, 189
Praxis von, 200
privilegierten, 31
produziert, 108
Programmen beteiligt, 107
prominenten Gegner, 152
Protestaktion, 20
provokanten, 146
prägende, 28

prägten, 7, 26, 31, 32, 34, 42, 43, 45, 50, 66, 99, 119
präsent, 35, 146
präsentiert, 23, 110, 216
prüfen, 215
Psychologen wie, 178
Psychosoziale Barrieren, 177
Putnam argumentiert, 183

Quelle von, 129
Quellen kann entscheidend, 102
Quellen stammen, 179
quo, 31

Rahmen geschaffen, 158
Rahmen geschaffen wird, 130
Rahmenbedingungen beigetragen, 81
Rampenlicht, 105
Ratschläge, 107
Rawls argumentiert, 94
reagieren, 105, 165
reagiert, 144, 180
reagierte, 28, 48, 85, 106
Realität sind, 205
Recht, 209
Recht wird auch, 107
Rechte, 26
Rechte definiert, 189
Rechten abhängt, 181
Rechten aus, 65
Rechten hyperdichter, 65, 215
rechtlich geschützt, 92
rechtliche, 16, 59, 81, 85, 93, 95, 113, 136, 154, 187, 215–217, 228
rechtlichen, 17, 22, 27, 51, 73, 81, 83, 84, 87, 89, 91–93, 148, 172, 188, 190, 211–215, 217, 218, 227, 229, 232
Rede präsentierte, 48
Reden, 193
Reduzierung von, 139
reflektieren, 234
reflektiert, 162
regelmäßige, 17, 33, 105, 138
Regelwerks, 75
Regionen Ymaris, 177
reich, 1
reichhaltige, 128
Reise, 49, 162, 221
Reise von, 23
Reise zurück, 162
Reisen begegnete, 119
relevante, 33, 205
repräsentiert, 106
Resilienz konzentrieren, 150
Resilienz zu, 66, 159
Respekt basierte, 41
respektiert, 37, 93, 181, 198
respektvoll, 98
Ressourcen auszutauschen, 91
Ressourcen bieten, 224
Ressourcen effizienter, 129
Ressourcen kann eine, 61
Ressourcen lässt sich, 12
Ressourcen vorgestellt, 218, 221
Ressourcen wird zunehmend, 2
Ressourcen zu, 192
Ressourcen zwischen, 95, 138
resultiert, 4
Rhythmen von, 44
richten, 90, 197
richteten, 84
richtigen, 61, 132, 152, 186, 218, 221
Richtlinien verankert, 235

Richtung Gerechtigkeit, 236
Risiken, 101
Risiko darstellen kann, 45
Robert Keohane, 130
Robert Putnam, 183
Rolle, 8
Rolle als, 22, 147
Rolle bei, 63, 75, 83, 84, 104, 184, 218, 228
Rolle dabei spielen, 103
Rolle intergalaktischer, 22
Rolle spielten, 40
ruhig zu, 152
Ruhm eingeschüchtert oder, 152
Rückgang der, 155
Rückschläge sein würde, 41
Rückschlägen gegenüber, 70
Rückschlägen konfrontiert, 178
Rücksicht auf, 2

s, 54, 75
sah sich, 145
sahen sich, 45
sammeln, 219
sammelte, 49, 84, 99
saßen, 146
schaffen, 3, 8, 9, 16, 18, 28, 37, 41, 45, 47, 50, 54, 75, 79, 81, 89, 93, 94, 123, 125, 127, 130, 134, 136, 139, 145, 157, 171, 173, 178, 180, 186–188, 191, 195, 206, 214, 216, 231
schafft, 76, 208
Schattenseiten dieser, 31
Schichten, 135
schimmernden, 27
schimmert, 1
schlagen vor, 155

Schließlich brachte, 153
Schließlich ist, 177
Schließlich spielt, 104
Schlüsselfaktoren geprägt, 116
Schlüsselkomponenten sein, 141
Schlüsselpersonen präsentiert, 216
schmerzhaft, 40
schnell, 106
schnelle Verbreitung von, 101
Schriften, 193
Schritt, 7, 17, 34, 49, 52, 56, 82, 148, 199, 205, 217, 236
Schritten, 54
Schulprojekts, 32
Schulungen und, 219
schwer, 153
schwierig, 28, 68, 102
Schwierigkeiten, 151, 153
Schwierigkeiten konfrontiert, 65
schärfen, 5, 17, 36, 47, 60, 61, 64, 65, 70, 82, 84, 90, 99, 101, 113, 121, 144, 145, 163, 171, 173, 177, 191, 195, 197, 208, 229, 232
Schüler lobte, 78
Schüler und, 40
Schüler über, 6
Schülerin, 98
Schülern verspottet wurde, 7
schüren auch, 64
schützen, 5, 33, 38, 47, 64, 79, 93, 141, 153, 156, 167, 178, 180, 184, 187, 193, 216, 217, 234
sechste, 22
Seele nähren, 45
sehen, 2, 59, 76, 80, 107, 148, 183, 213
sehr bemüht, 7

sei es, 171
seien, 215
sein, 65, 85, 121
Sein Aufruf zum, 180
sein Bedürfnis, 69
Sein Charisma, 187
Sein Engagement, 147, 158
sein Engagement, 71
sein unerschütterlicher Glaube, 147
Sein Vermächtnis wird, 189
sein volles, 175
Sein Weg ist, 113
Seine, 25, 94, 198, 200, 226
seine, 1, 6, 7, 14, 16, 18, 19, 21–23, 26–28, 30–34, 36–41, 43–45, 48–51, 56, 59, 64, 66–71, 78, 82–85, 87, 90, 91, 97–99, 105–107, 111, 119, 121, 123, 128, 134, 136, 143–147, 149–158, 160, 162, 167, 169, 172–175, 178, 183, 184, 186, 187, 189, 193, 206, 207, 209, 217, 227, 236
Seine Ansichten, 105
Seine Arbeit, 64
Seine Eltern, 25
Seine Erfahrungen, 227
Seine Fähigkeit, 136, 147, 149, 151, 157, 189
Seine Geschichten, 147
Seine Geschichten von, 193
Seine Mutter, 25
Seine Mutter hatte, 25
Seine Reise zeigt, 107
Seine Reisen, 121
Seine Rolle als, 149
Seine Worte hallen durch, 200
seinem Leben, 27, 41

seinem Weg begleitet, 227
seinem Weg zum, 14, 50, 66
seinen, 6, 7, 21, 22, 26, 31, 32, 34, 41, 45, 61, 68, 69, 79, 95, 99, 103–105, 107, 119, 151–153, 155, 162, 163, 179, 187, 189, 199, 227
seiner, 6, 7, 20–23, 25, 26, 31–35, 37–45, 47–49, 51, 52, 54, 56, 62, 68–71, 76–78, 81, 91, 93, 94, 97, 106, 107, 112, 115, 123, 133, 143–145, 149, 150, 152, 153, 155–157, 162, 163, 175, 179–181, 183, 189, 191, 199, 206, 207, 217, 227
Seiten, 9, 159
Sektoren kommen zusammen, 232
selbst, 6, 17, 34, 39, 40, 68, 79, 147, 149, 153, 157, 177, 179, 194, 195, 208, 217, 226
sensibilisieren, 65, 97, 213
Sensibilität, 37, 125
setzen sich, 37, 149
setzen sie, 36
setzt, 77, 155
setzte, 92, 153, 192
sich, 1–12, 14, 16, 17, 19, 21–23, 25–27, 30, 31, 33–41, 44, 45, 47–52, 56, 60–62, 64–66, 69–71, 73, 75, 77, 79–81, 83–87, 89–91, 93–95, 97–99, 101, 105–107, 109–112, 115–117, 123, 132, 134–137, 139, 141, 144–162, 165–167, 169, 171–173, 176–179,

Index

181–184, 186–190, 192–198, 200, 205, 207–209, 213–218, 221, 224, 227–233, 236
sicher, 48, 135
sichtbar, 4
sie, 3, 5, 10–12, 16, 17, 25, 27, 28, 35–37, 40, 49, 51, 69–71, 76, 77, 82, 83, 85, 90, 91, 94, 98, 99, 101, 103, 105, 106, 109, 115, 125, 128, 129, 132, 147–151, 153, 154, 156, 159–161, 178–181, 183, 184, 187, 190, 192–194, 196–198, 200, 201, 203, 214, 216, 218, 231
Sie zeigten, 79
siebte, 22
sieht, 144
sieht sich, 16, 150, 154, 155, 159
sind, 1–5, 8, 12–14, 16–18, 21, 22, 27, 29, 35–40, 44, 50, 54, 56, 59, 61, 65, 68, 69, 75, 77, 78, 81, 82, 85, 87, 89–91, 93–95, 102–109, 111, 115, 123–125, 127–130, 132, 139, 144, 145, 149, 154–161, 163, 164, 167, 169, 171, 172, 176–181, 183, 184, 186, 189, 191–193, 195–199, 203, 205–207, 211, 213–216, 218–221, 224, 227, 228, 231–233
Skulptur, 36
sofort, 49
solchen, 52, 85, 152, 154, 179, 190
solcher, 13, 109

solidarischen, 183
Solidarität innerhalb der, 26
Solidarität kann nicht, 184
solide, 218, 221, 224
sollte, 7, 34, 47, 52, 61, 85, 94, 171
sollten, 63, 189
somit, 43, 78, 110
Sorran, 16, 18, 26, 33, 34, 37, 40, 41, 44, 48, 49, 56, 59, 71, 84, 85, 87, 97, 106, 113, 146, 149, 150, 154, 156, 157, 159, 169–171, 175, 180, 184, 188, 189, 209, 217, 226, 227
Sorran bemerkte, 31
Sorran beschuldigte, 155
Sorran dar, 105
Sorran erklärte, 98
Sorran glaubt, 95, 134, 175
Sorran hebt, 182
Sorran lernte, 70
Sorran sah sich, 152
Sorran spielte eine, 63, 188
Sorran Vale, 16, 49, 52, 66, 68, 81, 92, 104, 132, 143, 154, 157, 173, 182, 200
Sorran Vale ist, 23
Sorran Vale selbst, 179, 195
Sorran wird sich, 38, 39
Sorrans Ambitionen, 40
Sorrans Ansatz, 154, 208
Sorrans Aufruf ist, 181
Sorrans Bildung, 7
Sorrans Botschaft, 21, 199, 200, 208, 235
Sorrans Einfluss, 158, 160, 187
Sorrans Einfluss als, 149
Sorrans Einfluss auf, 22, 112, 159

Sorrans Engagement, 66, 93, 151, 187
Sorrans Fokus auf, 154
Sorrans Fähigkeit, 68, 187
Sorrans Geschichte, 22, 207
Sorrans Geschichte zeigt, 153
Sorrans Identität als, 66, 70
Sorrans Identitätsfindung, 39
Sorrans Identitätsfindungsprozess, 38
Sorrans Jugend, 38, 43
Sorrans Kindheit, 21, 70
Sorrans Kindheitsträumen, 41
Sorrans Leben, 22, 31, 33, 47, 70, 193, 236
Sorrans Pläne, 23
Sorrans Reflexionen, 162
Sorrans Reise, 234
Sorrans Reisen, 22
Sorrans Reisen zu, 121
Sorrans Träume, 40
Sorrans Unterstützung, 149
Sorrans Unterstützung konnte, 151
Sorrans Vater, 25
Sorrans Vermächtnis, 23, 191, 193, 209, 235
Sorrans Vorstellungen, 94
Sorrans Weg, 67
Sorrans Weg als, 34
sowie, 17, 21, 23, 54, 71, 78, 84, 87, 99, 107, 109, 111, 114, 123, 172, 187, 209, 212
sowohl, 3, 9, 11, 12, 16, 23, 27, 38, 48, 63, 64, 73, 75, 79, 82, 85, 98, 101, 104, 105, 107, 111, 117, 127, 139, 152, 153, 157, 169, 173, 183, 184, 215, 218, 221
soziale, 1, 5, 10, 25, 26, 29, 35, 43, 54, 56, 69, 70, 84, 85, 94, 99, 101, 109, 111, 113, 117, 144, 145, 147, 154–156, 180–185, 187, 189, 195, 224, 227, 232
sozialen, 2, 3, 6, 12, 13, 17, 26, 33, 34, 37, 39, 41, 45, 51, 69, 70, 84, 85, 94, 106, 129, 135, 155, 172, 176, 178, 181–183, 187, 192, 194, 196, 198, 201, 218, 221, 227
sozialer, 14, 16, 22, 37, 77, 99, 101, 105, 113, 116, 127, 190
Sozialwissenschaftler, 196
Soziologen, 156, 196
Spaltungen, 235
Spaltungen führen, 155
Spannungen berücksichtigen, 18
Spannungen führen, 128
Spannungen geführt, 2
Spannungen zwischen, 48, 77
spezialisiert, 80, 216, 217
speziell, 17, 136
spezifische, 73, 74, 233
spiegeln, 16, 44, 143, 154, 172, 207
spielen, 3, 14, 16, 33, 35, 37–39, 54, 56, 79, 103, 107, 109, 113, 123, 155, 156, 171, 184, 228
spielt, 8, 10, 15, 17, 36, 44, 75, 83, 84, 87, 90, 104, 105, 125, 130, 136, 154, 160, 182, 197, 200, 218, 231
spielte ebenfalls eine, 44
spielten, 26, 40, 41, 45
sprechen, 97, 194, 208
spricht, 163, 181, 217, 218

späteren, 6, 7, 21, 28, 31–34, 39, 43, 69, 70
staatliche, 104
standhaft, 34
starke, 13, 37, 91, 106, 152
starten, 148, 220
statt, 6, 27, 47, 50, 97, 231, 233
Stattdessen müssen, 76
stattfindet, 232
stehen Künstler, 110
stehen sie, 184
steht, 68, 103, 133, 139, 140, 180, 208
stellt sich, 189
stellte, 20, 21, 32, 40, 41, 47, 51, 77–79, 81, 92, 152, 153, 215
stellten, 34, 67
steuern, 104
Stickstoff, 1
Stimmen der, 21, 52, 63, 97, 103, 109, 115, 155
Stimmen derjenigen repräsentierte, 153
Stimmen derjenigen zu, 105
Stimmen gehört werden, 218
Stimmen hyperdichter, 15, 84
Stimmen weiterhin zu, 49
Stimmlosen begegnen, 62
Stimmlosen bleibt von, 81
Stimmlosen erheben, 217
Stimmlosen etabliert, 62, 64
strategischer Partnerschaften mit, 83
strategischer Schritt, 97
Strömungen, 39
Stunden damit, 41
Stunden kam es, 48
Städte, 40
ständig, 75, 105, 146, 152, 165, 169

ständige, 17, 51, 85, 87, 105, 153, 167, 179, 196
ständigen, 16, 38, 91, 116, 152
Stärke seiner, 56
stärken, 16, 66, 92, 105, 107, 109, 169, 173, 191, 195, 199, 228
stärksten marginalisierten, 77
stärksten Momente, 179
stärkt, 95, 201, 216
stärkten, 26, 51, 81, 179
Stücke aufgeführt, 111
symbolisierte, 48
Säulen der, 59

Talente seiner, 78
Tarek Zorath haben, 227
Tarek Zorin, 217
Tat umzusetzen, 134
technologische, 2, 5, 10, 11, 116, 130, 192–194
Technologische Herausforderungen, 177
Technologische Innovationen, 117
technologischen, 129, 141, 169
Teilnahme der, 59
Teilnehmer aktiv teilnehmen, 172
Teilnehmer von, 51
teilten, 33, 179
testen, 70
Theatergruppen auf, 110
Thema, 101, 184
thematisiert, 21–23, 25, 188
theoretische, 37, 82, 125, 218, 221
Theoretische Ansätze wie, 155
theoretischen, 33, 52, 54, 60, 90, 99, 103, 107, 113, 123, 132, 139, 140, 160, 171, 183, 187

theoretisches Konzept, 77
Theorie der, 85
Theorien erklären, 19
Theorien von, 94
tief, 8, 17, 31, 40, 79, 94, 155, 163, 188, 217
tiefe, 25, 43, 97
Tiefen, 66
tiefere, 156
tiefgreifenden Einfluss auf, 9, 45, 70, 98, 147, 158, 160, 187, 189
traditionellen, 2
Traditionen, 36
Traditionen bewahren, 37
Traditionen der, 37
Traditionen stehen, 36
Traditionen verbunden, 3
Traditionen von, 38
tragen, 14, 16, 44, 149, 194, 195, 211
trat vor, 49
traten, 31
treibenden Kräfte, 184
Triumphen, 26
Triumphen besteht, 147
Triumphen der, 40
trotz, 179, 180
Trotz der, 16, 30, 34, 36, 45, 58, 60, 64, 75, 76, 84, 85, 90, 91, 109–111, 115, 124, 138, 140, 145, 147, 156, 172, 179, 183, 188, 189, 197, 198, 203, 233
Trotz dieser, 6, 60, 67, 80, 126, 174, 212, 213, 216
Trotz seiner, 40, 94, 106, 112, 133, 144, 163, 206
trugen, 26, 35, 71
Träume, 23, 40, 61

Tweet, der, 106
tägliche, 10, 14
täglichen Leben, 205
tätig sein, 17

um, 2–4, 6, 8, 9, 12, 14–18, 20, 21, 25, 26, 28, 31, 34–36, 38, 41, 44, 48–52, 56, 57, 59, 61–63, 65, 68–70, 75, 77, 78, 81–85, 89, 91, 93, 97–99, 101–107, 109, 110, 113, 115, 117, 121, 123, 125, 127, 136, 139, 141, 143–145, 147–150, 152–156, 160, 163, 165, 167, 169–171, 173, 175–182, 185–188, 191, 192, 195–201, 206, 208, 211, 213–218, 220, 221, 224, 227, 229–232, 234, 235
Um effektiv, 63
umfassen, 74, 75, 82, 84, 90, 136
umfassende, 82, 94, 103, 176
umfasst, 14, 64, 77, 172, 205, 207, 211, 215
umfasste, 20, 80
Umfeld, 37, 76, 208, 216
Umgang, 98
umgeben, 1, 26, 162
Umgebung, 79
Umgebungen geprägt, 1
Umgebungen zu, 4, 6, 27
umgesetzt, 69, 137
umstrittenen, 106
Umständen der, 16
umzusetzen, 134, 171, 189, 205
unbestreitbar, 147, 196

und, 1–23, 25–45, 47–52, 54,
    56–71, 73, 75–85, 87,
    89–95, 97–99, 101–107,
    109–113, 115–117, 119,
    121, 123–125, 127–130,
    132, 134–139, 141,
    143–165, 167, 169–173,
    175–201, 203, 205,
    207–209, 211–221, 223,
    224, 226–236
Uneinheitlichkeit der, 190
unerlässlich, 184
unermüdlich daran, 195
unerschütterlichen Glauben, 43,
    169, 207
unfairen, 25
Ungerechtigkeiten, 40, 48, 54, 90, 99
Ungerechtigkeiten anprangerte, 48
Ungerechtigkeiten ans, 48
Ungerechtigkeiten aufmerksam, 8
Ungerechtigkeiten führen, 76
Ungerechtigkeiten konfrontiert, 69
Ungleichheiten zwischen, 128
universelle, 75, 106, 121, 208
uns, 23, 71, 87, 177, 186, 193, 200,
    203, 207–209, 234–236
unschätzbarem, 34, 123, 193, 227
unsere, 209, 216–218
unserer, 184, 218
unter, 4, 27, 33, 48, 75, 156, 182,
    234
Unterdrückten Gehör, 103
untergraben, 31
unterliegen, 38
untermauern, 89, 132, 217
unterscheiden, 3
Unterschiede, 138
Unterschiede hinweg zu, 235
Unterschiede hinwegzusehen, 208

Unterschiede zwischen, 129
unterschiedliche, 18, 34, 76, 90, 102,
    139, 154, 155, 183, 189,
    226
unterschätzen, 132
unterstreichen, 216
unterstützen, 11, 17, 31, 78, 82, 148,
    149, 172, 178, 181, 192,
    220
unterstützten, 106
untersuchen, 8, 12, 21–23, 35, 54,
    69, 79, 82, 89, 97, 99, 107,
    109, 111, 113, 127, 132,
    147, 149, 156, 176, 191,
    194, 205
untersucht, 160
unverzichtbar, 102
Unwahrheit korrigierte, 106
unzureichende, 16
Urteils waren, 214

Vale, 57, 77, 85, 97, 145
Vale beigetragen, 226
Vale bleibt ein, 87, 175
Vale bleibt optimistisch und, 18
Vale entwickelte, 57
Vale erkannte früh, 56
Vale gegenübersteht, 156
Vale hatte, 49
Vale konfrontiert, 12, 130
Vale könnte als, 169
Vale selbst, 217, 226
Vale sieht, 136
Vale spielt, 136
Vale träumt von, 94, 205
Vale von, 50, 147
Vale wurde als, 49
Vales Aktivismus, 156
Vales Arbeit, 85

Vales Aufruf zur, 203, 205
Vales Auszeichnungen, 145
Vales Einfluss, 113
Vales Engagement, 69
Vales Entwicklung, 45
Vales Entwicklung als, 26
Vales Erfahrungen, 184
Vales Fällen, 87
Vales Kindheit, 34, 71
Vales Kindheitsträume, 41
Vales Leben, 23, 207, 209, 234
Vales Reise, 21
Vales Vermächtnis, 193
Vales Visionen, 171
verabschiedet, 47, 74, 87
veraltet, 16
Veranstaltungen, 20
Veranstaltungen und, 229, 233
Veranstaltungen weiterhin, 234
Verantwortung, 208
Verantwortung gerecht zu, 153
verbessern, 2, 11, 60, 87, 121, 129, 139, 144, 150, 151, 198, 230
verbessert, 10, 87
verbieten, 87
verbietet, 63
verbinden, 91
verbindet, 121
Verbindung setzen, 230
Verbindung zwischen, 20
Verbindungen, 8, 23, 26, 45, 156
verbreiten, 45, 70, 84, 85, 104, 105, 115, 147, 150, 154, 155, 173, 180, 182, 186, 191, 192, 232
verbreitet, 54, 56, 101–103, 106, 116, 167, 171, 192, 193, 195

verbreitete, 85, 106
Verbreitung seiner, 145
Verbreitung von, 51, 54, 99, 117
Verbundenheit mit, 2
verdeutlichen, 48, 54, 69, 161, 187, 199, 215, 218
verdeutlicht, 77, 116, 117, 145, 181, 185, 198, 208
verdeutlichte, 188
verdeutlichten, 79
vereinten Galaxie, 134
Verfechter von, 61
verfeinern, 51, 66
verfolgt, 45, 85, 110, 128
verfügen, 128, 183
vergangenen, 139
Vergangenheit, 208
Vergangenheit geprägt, 169
Verhaltens gegenüber, 25
Verhandlungen, 75, 128
verhindern, 73, 85
verhindert, 191
verkörpert, 147, 159, 178
verleiht, 27
vermeiden, 98, 125
Vermeidung, 130
vermitteln, 8, 29, 36, 41, 151, 171
vermittelt, 30, 69, 71, 109, 148, 149, 159, 181, 186, 198
vernetzen, 182, 192, 233
Vernetzung von, 231
verpflichtet, 47, 79, 215
verringern, 110
verringert, 108
versammelten, 48, 50
Versammlungsfreiheit garantierten, 49
verschaffen, 103

verschiedene, 6, 19, 37, 38, 56, 60, 64, 78, 90, 91, 94, 112, 125, 135, 140, 155, 176, 192, 194, 218, 223
verschiedenen, 1, 5, 8, 10, 12, 14–16, 18, 20–22, 32, 35, 39, 51, 54, 57, 61, 63, 75, 76, 81, 82, 85, 94, 95, 99, 109, 110, 113, 119, 123–125, 127–130, 135–139, 147, 150, 154, 156, 158–160, 169, 170, 176, 179, 183, 187, 189–191, 194–196, 199, 201, 208, 218, 231, 232
verschiedener, 12, 50, 192
versetzte, 27
Versorgung konfrontiert, 128
verstand, 40, 57
verstehen, 3, 12, 25, 26, 28, 33, 37, 49, 73, 80, 121, 139, 152, 184, 187, 227, 235
verstießen, 215
Verständnis von, 17
verstärkt, 13, 17, 68, 147
verstößt, 78, 85
versuchten, 28, 31
verteidigen, 3, 4, 17, 47, 62, 80, 82, 115, 123, 135, 147, 179
verteidigt wird, 216
verteidigten, 84
Vertrauen, 136
vertraulichen Gespräch mit, 146
vertreten, 15, 21, 52
Vertreter der, 25, 62, 218
Vertreter von, 63, 199
verwendet, 2, 51, 199, 227
verwurzelt, 8, 17, 40, 94, 162, 163, 173
verwurzelte, 94, 188, 217
verwurzeltesten, 79
verzerrt, 98
verändernden gesellschaftlichen, 141
verändert, 2, 111, 151, 160, 167, 187, 216
veränderten, 152
Veränderung basieren, 171
Veränderung bildet, 158
Veränderung möglich ist, 208
Veränderung oft aus, 162
Veränderungen, 6, 68, 82–84, 103, 109, 111, 113, 147, 154, 161, 178, 191, 193, 218, 228
Veränderungen als, 153
Veränderungen bewirken, 64
Veränderungen bewirken konnte, 189
Veränderungen bewirkt, 93
Veränderungen herbeiführen kann, 134
Veränderungen herbeizuführen, 99, 115, 116, 144, 183, 191, 196, 198, 227
Veränderungen mündete, 59
Veränderungen verlieren, 179
Veröffentlichung, 216
Viele, 60, 107, 148, 177
viele, 3, 31, 48, 49, 65, 70, 87, 106, 136, 146–149, 151, 157, 179, 195, 200, 208, 216
Viele Bürger von, 17, 215
Viele Bürger Ymaris, 64
Viele Bürgerinnen, 176
Viele dieser, 17
Viele Dokumentationen, 108
Viele Gesetze, 16

Viele Medienorganisationen sind, 103
Viele Richter, 78
Viele seiner, 149, 150
vielen Fällen haben, 89
vielen Gesellschaften, 110
vieler, 147, 151, 187
vielschichtig, 3, 11, 39, 85, 111, 198
Vielzahl, 12, 33, 41
Vielzahl von, 1, 13, 16, 18, 26, 73, 75, 77, 82, 103, 127, 152, 184, 186
vierte, 22
virale, 154
Visionen, 41, 169, 178
visuelle, 44
vollenden, 228
voller, 3, 41
von, 1–14, 16–23, 25–41, 44, 45, 47–52, 54, 56–58, 60, 61, 63–65, 68–71, 73, 75–82, 84, 85, 87, 89, 91–95, 97–99, 101–105, 107, 109–113, 115–117, 119, 121, 123–125, 127, 129, 130, 132, 134–139, 141, 144, 147–162, 165, 169, 171–196, 198–201, 203, 205, 207, 208, 212–218, 221, 226–228, 230, 231, 233–236
Von fortschrittlichen Kommunikationssystemen bis hin zu, 10
voneinander, 192
vor, 2, 4–6, 22, 23, 34, 36, 37, 40, 41, 49, 56, 58, 78, 79, 87, 102, 103, 106, 110, 114, 127, 133, 138, 140, 145, 148, 149, 155, 171, 177, 180, 184, 191, 195, 207, 213, 234–236
voranschreiten, 192
voranzubringen, 144, 177
voranzutreiben, 169, 174, 216
Vordergrund der, 109
Vorfall, 7, 28, 32, 69
Vorgänger lernen, 235
vorherrschenden, 18, 172
vorkommen, 190
Vorstellungen basieren auf, 173
Vorstellungen von, 23, 174
Vorurteile gegenüber, 38, 78
Vorurteilen basierte, 31
vorzugehen, 48
Voss, 218
Völkern, 195

wagen, 33, 34
wahre Identität und, 157
wahren, 80, 157
wahrgenommen wurde, 28
Wahrnehmung, 93, 101, 105, 107, 147, 156
Wandel, 95
Wandels, 187, 196
war, 6, 7, 19, 25–28, 31–34, 39–41, 43, 47–52, 59, 63, 64, 67, 69, 76, 82–85, 93, 97–99, 106, 112, 119, 123, 138, 145, 146, 153–155, 157, 162, 179, 187–189, 192, 199, 215, 217, 227, 231
Waren, 14
waren, 6, 7, 20, 25–28, 31–34, 39, 40, 44, 48, 50, 54, 69, 70, 77–79, 97–99, 121, 145,

147, 152, 153, 188, 214,
215, 227
Wasser verteilt, 4
Weber, 187
Webinare entwickelt, 150
Wechselwirkungen zwischen, 37
wecken, 70, 98
Weg hebt, 162
wehten, 40
Weichen, 34
Weise, 31, 57, 103, 105, 116, 157,
167, 226
Weisheit, 34
weiter, 7, 12, 139, 149, 216
weitere, 49, 79, 82, 92, 129, 166, 177
weiteren Medienauftritten, 99
weiteren Weg als, 49
weiteren Weg begleiten, 52
weiterentwickeln, 107, 156
weiterer, 26, 36, 50, 70, 152, 162,
179, 193, 199, 227
weitergaben, 25
weiterhin, 64
weiterhin das Leben, 196
weiterhin effektiv, 81
weiterhin erforscht, 101
weiterhin Generationen von, 189
weiterhin hinterfragt, 216
weiterzugeben, 107, 182
weiterzumachen, 179, 180
weiterzutragen, 171
welche Herausforderungen dabei
auftreten, 8
welche positiven Beispiele, 8
Welt bleibt der, 101
Welt existierten, 26
Welt geprägt, 37
Welt von, 10
wenige wirklich verstehen, 152

weniger glamourös ist, 104
weniger isoliert, 153
wenn das Recht auf, 216
wenn die, 48
wenn es, 8, 77
werden, 2–4, 6–10, 12–15, 17,
20–23, 26, 31, 33, 35–37,
39, 40, 48, 51, 52, 54, 56,
57, 59–62, 64, 66, 68, 70,
75, 76, 79, 82, 87, 89,
91–95, 97–99, 101–111,
113, 115–117, 123, 125,
127, 129, 130, 132,
138–141, 147–149,
153–157, 159, 160, 163,
167, 171, 173, 176–179,
181, 184, 187, 189–194,
196, 198, 200–203, 205,
206, 208, 209, 211–214,
216, 218, 221, 228, 232,
234, 235
werfen, 21, 103, 106
Werken, 188
Werkzeug, 99
Werkzeuge nutzen, 192
Wert, 51, 70, 123, 193, 221, 227
Werte, 8, 128
Werten können, 129
Werten seiner, 25, 26
Werten umfasst, 14
Werten von, 205
wertvolle Einblicke, 216, 227
Wesen, 215
Wesen abwandten, 19
Wesen klassifiziert, 214
Wesens, 199
wesentlichen Erfolge von, 91
wesentlicher Bestandteil des
menschlichen Erlebens

und, 156
wichtig, 3, 8, 12, 34, 37, 38, 47, 48, 73, 104, 107, 121, 139, 159, 162, 178, 180, 192, 218, 221, 227, 230, 236
wichtige Lektionen, 32
wichtigen, 34, 80, 216, 228
wichtiger, 17, 26, 35, 36, 41, 130, 162, 179, 235
widerspiegelt, 8, 37
Widerspruch zu, 18
Widerstandsfähigkeit, 193
Widerstandsfähigkeit gegen, 27
Widerstände, 178
widmete, 49
Widrigkeiten, 70
Wie, 70
wie, 3, 5, 8, 14, 19, 21, 22, 26, 31, 33, 36, 40, 44, 56, 57, 59, 64, 69, 70, 77, 80, 84, 89, 95, 103–107, 110, 113, 116, 125, 128, 130, 138, 139, 145, 148, 150, 151, 155–157, 159, 161, 163, 167, 172, 176–178, 180–183, 187, 189, 190, 193, 195, 196, 198, 200, 214, 216, 227, 234
wieder, 212, 213
wiederum, 139
wir aktiv, 218
wir besser erkennen, 3
wir verschiedene, 125
wird hervorgehoben, 23
wird oft als, 156
wird oft durch, 13
wird weiterhin ein, 21
wird zweifellos einen, 149
wirft, 27

Wirksamkeit der, 54
Wirkung verdeutlichen, 187
Wirkung von, 22, 107, 116
wirtschaftliche Ungleichheiten, 130
wirtschaftliche Ungleichheiten nur, 94
wirtschaftlichen Akteuren, 112
Wissen der, 191
Wissen Macht, 40, 59
Wissen zu, 29, 151, 171, 173
Wissensaustausch behandelt, 22
Wissenschaftler, 231
wissenschaftlichen, 194, 196, 216
wobei jede, 12
Wochen Tausende, 84
wohlhabenden, 177
Wort der, 23
wuchs, 25, 31, 39, 69, 70
wurde aber von, 32
wurde bereits, 44
wurde von, 97
wurden, 6, 17, 25, 26, 31–33, 40, 45, 47, 64, 65, 69–71, 74, 78, 87, 91, 98, 136, 137, 152, 153, 162, 179, 214, 216, 227
Wurzeln bewahren, 3
Wurzeln der, 44
wussten, 48
Während, 48, 98, 106, 154
während, 3, 10, 19, 32, 35, 48–50, 80, 81, 99, 101, 104, 107, 117, 128, 129, 147, 153, 155, 157, 162, 179, 180, 193
Während das Gericht, 76
Während einer, 152
Während Erfolge, 68
Während Ruhm oft als, 152

Während Ymaris, 17
Wäldern, 1
wünschte, 40
Würde, 28, 94, 98
würde viele, 49

ymarianischen Gesellschaft, 25
ymarianischen Gesellschaft gibt, 26
Ymaris, 3–9, 12–14, 16, 18, 20, 22, 23, 28, 30, 32, 33, 36, 37, 39–45, 47, 56, 59, 61, 62, 64, 66, 69–71, 73, 75, 77, 79, 82, 85, 87, 89, 91, 93, 94, 97, 99, 101, 107, 109–111, 121, 123, 125, 130, 132, 135, 136, 143–145, 147, 149, 151, 156, 160, 165, 167, 169, 171, 173, 175, 178, 180, 182–185, 187, 190, 191, 193, 194, 196, 198, 203, 205, 207, 209, 212, 214, 216, 218, 221, 224, 227, 228, 230, 231, 233, 236
Ymaris als, 173
Ymaris auch, 60
Ymaris ausgeübt, 189
Ymaris beeinflussen können, 216
Ymaris beeinflussten, 66
Ymaris begannen, 215
Ymaris behandelt, 223
Ymaris beleuchten, 10
Ymaris berichten, 227
Ymaris bestehen, 18
Ymaris bieten, 39
Ymaris bildet, 211
Ymaris bis hin zu, 162
Ymaris durchgeführt, 232
Ymaris einsetzt, 52, 145

Ymaris erkennen, 188
Ymaris erlebt, 66
Ymaris erwiesen, 137
Ymaris gestärkt, 151
Ymaris gewährleisten, 63
Ymaris gibt, 135
Ymaris hergestellt, 20
Ymaris hinaus, 150
Ymaris hinausgeht, 191
Ymaris hängt, 16, 136
Ymaris ist, 1–3, 8, 10–12, 14, 19, 21, 44, 69, 73, 75, 121, 141, 184, 195, 196, 217
Ymaris kann dazu, 36
Ymaris legte, 49
Ymaris maßgeblich, 158
Ymaris mit, 40, 80
Ymaris noch bevorstehen, 176
Ymaris oft von, 60
Ymaris Schwierigkeiten, 9
Ymaris seine, 14
Ymaris sind, 1, 5, 16, 17, 29, 39, 44, 81, 82, 85, 91, 211, 213
Ymaris spielen, 16, 35, 38, 109
Ymaris spielt, 10, 75, 87
Ymaris steht, 139, 180
Ymaris verabschiedet, 74
Ymaris verankert, 78
Ymaris verstehen, 3
Ymaris verteidigt, 191
Ymaris verwirklicht, 95
Ymaris verändert, 187
Ymaris von, 3, 45, 111, 180, 186, 193, 231
Ymaris vor, 140
Ymaris wird, 31, 81, 111
Ymaris wird deutlich, 103, 234
Ymaris wird klar, 207
Ymaris zeigt sich, 86

Ymaris zuteil wurde, 151

zahlreiche, 16, 26, 30, 36, 61, 64, 75, 76, 90, 94, 126, 143, 163, 172, 174, 197, 206
zeichnen, 3, 216, 227
zeigen, 68, 91, 125, 139, 164, 184, 203, 216, 218, 227
zeigt, 106
zeigt Sorran, 208
zeigte Sorran, 49
Zeit spielt, 84, 105, 154, 182
Zeiten, 34, 179
Zensur, 45, 105, 110
Zensur kann sowohl, 104
Zenthra, 51
zentral, 180
zentrale, 3, 10, 23, 36, 40, 44, 70, 76, 90, 107, 109, 125, 136, 155, 156
zentraler, 14, 22, 29, 32, 77, 89, 109, 165, 178, 181, 182, 199, 200, 212
zentrales Ziel, 85
Zerrissenheit führte, 6
Zeuge, 25
Zeugen aus, 89
Zeugen sowie, 87
Zeugenaussagen, 78
ziehen können, 93
Ziele, 139, 176, 178, 183, 208, 235
Zielen, 178
Zielgruppen erreichen, 108
Ziels schaffen, 89
zitiert, 199
Zivilisationen, 16
Zorath argumentierte, 214
Zorin betont, 217

zu, 1–23, 25–41, 43–45, 47–52, 56–66, 68–71, 73, 75–87, 89–95, 97–99, 101–107, 109–111, 113, 115–117, 119, 121, 123, 125, 127–130, 132, 134–136, 138–141, 144–157, 159–163, 165–167, 169–188, 190–192, 194–202, 205–209, 211–221, 223, 226–235
Zudem, 155
Zudem müssen, 216
zufriedengaben, 31
Zugehörigkeit abhängt, 12
zugeschnitten, 16
zugunsten, 76, 79
Zuhörer auf, 199
zukünftige Generationen, 37
zukünftigen Diskussionen eine, 106
zum, 14, 23, 26, 41, 48–50, 66, 77, 104, 111, 116, 117, 134, 136, 152, 164, 167, 180, 182, 190, 199, 211, 226, 228, 236
Zunächst, 226
zur, 2, 3, 7, 8, 14, 27, 38, 39, 44, 47, 51, 52, 54, 56, 61, 64, 70, 75, 80–82, 84, 85, 95, 103, 107, 109, 111, 119, 125, 127, 130, 132, 139, 145, 147, 148, 152, 164, 171–173, 176, 184, 186, 191, 194, 196, 198–200, 203, 205, 208, 209, 211, 215, 217, 227–229, 231, 235
zurückhalten, 110
zusammen, 4, 57, 63, 231, 232

Index

Zusammenarbeit, 3–5, 14, 16, 29, 52, 81, 82, 89, 103, 106, 123–125, 127, 132, 134, 136, 137, 139, 176, 178, 183, 184, 192, 193, 200, 203, 205, 208, 209, 215, 221, 228, 230, 231
Zusammenarbeit basieren, 175
Zusammenarbeit kann als, 203
Zusammenarbeit kann eine, 205
zusammenfassen, 23
Zusammenfassend lässt sich, 7, 9, 16, 26, 30, 34, 37, 41, 45, 49, 51, 56, 66, 71, 79, 87, 89, 91, 93, 95, 101, 109, 111, 115, 117, 123, 132, 136, 145, 147, 160, 161, 171, 189, 193
Zusammenleben, 218
Zusammensetzung, 4
Zusätzlich halfen, 99
Zusätzlich wurde, 139
zusätzlichen, 212
Zuteilung, 78
zwischen, 2–4, 8, 9, 14–16, 18–22, 26, 37, 38, 48, 50, 75, 77, 81, 82, 89, 94, 95, 123–125, 127–130, 135–139, 153, 157, 162, 167, 169, 176, 183, 189–191, 195, 199, 208, 212, 213, 215, 218, 230, 231
Zylara, 98
zählt, 148, 193, 208, 236
zögern, 48

Änderungen, 144

Ökosystem, 216
Überarbeitung der, 215
Überleben, 13, 136, 184
Überwinden, 54, 178
Überzeugung zu, 159
Überzeugungen, 69
älteren Generationen, 26
ärmeren Verhältnissen, 31
ärmeren Zivilisationen, 128
äußern, 33
öffentliche, 22, 78, 83, 85, 87, 101, 105–107, 111–113, 145, 147, 152, 156, 188
öffentlichen, 25, 56, 104, 107, 145, 147, 151–153, 155, 158, 193, 199
öffentlicher, 78
ökologische, 185
örtlichen Veranstaltung, 25
über, 1–4, 6, 7, 17, 22, 26–28, 31–34, 36, 38–40, 44, 48–51, 56, 61, 63, 73, 82–85, 90, 93, 97–99, 102–106, 111, 113, 121, 128, 147, 150, 152–155, 162, 163, 177, 181, 183, 188, 189, 191, 192, 194, 197, 199, 203, 207, 208, 212, 217, 218, 227, 231, 232, 234–236
überbetont, 157, 179
überfordert von, 150
übernahm, 26, 77
übersehener Aspekt des Ruhms, 152
übertragen, 187
überwältigend, 146
üppigen, 1